易地搬迁安置点配套学校优化管理研究

王长中 / 著

西南交通大学出版社
成　都

图书在版编目（CIP）数据

易地搬迁安置点配套学校优化管理研究/ 王长中著. —成都：西南交通大学出版社，2023.8
 ISBN 978-7-5643-9437-0

Ⅰ. ①易… Ⅱ. ①王… Ⅲ. ①移民安置 – 学校管理 – 研究 – 贵州 Ⅳ. ①D632.4②G47

中国国家版本书馆 CIP 数据核字（2023）第 154476 号

Yidi Banqian Anzhidian Peitao Xuexiao Youhua Guanli Yanjiu
易地搬迁安置点配套学校优化管理研究

王长中　著

责任编辑	郭发仔
封面设计	原谋书装
出版发行	西南交通大学出版社 （四川省成都市金牛区二环路北一段 111 号 西南交通大学创新大厦 21 楼）
邮政编码	610031
发行部电话	028-87600564　028-87600533
网址	http://www.xnjdcbs.com
印刷	成都市新都华兴印务有限公司
成品尺寸	165 mm × 230 mm
印张	15.5
字数	256 千
版次	2023 年 8 月第 1 版
印次	2023 年 8 月第 1 次
定价	65.00 元
书号	ISBN 978-7-5643-9437-0

课件咨询电话：028-81435775
图书如有印装质量问题　本社负责退换
版权所有　盗版必究　举报电话：028-87600562

前 言

易地扶贫搬迁安置点配套学校（以下简称"易搬学校"）是一个时代的产物，是中国脱贫攻坚教育扶贫领域的积极探索，是对一个特定群体通过教育途径尝试从源头上解决贫困问题的一种有益实践。

笔者与易地搬迁学校的结缘源于2020年参加H县脱贫攻坚教育扶贫工作，并多次到该县易地搬迁学校学习交流。对于该县三所易地搬迁学校，各级政府都给予高度关注，多次到现场办公并了解建设和办学情况，提出为易地搬迁群体建一所让老百姓满意的、家门口的优质学校。但在实际办学中一些易地搬迁学校在教育教学质量方面离预期还有一定的距离，离老百姓对优质教育的期盼还有较长的路要走。教育扶贫是扶智扶志的融合，是拔除"贫根"和巩固全面脱贫成果的制胜法宝，是遏制贫困代际延续的重要举措，是通过起点公平、过程公平和结果公平实现贫困地区和贫困人口的教育分配正义和关系正义，是实现教育扶贫对社会公平正义的价值追求。2021年，习近平总书记在全国脱贫攻坚总结表彰大会上的讲话指出，我们要紧紧抓住教育这个脱贫致富根本之策，强调再穷不能穷教育，再穷不能穷孩子，不能让孩子输在起跑线上，努力让每个孩子都有人生出彩的机会，尽力阻断贫困的代际传递。易地扶贫搬迁安置点配套学校教育高质量发展始终是时代的要求，是坚持以人民为中心的具体体现。教育作为反贫困的重要途径和手段之一，在学术层面已经形成高度共识。在乡村振兴背景下，当下不再是"读不读得起书，上不上得起学"的经济问题，而是从"有书读"到"读好书"的转变，是对有质量乃至高质量教育的诉求，是对通过教育改变命运、摆脱贫困、追求美好生活的迫切期待。

本研究以《义务教育学校管理标准》为主要参照，从教学水平、教师专业进步、学生全面发展、学校和谐环境、现代学校制度和学生平等权益六个方面去探讨分析易地搬迁学校管理和教育教学现状，进一步了解该类学校的管理和教育教学水平现状并进行相关分析。本书共有七章，具体内容如下：

  第一章　绪论

  第二章　易地搬迁学校优化管理：理论阐释和总体现状

  第三章　易地搬迁学校优化管理之教育教学水平研究

  第四章　易地搬迁学校优化管理之学生全面发展研究

  第五章　易地搬迁学校优化管理之教师专业进步研究

  第六章　易地搬迁学校优化管理之其他方面研究

  第七章　易地搬迁学校优化管理之个案研究

  感谢支持这个项目的领导以及参与调研的同事，还有易地搬迁学校的老师和同学们，他们给了我们很大的支持和帮助。在调研中，感谢他们敞开心扉，自豪地向我们展示办学中所取得的成效，也坦诚地向我们展示存在的问题，更让我们觉得做这件事情有意义。

  但由于本人能力水平有限，本书内容中有很多不足之处，如通过访谈、观察方法收集数据，样本量相对较少，在一定程度上还需要扩大样本，以使数据和分析能够更完善。本书主要从教师角度探讨影响学生学业成绩的因素，而学生个人因素、家庭因素、社会因素等，都是影响其学业成绩的缘由，未来将进一步探讨。起始年级的学业水平与学生迁入"安置点配套学校"就读的关系如何，还需要做进一步研究。随着研究的深入，他人重要理论、Bronfenbrenner 的生态系统理论等理论需要在研究中得以体现。在个案研究中，数据收集需要进一步完善，如需要对样本老师的学生做进一步了解，需要对学生的家庭（父母）、邻居等进行访谈，对其家庭学习环境和生活环境做进一步观察和了解等。

  笔者对易地搬迁学校将会继续给予关注，这既是学术使命，也是一份社会责任。虽然一己之力是有限的，但尽到了自己的一己之力，也就尽到了一个研究者的本分。

王长中

2022 年 5 月

目 录

第一章 绪 论 …………………………………………001
 第一节 研究背景 …………………………………001
 第二节 研究目的及意义 …………………………004
 第三节 核心概念界定 ……………………………005
 第四节 国内外相关研究现状 ……………………009
 第五节 研究方法 …………………………………016

第二章 易地搬迁学校优化管理：理论阐释和总体现状 …023
 第一节 易地搬迁学校优化管理的理论阐释 ……023
 第二节 易地搬迁学校管理总体现状 ……………031

第三章 易地搬迁学校优化管理之教育教学水平研究 …037
 第一节 易地搬迁学校特色课程设置研究 ………037
 第二节 易地搬迁学校学生学业水平状况研究 …046
 第三节 易地搬迁学校图书馆（室）状况研究 …057
 第四节 易地搬迁学校课后作业设置研究 ………069

第四章 易地搬迁学校优化管理之学生全面发展研究 …077
 第一节 易地搬迁学校学生健康教育管理研究 …079
 第二节 易地搬迁学校艺术修养教育管理研究 …086
 第三节 易地搬迁学校劳动教育管理研究 ………093

第五章 易地搬迁学校优化管理之教师专业进步研究 …101
 第一节 易地搬迁学校的课堂教学现状研究 ……102
 第二节 易地搬迁学校教师培训现状研究 ………109
 第三节 易地搬迁学校教师培训模型构建 ………121

　　　　第四节 易地搬迁学校教师科研现状研究 ……………………138

第六章 易地搬迁学校优化管理之其他方面研究 ……………………152
　　　　第一节 易地搬迁学校和谐环境营造研究 …………………………152
　　　　第二节 易地搬迁学校现代学校制度建设研究 ……………………161
　　　　第三节 易地搬迁学校学生平等权益保障研究 ……………………166

第七章 易地搬迁学校优化管理之个案研究 …………………………171
　　　　第一节 研究背景及问题的提出 ……………………………………171
　　　　第二节 文献回顾 ……………………………………………………173
　　　　第三节 研究结果 ……………………………………………………178
　　　　第四节 讨论与建议 …………………………………………………193

附录1 ……………………………………………………………………201

附录2 ……………………………………………………………………211

附录3 ……………………………………………………………………215

附录4 ……………………………………………………………………218

参考文献 ………………………………………………………………222

第一章
绪 论

学校管理为什么一直成为学术界研究的热点？是什么力量促使学界对学校管理的研究经久不衰，并显示出强大的生命力？易地搬迁安置点配套学校（简称易地搬迁学校）管理又呈现怎样的状况？这些问题一直萦绕在心中。2017年，教育部《义务教育学校管理标准》正式颁布实施，为中小学校长的自主办学、依法办学制定规则，提供政策支持，对实现学校教育治理体系和治理能力现代化有着重要的指导意义。目前对学校管理的研究成果非常丰富，人们从不同角度对其进行了深入研究。但是，易地搬迁学校管理是一个复杂的工程，学校优化管理也是一个渐进的过程。易地搬迁学校管理呈现一种什么的状态？要怎么样才能真正推动易地搬迁学校优化管理？这是本研究对易地搬迁学校管理进行再思考的问题。

第一节 研究背景

1983年，宁夏回族自治区通过"吊庄移民"的形式将南部干旱高寒山区中的贫困村整体迁移到易于耕作的北部平原，开启了搬迁扶贫的先河。2001年，国家计委在规划易地扶贫搬迁试点项目区时，正式提出了"易地扶贫搬迁"这一概念。内蒙古、云南、宁夏四省（自治区）开展易地扶贫搬迁试点，随后扩大到17个省（自治区、直辖市）。2015年11月，中共中央、国务院印发《关于打赢脱贫攻坚战的决定》，标志着我国扶贫开发进入脱贫攻坚的新时期，将"易地搬迁脱贫一批"作为新时期"五个一批"精准扶贫工程之一，标志着中国扶贫开发事业进入了脱贫攻坚的新阶段。2018年，国家发展改委及有关部门共同制定了《中国的易地扶贫搬迁政策》，关注深度贫困地区和特定贫困群体搬迁。①2021年，我国脱贫攻坚战取得了全面胜利。脱贫摘帽不是终点，而是新生活、新奋斗的起点，巩固拓展脱贫攻坚成果的任务非常艰巨。②推动易地搬迁学校的发展，既是教育公平的重要体现，也是阻断贫困代际传递、推动乡村振兴的重要举措。

一、脱贫攻坚教育扶贫的战略要求

西部地区作为全国脱贫攻坚的主战场，承担了全国三分之二以上的易地搬迁任务，其易地搬迁工作的成败在一定程度上决定了我国能否打赢脱贫攻坚战。2020年如期全面建成小康社会，作为扶贫的一种重要方式，易地扶贫搬迁工作的巩固与保障尤为重要。教育扶贫是阻断贫困代际传递的重要途径，让易地扶贫搬迁安置点适龄儿童来到城镇就学，通过接受高质量教育，改变个人和家庭命运，对易地搬迁学校的管理与质量提升提出了新的挑战，更是脱贫攻坚教育扶贫的战略要求。

二、乡村振兴背景下对高质量教育需求

2018年1月2日，中共中央、国务院颁布的《关于实施乡村振兴战略的意见》中指出，乡村振兴是决胜全面建成小康社会、全面建设社会主义现代化国家的重大历史任务，是新时代"三农"工作的总抓手。③农业农村现代化的实现有赖于乡村产业的振兴，国务院颁布的《关于促进乡村产业振兴的指导意见》明确提出要"健全人才保障机制"。

党的十九届五中全会和"十四五"规划，提出要建设高质量教育体系。《中共中央关于制定国民经济和社会发展第十四个五年规划和二〇三五年远景目标的建议》指出，我国区域教育资源配置不够均衡，城乡教育差距亟待缩小，人才培养模式改革需要提速，教育创新与服务潜力尚未更好释放，同人民群众对高质量教育体系的需求相比还有很大差距。我们要深入

---

① 中国的易地扶贫搬迁政策[EB/OL]. https://www.ndrc.gov.cn/fzggw/jgsj/dqs/sjdt/201803/t20180330_1050716.html.
② 贵州：像打脱贫攻坚战一样抓巩固拓展脱贫攻坚成果[EB/OL]. http://www.guizhou.gov.cn/xwdt/gzyw/202105/t20210520_68191924.html.
③ 中共中央国务院关于实施乡村振兴战略的意见[EB/OL]. http://www.gov.cn/gongbao/content/2018/content_5266232.htm.

贯彻党中央关于"十四五"时期教育改革发展的决策部署，抓住机遇，应对挑战，全力以赴，攻坚克难。也有学者认为，农业农村的发展离不开有文化、懂技术、会经营的新型职业农民，而新型职业农民的培养需要优先发展乡村教育事业。①大力培育新职业农民、提高农村当地人口素质，都要求建设乡村地区的高质量教育体系。

三、易地搬迁学校教育教学质量现实困境

易地搬迁学校教育面临教学质量的挑战。比如，"十三五"期间贵州省易地扶贫搬迁安置点涉及人口188万人，是在全国范围内搬迁规模最大以及全部实施城镇化集中搬迁的省份。在全省842个安置点、188万搬迁群众中，有入学需求的适龄儿童为38.18万人（学前阶段儿童7.53万人、小学阶段儿童20.65万人、初中阶段儿童10万人）。2016年至2020年，贵州省共计新建改扩建"易地搬迁学校"669所。

易地搬迁学校解决了搬迁居民子女有书读的问题，但是否能够接受有质量乃至高质量的教育，还需要对已经投入使用的易地搬迁学校教育教学质量进行实地了解。在2020年脱贫攻坚教育扶贫督战中，研究者在对部分易地搬迁学校的教育教学质量的调研中发现，教育教学质量偏低是一个较为普遍的现象，有的新建易地搬迁学校从小学低年级学段就出现大量不及格现象，初中语文、数学、英语、物理的及格率甚至在30%以下，音、体、美等学科也缺乏质量，与落实"五育并举"理念指导下的质量观还有较大距离。

有部分研究者对安置点小学教育情况展开了调查，如赵启晨针对G镇集中安置点的小学教育状况进行调查，发现了教育资源浪费和不合理分配等状况，部分易地小学资金缺乏且小学生出现了身心健康问题。②黄胜、吴诗航则认为需要对易地扶贫搬迁安置点基础教育学校给予政策支持，加强学校师资力量配备，针对学生开展综合素质教育和关爱教育等。③

---

① 赖德胜，陈建伟.人力资本与乡村振兴[J].中国高校社会科学，2018（6）：21-28，154.
② 赵启晨.南水北调移民集中安置点小学教育状况调查研究[D].郑州：郑州大学学位论文，2016.
③ 黄胜，吴诗航.建立易地扶贫搬迁安置点基础教育保障机制[N].贵州日报，2020-06-10.

综上，本研究以易地搬迁学校优化管理为研究对象，对易地搬迁学校教育教学、学生全面发展、教师专业进步、和谐环境等进行探讨。

第二节 研究目的及意义

建设有质量或者高质量的易地搬迁学校是各级政府及老百姓的共同希望，通过教育的"扶智、扶志"，避免贫困的代际传递，为易地搬迁安置点适龄儿童提供高质量的教育，具有重要的现实价值。

一、研究目的

（1）从总体上了解易地搬迁学校优化管理现状，具体体现在教育教学、学生全面发展、教师专业进步、和谐环境等方面。

（2）从个案上具体了解易地搬迁学校管理之日常教学管理现状。

（3）根据"扶志、扶智"的要求，结合配套学校实际，设计易地搬迁学校优化管理提升质量的路径。

（4）根据可持续发展的理念，为易地搬迁学校的建设与发展提供政策依据。

二、研究意义

1. 易地搬迁学校高质量发展符合人民的需求

坚持以人民为中心，加深对我国教育事业的规律性认识。有研究发现，对于易地搬迁居民来说，孩子跟不上学习进度或学习成绩差，需要获得教育资源的帮助。[①]提高易地搬迁学校管理水平和教育高质量，符合人民的需求。

---

① 冯烨. 社会工作视角下易地扶贫搬迁居民社会融入问题探究——以山西省 G 社区为例[D]. 西安：西北大学学位论文，2019.

2. 构建易地搬迁学校优化管理的路径体系

已有研究和调查现状表明，部分易地安置点小学教育状况存在教育资源浪费和不合理现象，部分易地小学资金缺乏。[①]这一现状对学校的管理体系提出了挑战。易地搬迁学校需优化自身管理水平，以合理分配并使用宝贵的教育资源。本研究以样本学校的校长、教师为调查对象，运用问卷调查法对易地搬迁学校管理的状况进行调查。在调查结果的基础上，结合学生全面发展与教师专业发展的理论框架提出建议，以提高教学管理水平，促进学生全面发展，打造学校和谐环境，打造教师专业进步。

3. 探索易地搬迁学校可持续发展的学校管理框架

20世纪60年代以来，学校领导理论风起云涌。研究表明，校长领导力在提升学校整体教学效能、促进课程与教学发展、提升教师教学素养、激励学生学习成就、达成学校目标和愿景等方面具有显著效果。[②]本研究以校长领导力和校长教学领导力、人力资源理论等为理论基础，探索易地搬迁学校管理可持续发展的学校管理框架。

4. 为易地搬迁学校建设建言献策

对易地搬迁学校优化管理的研究，有利于全面保障搬迁安置点群众子女在家门口有学上、上好学，让易地搬迁户更快更好地融入当地、安居乐业，阻断贫困、脱贫致富产生重大而深远的影响。本研究力图把握安置点的稳定性，建立防止返贫长效机制，为制定易地搬迁学校的有关教育政策提供调研基础，总结搬迁规模最大、人数最多、任务最重且唯一彻底实行城镇化集中安置的贵州经验。

第三节 核心概念界定

对于什么是学校管理，不同学者有不同的看法。《义务教育学校管理

---

① 赵启晨. 南水北调移民集中安置点小学教育状况调查研究[D]. 郑州：郑州大学学位论文，2016.
② 黎聚才. 小学校长教学领导力提升策略研究[D]. 重庆：西南大学学位论文，2012.

标准》针对义务教育学校管理工作的特点，立足学校管理工作实际，以"人"为中心设置了六项管理职责，即"平等对待每位学生、促进学生全面发展、引领教师专业发展、提升教育教学质量、营造和谐安全环境、建设现代学校制度"。六项管理职责下设 22 项管理任务，管理任务又下设了 92 条管理要求，基本涵盖了学校管理的主要方面。《义务教育学校管理标准》适用于全国所有义务教育阶段的学校，在实施过程中要因地制宜，采取分类指导、分步实施、逐步完善的推进原则。[①]基于此，本研究采用《义务教育学校管理标准》的内容，即从教学水平、教师专业进步、学生全面发展、学校和谐环境、现代学校制度和学生平等权益六个方面去了解易地搬迁学校管理现状。但由于易地搬迁学校有其自身的特殊性，故而选取《义务教育学校管理标准》内容中的部分子内容作为调研对象。

一、教育教学水平

百年大计，教育为本。教育教学是学校的工作中心，是学校发展与改革所指向的核心任务。教育教学水平的提升需要教育理念的更新、教育领导方式与层级的重塑、政策的支持、评价的改革以及师生与生生间的关系构建等共同发挥作用。[②]课程目标的有效达成是学校课程实施的根本目的，[③]课程体系的建立与实施是学校管理工作的核心要务。"评价"是每个时代各种类型及层次的教育改革的终极方案，也是"最后一里路"。《深化新时代教育评价改革总体方案》开启了评价改革的大幕，打开了中国教育改革的新时代与新世界的大门。[④]《义务教育学校管理标准》指出、对照中小学教育质量综合评价改革指标体系，进行监测，改进教育教学；实施综合素质评价；控制考试次数，探索实施等级加评语的评价方式。本研究所探讨的教学水平主要把适合学生发展的课程（学校特色课程）、教学资源（图书馆）、学生学业成绩、学生作业这几个方面作为调研对象。

---

① 徐金海. 义务教育学校管理标准：内容、特点与价值[J]. 教育科学研究，2015（11）：24-28.

② 张侨平，陈敏，金轩竹. 理解深度学习促进深度教学[J]. 教育科学研究，2021（4）：50-54.

③ 周彬. 学校课程治理：内涵、路径与保障[J]. 全球教育展望，2021，50（2）：3-13.

④ 李政涛. 把新时代教育评价改革深化到"评价能力"的提升那里去[J]. 中国教育学刊，2020（12）：8.

二、学生全面发展

进入新时代以来,促进学生德智体美劳全面发展成为我国教育的重要方针,学生的全面发展成为学校教育的重要内容。关于如何落实学生的全面发展,习近平总书记在看望参加全国政协十三届四次会议的医药卫生界、教育界委员并参加联组会时强调,要围绕建设高质量教育体系,以教育评价改革为牵引,统筹推进育人方式、办学模式、管理体制、保障机制改革。可见,在促进学生全面发展的教育实践中,学校的管理体制改革成为重要一环。

1999年印发的《关于深化教育改革,全面推进素质教育的决定》提出,学生的全面发展主要指德智体美的全面发展。进入新时代以来,促进学生德智体美劳全面发展成为我国教育的重要方针,学生的全面发展成为学校教育的重要内容。2017年,教育部印发的《义务教育学校管理标准》通知指出,义务阶段学校管理要促进学生的全面发展,其基本内容包括提升学生道德品质、帮助学生学会学习等。学生全面发展,是"五育并举"理念指导下的德智体美劳综合发展。基于研究目的,本文所指的学生全面发展具体包括学生健康、艺术修养、生活本领。学生健康从师资配备、学生健康管理角度进行探讨,学生艺术修养从学校的音乐、美术、社团等方面进行探讨。

三、学校和谐环境

对于学校来讲,校园环境是学校内部及周围对学生的教育和学校发展起着重要作用的条件,是由学校师生和管理人员经过长期的建设形成的。[①]校园环境的建设不可避免地包含管理的维度。有研究指出,校园环境对于学生在心理上产生的这种影响会促进学生身心的健康成长,[②]因此有必要从管理的角度抓好校园环境建设。本研究所指的和谐环境,主要是依据《义务教育学校管理标准》中所指出的建立切实可行的安全与健康管理制度、建设安全卫生的学校基础设施、开展以生活技能为基础的安全健康教育、

[①] 马金城,杨筱. 浅析加强校园环境建设的重要性[J]. 高等教育研究,1999(5):91-92.

[②] 林刚. 中小学校园环境的教育寓意性设计探究[J]. 教育研究,2013,34(3):41-46.

营造健康向上的学校文化。

四、教师专业进步

教育部颁发的《义务教育学校管理标准》指出，义务阶段学校管理的基本内容包括"引领教师专业进步"，这一内容具体表现为三个要求：加强教师管理和职业道德建设、提高教师教育教学能力、建立教师专业发展支持体系。第一，加强教师管理和职业道德建设分别侧重两个方面：一是对教师岗位设置、职称评聘、考核评价和待遇保障机制的完善与管理，二是对教师师德师风的管理与监督。第二，在提高教师教育教学能力方面，则在学习课程标准、校本教研、提升班主任工作、推动教师阅读与提升教师信息技术方面提出了具体的要求。第三，建立教师专业发展支持体系。教师专业发展是教师个体专业不断发展的历程，教师不断接受新知识、增长专业能力的过程。[①]其中，培训是教师专业发展的重要方式。对于教师专业进步，本研究主要集中在教师的课堂教学、教师培训、教师科研这几个方面进行探讨。

五、现代学校制度

《国家十四五教育发展规划纲要》明确提出，要适应中国国情和时代要求，建设依法办学、自主管理、民主监督、社会参与的现代学校制度，构建政府、学校、社会之间的新型关系。由此可见，"依法办学、自主管理、民主监督、社会参与"是现代学校制度的核心，体现在"法治、自主、民主、开放"四个方面。进入新时代，飞速变化的社会对学校管理提出了新的要求。中共中央、国务院印发的《中国教育现代化2035》指出，要推进教育治理体系和治理能力现代化[②]，其中对于提高教育法治化水平、健全教育法律实施和监管机制、健全教育督导体制机制、提高学校自主管理能力

---

① 教育部师范教育司. 教师专业化的理论与实践[M]. 北京：人民教育出版社，2003：28.

② 中共中央、国务院印发《中国教育现代化2035》[EB/OL]. http://www.moe.gov.cn/jyb_xwfb/s6052/moe_838/201902/t20190223_370857.html.

等提出了明确要求。这些要求在《义务教育学校管理标准》中也有所体现。《标准》指出,实现现代学校管理制度,包括提升依法科学管理能力,建立健全民主管理制度,构建和谐的家庭、学校、社区合作关系。

六、学生平等权益

当代中国教育发展的两个基本价值追求是教育公平与教育质量。教育公平表现在均衡,教育质量表现在优质。中共中央、国务院印发的《中国教育现代 2035》中明确提及,要实现基本公共教育服务均等化[①],学生平等入学机会是教育公平的重要体现。《义务教育学校管理标准》也指出,学生的平等权益主要包括维护学生平等入学权利,建立控辍保学工作机制,满足需要关注学生需求。在义务教育阶段,公平和平等是基本的正义分配,义教均衡的本质就在于义务教育阶段各种资源的公平分配。对于易地搬迁学校群体,享有质量乃至高质量的教育是有效建立控辍保学机制的前提。学生平等权益,在本书中主要从学生平等入学、控辍保学机制和关注学生需求三个方面进行探讨。

第四节 国内外相关研究现状

易地搬迁是政府主导、群众自愿参与,将居住在自然条件恶劣地区的农村贫困人口搬迁到生存与发展较好的地方,从根本上改善生产生活方式、实现脱贫致富的一种扶贫方式。[②]易地扶贫搬迁中安置点的教育问题得到了广泛关注,从国家政策而言,2019 年 6 月国家发展改委联合 10 个部门研究制定并且印发了《关于进一步加大易地扶贫搬迁后续扶持工作力度的指导意见》,次年 2 月份又联合 12 个部门进一步出台了《2020 年易地扶贫搬迁后续扶持若干政策措施》。从地方政策而言,贵州省人民政府颁布

---

① 中共中央、国务院印发《中国教育现代化 2035》[EB/OL]. http://www.moe.gov.cn/jyb_xwfb/s6052/moe_838/201902/t20190223_370857.html.
② 赵秋颖. A 县扶贫搬迁项目管理中的问题与对策研究[D]. 成都:西南交通大学学位论文,2017.

《省人民政府关于深入推进新时期易地扶贫搬迁工作的意见》（黔府发〔2016〕22号）、中共贵州省委颁布《中共贵州省委 贵州省人民政府关于精准实施易地扶贫搬迁的若干政策意见》（黔党发〔2017〕6号）、贵州省教育厅2016年印发了《关于推进易地扶贫搬迁安置区教育发展的实施意见》以及《省教育厅关于进一步加强和完善易地扶贫搬迁安置点教育保障工作的通知》（黔教规划法〔2019〕50号）等系列文件和指导性意见，对易地搬迁安置点相关工作进行部署安排。本研究团队以"易地扶贫""生态易地""易地搬迁学校"为关键词在知网上进行主题搜索，共搜到相关研究35篇，剔除相关性较差的文章后保留27篇相关研究成果。总的来说，较多研究关注到了"易地扶贫""生态易地"中的教育，特别是学校教育维度，以下从价值、成效、问题与对策四个方面对"易地扶贫""生态易地"中学校教育的相关研究展开综述。

一、有关价值方面的研究

杜尚荣、朱艳和游春蓉从乡村振兴的大背景重新审视易地扶贫搬迁中的教育重要性，认为其可以促进乡村教育资源优化整合，包括：有利于集中人口办学，通过精准易地扶贫搬迁，设立安置点，将生态脆弱地区的贫困人口集中，给集中办学奠定生源基础；有助于学校合理布局，集中教育资源，让迁入人口的教育条件得到显著提升。[1]辛均庚认为安置点的教育保障是易地扶贫搬迁的关键一环，是阻断贫困代际传递最根本的保障，也是当前易地扶贫搬迁需全面统筹研究落实的重要内容。[2]周海燕认为，保障安置点搬迁群众子女就学，是脱贫攻坚和易地扶贫搬迁工作的重要组成部分，也是打赢教育脱贫攻坚战的重要内容和重大政治任务。[3]潘昆峰、李宛豫和陈慧娟同样认为教育是扶贫工作中的重要内容，并引入多种理论视角加以解释：首先，从人力资本理论来看，迁移是提升人力资本的重要投资；其

---

[1] 杜尚荣，朱艳，游春蓉. 从脱贫攻坚到乡村振兴：新时代乡村教育发展的机遇与挑战[J]. 现代教育管理，2021（5）：1-8.
[2] 辛均庚. 贵州高校"领办"易地扶贫搬迁安置点学校的实践探索[J]. 中国民族教育，2020（12）：47-50.
[3] 周海燕. 基础教育全覆盖 搬迁群众"学"无忧[J]. 中国民族教育，2020（Z1）：57.

次,易地迁移是打破贫困文化的重要手段;再次,迁移具有外溢的同伴效应,可以带来迁移效果的正反馈;最后,易地教育使贫困人口提前融入城市,迁移与教育相结合的方式使贫困学生在生活和接受教育的过程中,建立起社会关系网络,开阔视野,接受新文化潜移默化的影响,缓解迁移后带来的不适与困惑。①

二、有关成效与问题方面的研究

梳理已有研究可见,易地扶贫搬迁中的教育保障工作取得了一定的成效。肖菊和梁恒贵从贵州省的经验出发,认为贵州易地扶贫搬迁做到了深耕厚植安置区域教育资源供给。②具体包括,扎实推进易地扶贫搬迁集中安置点教育保障工作,努力让搬迁群众适龄子女有学上、上好学;省级层面及时研究出台安置点教育发展实施意见,组织编制安置点配套学校建设规划,统筹资金支持安置点配套学校建设,多措并举督导调度各地安置点教育资源。教育保障有效推动易地扶贫搬迁,优质教育让搬迁户子女重塑自信。

除了上述成效外,更多研究者关注到"易地扶贫""生态易地"中教育保障的一些问题。早在2005年,黄毅关注到三峡库区易地迁校后学校存在的问题:库区前后学校均负债累累,资金缺口巨大;按原规模原标准原功能搬迁的学校规模太小,易地子女入学难的矛盾日益激化;学校不能完全应对学校结构与人才培养结构矛盾冲突、学校教师和管理人员流失加剧问题,教师的业务水平难以适应新的社会经济发展要求。③其中详细指出,学校迁建后库区教师要购买新房,因工资水平和福利待遇不高,教师队伍流失严重。肖菊和梁恒贵经过调研认为,安置点配套学校主要的困难和挑战有:安置点配套学校建设项目资金缺口较大,影响部分学校建设进度;一些惠民政策衔接不够,部分搬迁学生未能享受原有资助;安置点学校师资力量整体不足,影响优质教育;部分安置点配套学校未及时建立,学校

---

① 潘昆峰,李宛豫,陈慧娟. 易地教育扶贫——破解"三区三州"深度贫困的非常之策[J]. 中国人民大学教育学刊,2018(3):5-16.
② 肖菊,梁恒贵. 贵州易地扶贫搬迁安置点教育保障研究[J]. 贵州社会科学,2019(7):102-107
③ 黄毅. 三峡库区易地迁校后学校存在的问题研究[D]. 重庆:西南师范大学学位论文,2005.

大班额难以化解等。①贵州省政府的工作总结指出，易地扶贫搬迁点义务教育资源保障还存在一些问题：一是建设资金比较紧缺；工程建设进展缓慢；三是供需保障矛盾突出，随迁子女相关数据精准锁定难，直接影响就学安排；四是教师队伍编制紧张。②王耕源、田鹏和段永华关注到生态易地聚集区的基础教育，采用 TOPSIS 法对生态易地聚集区教育水平进行综合评价，认为目前黔西南州生态易地教育呈现极不平衡的态势，造成这种不平衡的主要原因有：一是生态环境的脆弱和生存环境的恶劣；二是地方经济落后，对生态易地教育投入偏少；三是生态易地教育的保障体系不健全。③

三、有关对策方面的研究

与上述问题相对应，研究者基于实践中存在的问题与困境提出了可供借鉴的对策与建议。

上述问题存在的原因主要在于易地政策制度本身在设计上欠科学，如学校补偿标准不合理，学校补偿范围不合理，扶持政策脱离实际，建设高标准和复杂的地质条件使建筑成本大大提高，以及国家对这一地区长期投入不足，导致库区前后学校的资金缺口相当大。黄毅认为在易地库区的教育保障中，要坚持教育优先发展的战略。他特别提到了资金保障的问题，认为要解决学校的缺口资金，可以通过教育财政转移支付制度，充分发挥政府的宏观调控能力，来解决库区前后学校巨大的资金缺口问题。也可设立各种专项基金，如三峡库区前后学校工程专项基金、库区学校银行专贷基金，以及其他可行的基金等，用于补充库区前后学校的经费缺口。④辛均庚基于安置点的师资水平低下问题，提出了贵州高校"领办"易地扶贫搬迁安置点学校的策略，认为高校"领办"教育模式是高校开展教育精准扶

---

① 肖菊，梁恒贵. 贵州易地扶贫搬迁安置点教育保障研究[J]. 贵州社会科学，2019（7）：102-107.
② 九三学社贵州省委员会在贵州省政协十二届三次会议上的提案. 关于做好易地扶贫搬迁点义务教育资源保障的建议[J]. 贵州社会主义学院学报，2020(3)：5-6.
③ 王耕源，田鹏，段永华. 生态易地聚集区基础教育水平综合评价[J]. 统计与决策，2019, 35（3）：114-116.
④ 黄毅. 三峡库区易地迁校后学校存在的问题研究[D]. 重庆：西南师范大学学位论文，2005.

贫工作的创新之举，由高校牵头，依托高校丰富的教育资源和先进的教育理念，协同政府、教育行政部门、社区共同办好安置点学校。① 具体包括：一是精心组织调研，遴选领办学校；二是研讨领办方案，制定配套措施；三是深化领办内涵，满足教育需求；四是强化平台功能，加快人才建设。贵州省政府的报告指出，一要全力化解资金紧缺难题，包括争取专项资金支持、多措并举拓宽融资渠道；二要统筹推进学校与搬迁点同步建成投用，包括加快工程进度、保证配建学校学位供给；三要切实保障随迁子女入学需求，包括统筹配置义务教育资源、扎实做好随迁子女就学服务、同步配齐学校设施设备；四要配优建强搬迁点学校教师队伍，包括以市（州）为单位统筹调剂师资，通过培训提高教学水平。周海燕认为，要做到整合教育资源，完善学校建设，保障就近入学；做好就读安置工作，提供"一条龙"服务，保障应读尽读；健全关爱体系，加强感恩教育，确保健康成长。② 肖菊和梁恒贵认为，需要全面推进学校建设、全面充实师资力量、全面衔接惠民政策、全面开展课余服务，其中强调了资金保障的重要性，认为省级部门要多渠道筹措资金，保障易地扶贫搬迁安置点配套学校建设；加大力度争取更多东西部扶贫协作帮扶资金，集中投入安置点配套学校建设；增加预算投入，补助支持各地实施安置点配建学校项目，缓解地方财政压力。③ 王耕源、田鹏和段永华认为，需要提高生态易地教育水平，具体措施包括制定和完善生态易地教育政策；统一规划和布局生态易地教育，对生态易地教育作出统一的规划部署；加强生态易地教育的监督与评价；加大资金投入，尤其是上级部门的资金投入。潘昆峰、李宛豫和陈慧娟建议，以省为主，加强中央统筹；义务教育阶段学校适当县城化；高中教育阶段开办易地"宏志班"；高等教育阶段完善高校贫困学生专项招生计划；完善易地教育扶贫的学生保障机制。④ 韦国庆基于校本实践，提出了四个方面

---

① 辛均庚. 贵州高校"领办"易地扶贫搬迁安置点学校的实践探索[J]. 中国民族教育，2020（12）：47-50.
② 周海燕. 基础教育全覆盖搬迁群众"学"无忧[J]. 中国民族教育，2020（Z1）：57.
③ 肖菊，梁恒贵. 贵州易地扶贫搬迁安置点教育保障研究[J]. 贵州社会科学，2019（7）：102-107.
④ 潘昆峰，李宛豫，陈慧娟. 易地教育扶贫——破解"三区三州"深度贫困的非常之策[J]. 中国人民大学教育学刊，2018（3）：5-16.

的特色办学之路,包括创"一训三风"学校文化、塑师德师风、重自信教育与家校协同四个方面。[①]其中,创"一训三风"包括校训、校风、班风、家风,校风建设包括两个方面:一是制度建设,以教育观为指导,促进学生、教职工、学校、学校所在社区的协调,形成可持续发展的一套完整的制度体系,为广大教师搭建各种平台,努力锻造一支师德高、业务精的师资队伍。二是文化建设,其包括:以优化育人环境为切入点,以营造文化氛围为突破口;重视人文建设,提高校园文化品位,打造文明礼仪的师生团队;人人参与,构建各具特色的班级文化;校内一草一木、一砖一瓦都成为知识的载体,通过精心设计,把教育目的和科学文化知识融进校园的每一个角落。

四、其他相关研究

此外,还有研究者关注到易地搬迁学校中的家庭教育、社区教育问题,将问题视角从学校教育教学扩展到其他领域。张雷、曹洪华、李佳彬和邓长哲则基于大数据样本分析,对易地搬迁地区的家庭教育展开调查,目的是从家庭教育水平来预判扶贫效果,为脱贫选择好的着手点和对象,树立好的脱贫榜样,认为家庭教育水平角度为消除绝对贫困和减少相对贫困提供了好的切入点。[②]调查结果显示,初中教育水平家庭扶贫效果最好;家庭教育水平不同,扶贫顺序也应该不同,其中小学和初中教育水平与扶贫效果呈正相关,而高中以上教育水平与扶贫效果呈负相关;重视家庭教育水平对易地搬迁扶贫有重要作用。相应的建议包括:治贫先治愚,扶贫先扶智;促进教育公平;促进教育扶贫全面化,其指的不仅是学校教育,还有整个贫困家庭的职业教育、生活习惯教育、素质思想教育以及使用现代各种工具的培训。杨智、杨定玉和陈亦桥认为社区教育作为有效帮扶途径之一,有助于搬迁地区终身教育体系的构建,提出了以下促进社区教育发展的具体措施:一是以"稳秩序升内涵"为宗旨,确立社区教育的发展定位

[①] 韦国庆. 立教育:易地扶贫搬迁学校的特色办学之路[J]. 宁波教育学院学报,2020,22(6):38-40.
[②] 张雷,曹洪华,李佳彬,邓长哲. 家庭教育水平对生计资本的影响研究——基于187户易地搬迁户深度访谈[J]. 现代化农业,2020(10):43-46.

与目标；二是以"广服务融生活"为目标，构建社区教育的内容与载体；三是以"多形式活方法"为理念，组织与实施社区教育活动；四是以"成合力升效率"为指向，保障社区教育的运行与效率。[①]金晓艳在生态易地中同样关注社区教育的重要性，通过调研发现，易地社区居民教育意识不强；社区教育形式单一，流于表面；村干部、党员、行业带头人积极性不高；劳动力供给与需求存在落差；后续发展能力薄弱等。其提出，应以科技带动社区教育，以"互联网+"教育为主开展生态易地社区教育，以项目工程推动生态易地社区教育。同时，多方面调动村干部、党员及行业带头人的积极性，将政府政策作为生态易地社区教育的基本保障运用到生态易地社区教育发展中。[②]

五、研究述评

总的来说，目前学界对"易地搬迁""生态易地"中学校教育的相关研究已经初具规模，从最早的"生态易地"到当下的"易地搬迁"，不同研究者都关注到了其中的教育保障问题。

从研究内容来看，对其价值、成效与问题、对策建议方面都做出了较为系统的研究。从其价值来看，易地搬迁安置点配套学校中的学校教育是扶贫工作的重要组成部分。一方面，其有利于维持安置点的发展；另一方面，其也是阻断贫困文化传递的重要途径。学界的主要研究集中于问题与对策这两方面，对于问题的研究则主要集中在三个方面：资金缺乏、硬件保障不足、师资队伍匮乏，其中资金缺乏被多次提及。在对策研究方面，存在宏观与微观两个角度。从宏观来看，研究者主要关注政策的顶层设计、财政投入、教师队伍的保障。从微观来看，研究者主要基于自身的实践经验提出一系列关于学校建设的举措。

从研究方法来看，已有研究大多采用经验梳理的方式，宏观的研究大多以省份为单位，总结易地搬迁安置点配套学校中学校教育的经验、问题

---

① 杨智，杨定玉，陈亦桥. 城乡融合视域下易地扶贫搬迁易地社区教育发展探究[J]. 现代远程教育研究，2021，33（1）：56-64，86.
② 金晓艳. 宁夏生态移民地区社区教育需求及路径分析[J]. 社会与公益，2020（6）：49-51，63.

与相关对策；微观的研究大多以学校为单位，总结校本的教学实践举措，而采用实证研究方式的较少。从现有研究来看，既缺少对当前易地搬迁学校的教学现状的大样本数据描述，也缺少对某易地搬迁安置点配套学校的详细个案描述，更多停留在宏观的政策研究上。研究易地搬迁学校教育教学质量的文章相对较少，在中国知网输入"易地搬迁安置点"或"易地搬迁学校"，以2015—2021年为时间区间，共计搜索到393条结果，核心期刊68篇，CSSCI20篇；"易地搬迁安置点学校"有5篇文章，但上述查询没有一篇涉及易地搬迁学校的教育教学质量；输入"安置点学校教育教学"或"易地搬迁学校"关键词，搜索到的相关文章非常少。易地搬迁学校教育教学质量状况问题，还有待进一步研究。

从易地搬迁学校所承载的社会期待来看，建设有质量或者高质量的易地搬迁学校是各级政府及老百姓的共同希望。通过教育的"扶智、扶志"摆脱贫困圈，避免贫困的代际传递，为易地搬迁安置点适龄儿童提供高质量的教育。

第五节 研究方法

本研究采用定性和定量研究相结合的研究方法，以了解易地搬迁学校管理现状。其中定量研究主要采用问卷调查法，依据《义务教育学校管理标准》，从六个维度对学校管理进行问卷调查。定性研究主要采用访谈法、观察法，从学生学业成绩、教师教学课堂（听课）、学生作业、教案等方面收集资料并分析。

一、问卷调查法

（一）调查对象

本研究调查对象来自G省八个市（州）易地搬迁学校的中小学教师。共发放问卷3743份，回收问卷3743份，回收率100%。其中有效问卷3720份，有效率99%。调查对象基本信息见表1-1。

表 1-1 调查对象基本信息

		人数	百分比（%）
性别	男	1 540	41.4
	女	2 180	58.6
学校类型	小学	1 845	49.6
	初中	1 484	39.9
	九年一贯制	361	9.7
	幼小一体	30	0.8
学历	中专以下	11	0.3
	大专	257	6.9
	本科	3 445	92.6
	研究生	7	0.2
职称	三级	153	4.1
	二级	1 618	43.5
	一级	1 756	47.2
	高级	193	5.2
年龄	30 岁以下（不含 30 岁）	971	26.1
	30~40 岁（不含 40 岁）	2 407	64.7
	40~50 岁（不含 50 岁）	320	8.6
	50~60	22	0.6
教龄	3 年以下（不含 3 年）	398	8.0
	3~6 年（不含 6 年）	458	12.3
	6~25 年（不含 25 年）	2 890	77.7
	25~33 年	74	2.0

由表 1-1 可见，从性别角度看，男性教师占比 41.4%，女性教师占比 58.6%；从学校类型来看，小学教师占比 49.6%，初中教师占比 39.9%，九

年一贯制学校教师占比 9.7%，幼小一体学校教师占比 0.8%。从学历角度看，中专及以下教师占比 0.3%，大专占比 6.9%，大学占比 92.6%；研究生占比 0.3%，学历较高，表现相对集中。从职称角度看，三级教师占比 4.1%，二级教师占比 43.5%，一级教师 47.2%，高级教师占比 5.2%，职称相对偏低，一级及以下占比 94.8%。从年龄分组来看，年龄 1 组（30 岁以下）占比 26.1%，年龄 2 组（30~40 岁）占比 64.7%，年龄 3 组（40~50 岁）占比 8.6%，年龄 4 组（50~60 岁）占比 0.6%，教师整体较年轻，40 岁以下占比 90.8%。从教龄分组来看，教龄 1 组（3 年以下）占比 8.0%，教龄 2 组（3-6 年）占比 12.3%；教龄 3 组（6~25 年）77.7%；教龄 4 组（25~33 年）2.0%，教师专业发展基本上处于从"生存关注阶段"到"任务关注阶段"的转变，且"任务关注阶段"特征表现明显，离成熟型教师还有一定的距离。

（二）调查工具

本问卷设计基础来源于 2017 年 12 月教育部印发的《义务教育学校管理标准》。《义务教育学校管理标准》基本内容包括保障学生平等权益、促进学生全面发展、引领教师专业进步、提升教育教学水平、营造和谐美丽环境、建设现代学校制度。[①]结合本研究目的以及易地搬迁学校的特点，采用自编问卷测评易地搬迁学校的学校管理状况。该问卷主要包括六个维度，即维度 1（学生平等权益），维度 2（学生全面发展），维度 3（教师专业进步），维度 4（教育教学水平），维度 5（和谐美丽环境），维度 6（现代学校制度）。问卷答案分为非常同意、同意、不确定、不同意、非常不同意，计分分别为 5、4、3、2、1。

（三）数据分析

本研究运用 spss16.0 进行数据处理与分析，主要统计是均值、标准差，以及差异检验。

[①] 教育部关于印发《义务教育学校管理标准》的通知[EB/OL]. http://www.gov.cn/gongbao/content/2018/content_5283566.htm.

二、访谈法

采用访谈法对易地搬迁学校教师、校长、相关教育行政部门管理者进行访谈，以了解易地搬迁学校管理现状。采用结构和半结构方式进行访谈，在征求被访谈者同意后，对访谈对象进行录音，并对录音材料进行整理分析。

（一）访谈对象

本次访谈选取 10 个县区的 12 所易地搬迁学校，访谈教师 109 人，其中男性 43.2%，女性 56.8%；学校管理者 30 人，教育局领导（含教研培训部门领导）23 人。

（二）访谈提纲

本次访谈主要涉及以下主题：学校教学状况、教师专业发展、学生学业成绩等。具体访谈提纲内容见附录 2。

三、观察法

（一）观察对象

本次走访、观察对象有 12 所易地搬迁学校，这些学校主要分布于 10 个县区。

（二）走访、观察内容

对 12 所易地搬迁学校教师课堂进行听课，对学生作业、教师教案进行观察，并对图书馆阅览室进行走访和观察。深入课堂听课 24 节，其中小学 20 节、初中 4 节。选取 2020—2021 年第一学期教案 61 份，涉及语文、数学、英语、物理等学科，含 1~8 年级教案。作业方面，对学生课外作业情况进行了调查、访谈和观察。

四、个案研究

（一）选择质性研究中个案研究的理由

本研究采用质性研究方法。质的研究是指以研究者本人为研究工具，在自然情境下采用多种资料收集方法对社会现象进行整体性研究，使用归纳法分析资料、形成理论，通过与研究对象互动，对其行为和意义建构获得解释性理解的一种活动。[1]以 LS 学校为案例，尽量"放空"已有的经验，采用观察、访谈以及实物收集等方式，对资料进行收集和编码并融入本土概念，对资料进行重构和解释。研究者通过与教师、学生、学校管理者对话，通过对 6 位教师个体的课堂教学"现场"的观察，收集他们的教案和课件、作业以及学校各类规章制度等，对易地搬迁学校教学管理质量现状与发展困境进行"深描"，探讨易地搬迁学校学业水平偏低之因。在本研究质性研究中，研究者被定位为观察者和参与者双重角色。

（二）资料获取

本研究主要采用三种方法收集资料，具体如下。

1. 文献整理

LS 学校作为一所典型的易地搬迁学校，其学校的资料有代表性。这些资料包括学校的各项规章制度、学生的学业成绩、教研工作开展状况、教师教案等。

2. 访谈

围绕本研究目的，对 LS 学校的教师、学校管理层、学校所属教育行政部门领导进行非正式和正式的访谈。结合研究目标，制定访谈提纲，同时在征求被访谈者意见的基础上进行录音。

3. 实地观察

深入课堂现场，采取听课评课方式，对 LS 学校的图书馆阅览室进行走访和观察，对学校管理活动进行全程考察。

---

[1] 陈向明. 质的研究方法与社会科学研究[M]. 北京：教育科学出版社，2000：12.

(三) 研究过程

个案研究所经历的研究过程包括以下几个环节。

1. 资料收集

笔者一直与LS学校保持交流关系，根据本文研究目的、内容，收集所需的资料，如LS学校的各项规章制度、工作计划、教师撰写的教案、学生作业以及教师的批改情况等。

2. 访谈

本项研究中采用了两种访谈方式。第一种是非正式访谈。主要了解教师的观点，访谈在原先设定问题的基础上适时追问，并在结束后及时整理。第二种是正式访谈。在此次访谈中主要用于了解学校管理的全过程，采用现场录音的形式收集资料。此次访谈采用半结构性访谈，拟定了访谈提纲。访谈提纲主要涉及教学管理、学生全面发展、教师专业进步等主题。访谈提纲具体内容见附录。根据研究主题来确定正式访谈对象，访谈对象基本情况见表1-2。

表1-2 访谈对象基本信息

姓名	性别	教龄	职称	任教学科
X老师	女	21	一级教师	语文
L老师	女	19	一级教师	语文
D老师	男	27	一级教师	语文
M老师	男	18	一级教师	数学
Z老师	男	9	二级教师	数学
Y老师	女	12	二级教师	语文
H校长	男	19	一教教师	数学
T副校长	女	16	一级教师	语文

3. 实地观察

开展课堂观察与反馈活动，主要学科为英语、语文和数学，并对LS学校的图书馆阅览室进行持续跟踪观察。

4. 资料整理和分析

对所收集的资料进行归类和整理,按照以下方式对资料进行编码,见表 1-3。

表 1-3 资料收集与整理方法

资料收集方法			资料编码
观察法	参与式	X、L、D、M、T 和 H 老师的课堂实录 上述六位老师的访谈录音	202105X; 202105L 202105D; 202105M 202105T; 202105H
访谈法	半结构	L、X、D、M、C 和 H 老师的第一次访谈 L 老师的第二次访谈 L 老师的第三次访谈	202105X1; 202010L0; 202105L1; 202105L2 202105D1; 202105M1 202105T1; 202105H1
	无结构	H 校长的访谈 T 副校长的访谈	202105H1 202105T1
实物收集法	直接获取	六位老师的当天授课的教案 六位老师的教学 PPT 全校各年级学生成绩册 六位老师作业本 学校管理规章制度文本及图片	202105X3; 202105L3; 202105D3; 202105M3; 202105Z3; 202105H3 202105X4; 202105L4; 202105D4; 202105M4; 202105T4; 202105H4 202105X5; 202105L5; 202105D5; 202105M5; 202105T5; 202105H5 202105K 202105TB 202105P

由于学校管理涉及的资料很丰富,主题相当多维,因此在资料选择分析时,一是根据资料所呈现的主题进行确定,二是依据研究者的经验做判断。

5. 资料验证

本研究为质性研究中的个案研究,考虑到资料的真实性与研究结果的可靠性,需对资料进行验证。验证的主要方法就是由某个结论对不同的人进行三角印证。

第二章
易地搬迁学校优化管理：理论阐释和总体现状

前面对相关文献研究做了梳理，为易地搬迁学校管理研究提供了理论基础，但对驱动易地搬迁学校优化管理的理论依据有必要进行进一步阐释。本研究认为，驱动易地搬迁学校优化管理涉及的理论主要有领导力理论、教师专业发展理论、资本理论和社会分层理论。领导力理论主要是为对易地搬迁学校校长领导力提供理论解释；教师专业发展理论主要是为教师教育教学和教师的专业发展提供理论依据；资本理论主要是指文化资本的再生产通过各种方式表现出来，影响学生的"行为"；社会分层理论指明提供公平且有质量的教育是阻断代际贫困传递及促进社会阶层流动的重要手段和路径。这些理论为研究易地搬迁学校优化管理提供了坚实的理论基础。

第一节 易地搬迁学校优化管理的理论阐释

一、关于领导力理论对易地搬迁学校优化管理的理论阐释

（一）校长领导力

目前学界对校长领导力的定义不尽相同。有些学者从目标取向出发，认为校长领导力是校长通过影响学校全体师生、实现学校愿景的能力；[1]校长有对师生产生良好影响、有实现学校目标的能力[2]；校长对学校发展目标有明确的规划，并动员学校成员在此目标下持续奋斗的能力。[3]随着学校边

---

[1] 张宏权. 校长领导力现状与提升策略研究[D]. 成都：四川师范大学学位论文，2015.
[2] 赵明仁. 论校长领导力[J]. 教育科学研究，2009（1）：40-42.
[3] 赵德成. 校长教学领导力：领导什么与怎么领导[J]. 中小学管理，2010（3）：7-9.

界的开放和透明,有些学者从主体间的影响出发,认为校长领导力是校长在领导学校过程中具有的影响力[1];校长领导力是在促进学校发展并实现学校目标过程中,校长在师生和其他有关主体身上施加影响的能力,并与上述主体进行良好互动。

汉菲尔(Hemphill)等人曾调查分析多位小学校长的领导素质,发现维持组织关系最有效能的校长多具有友善、负责、活力、热心、勇敢、富有同情心、自主、自信、接纳、乐观、开朗等特质。[2]近年来,伊兰通过调查发现,教学最为显著的特质是善于沟通者、教育者、愿景制造者、促进者、改革者、文化建构者、活跃分子、生产者、人格树立者、贡献者。《义务教育学校校长专业标准》中概括了校长领导力的三个方面,包括:"规划学校发展、营造育人文化""领导课程教学、引领教师成长""优化内部管理、调适外部环境",分别强调了校长所应具备的文化价值领导力、课程教学领导力和组织领导力。刘兰英、戴舜琴认为校长领导力包括六个方面,即学校发展战略规划能力、课程和教学领导能力、协调和激发教师团队潜能的能力、人格魅力、发展力以及争取社会支持的能力。[3]

(二)校长教学领导力

"校长教学领导力"是"校长领导力"的一大分支。基于以上对校长领导力的分析,仍需对"教学"进行界定。"教学"是教育学学术史上的基本范畴之一。先秦时期儒家的"教",主要是"教化",指道德教育;"学"是在日常生活中修养品德,言学即言德。[4]自1903年班级授课制建立之后,在学校教育话语系统中出现"教授"一词,而后被"教学"取代,即教学生学,反映出重视学生的现代观念。进入现代,受凯洛夫"教育学"的影响,"教学"被理解为教与学相统一的活动。

教学领导力是校长领导力维度中具有核心作用的概念。美国学者菲利

---

[1] 孙绵涛. 校长领导力基本要素探析[J]. 教育研究与实验, 2012(6): 54-57.

[2] Hemphill, J. K., Griffiths, D. E., &Frederiksen, N. Administrativeperformance andpersonality[M]. NewYork: BureauofPublication, Teachers Collage, ColumbiaUniversity. 1962.

[3] 刘兰英, 戴舜琴. 如何提升校长的领导力——基于一位小学校长的个案研究[J]. 教育科学研究, 2008(Z1): 69-71.

[4] 迟艳杰. 教学的概念考察与重塑[J]. 教育研究, 2017, 38(10): 130-141.

普·海林杰（Philip Hallinger）和贾思铂·墨菲（Joseph Murphy）提出的教学领导力模型，将教学领导力分为学校使命、管理课程与教学以及创设积极学校风气三个维度，同时又将三维度分为10种教学领导力职能，具体包括：促进教师专业发展、激励教师、激励学生学习、经常与师生交流、保障教学时间、监控学生学习进度、协调课程和教学、督导和评价教学，以及明确目标和交流目标。教学领导力是校长或以校长为首的领导班子规划学校教学愿景、指导教师教学和学生学习、协调课程实施诸要素、引领课堂教学变革、促进师生共同成长的能力①，对学校发展具有根本性和全局性的影响。埃里克（Eric M.，2010）等学者则通过多特征多方法（MTMM）矩阵调查发现，所有4个维度的日志和测量方法之间的相关性都超过50，校长的教学领导实践确实能从矩阵对应的多个项目上影响学生的学习、学校教学和学校整体运作。②高岩（2015）通过量化与质性结合的综合研究，发现中小学校长教学领导胜任力主要存在以下现象：中小学校长保障教学的能力偏低、新的教育理念作用发挥薄弱、教师对校长的教学领导胜任力期待高。③司思（2014）则通过质性研究发现，目前我国中学校长教学领导力普遍存在以下问题：缺乏对教学领导力的意识、教学领导实践经验不足、教育教学质量评价指标简单化、教学专业知识技能欠缺。④而陈纾雨（2016）通过对九江市中学校长教学领导行为进行现状调查，依据问卷数据分析结果得出了中学校长教学领导行为的5大问题：当前中学校长教学领导行为的总体状况不容乐观、缺乏教师与学生立场、对德育不够重视、有效性受学校规模影响较大、缺乏上级教育领导者的引领。⑤

---

① 徐新民. 中小学校长教学领导力的内涵及提升路径[J]. 教育理论与实践，2018（5）：16-17.
② Eric M., Camburn, Jason T. Huff, Ellen B. Goldring, Henry May. Assessing the Validity of an AnnualSurvey for Measuring Principal Leadership[J]. The Elementary School Journal, 2010, 111（2）：314-335.
③ 高岩. 中小学校长教学领导胜任力提升研究[D]. 重庆：西南大学学位论文，2015.
④ 司思. 中学校长教学领导力提升研究[D]. 北京：首都师范大学学位论文，2014.
⑤ 陈纾雨. 中学校长教学领导行为的实证研究[D]. 南昌：江西师范大学学位论文，2016.

二、关于教师专业发展理论对易地搬迁学校优化管理的理论阐释

对教师专业发展的内涵的理解大致上可以分为两类：一类是将教师专业发展视为教师职业并获得相应专业地位的过程，强调教师群体的、外在的专业性的提升，所关注的问题包括教师专业的历史发展、社会地位、专业组织、专业守则等。另一类理解是关注教师个体的发展，是在关注教师经济、社会地位的提高和争取资源与权力分配的同时，强调教师个体的、内在的专业性提升，关注教师的专业特性，如专业技能、专业情意、专业自我等。①

从定义来看，不同学者对教师专业发展进行了丰富的界定。《教师专业化的理论与实践》一书指出："教师专业发展是教师个体专业不断发展的历程，教师不断接受新知识、增长专业能力的过程。教师要成为一个成熟的专业人员，要通过不断的学习与探究历程来拓展其专业内涵，提高专业水平，达到专业成熟的境界。"②朱旭东教授从"专业"与"发展"两个维度，认为教师专业发展的教育教学"专业"是指教会学生学习、育人和服务的内涵。教师专业发展的层次，即"前经验主体""经验主体""认识主体""价值主体"和"审美主体"。③叶澜认为教师专业发展必须具备专业理念、专业知识、专业能力、专业态度与动机以及自我发展需要和意识等要素。④傅道春认为教师专业发展是由职业知识、职业能力、教育理念构成的。⑤朱宁波等人则认为："教师个人在历经职前师资培育阶段、任教阶段和在职进修的整体过程中都必须持续地学习与研究，不断发展其专业内涵，逐渐达到专业圆熟的境界。"⑥教师专业发展不仅包括教师个体生涯

---

① 朱旭东，周钧. 教师专业发展研究述评[J]. 中国教育学刊，2007（1）：68-73.
② 教育部师范教育司. 教师专业化的理论与实践[M]. 北京：人民教育出版社，2003：28.
③ 朱旭东. 论教师专业发展的理论模型建构[J]. 教育研究，2014，35（6）：81-90.
④ 叶澜，白益民. 教师角色与教师发展新探[M]. 北京：教育科学出版社，2003：230-278.
⑤ 傅道春. 教师的成长与发展[M]. 北京：北京教育科学出版社，2003：139-162.
⑥ 朱宁波. 中小学教师专业发展的理论与实践[M]. 长春：吉林人民出版社，2002：72.

中知识、技能的获得和情感的发展，还涉及学校、社会等更广阔情境的道德与政治因素。①从构成来看，唐松林认为包括认知结构、专业精神、专业能力。②熊建辉认为包括终身学习理念、专业品质、专业知识、专业实践能力。③申继亮认为包括专业理想、知识水平、教育观念、教学监控能力、教学行为。④

从教师专业发展路径来看，目前学界关于教师专业发展路径的研究较多，依据不同的标准提出了不同的主张。从路径发生的场域，马立等提出了综合教师培训和校本研修二者的网络研修路径。⑤张红霞在总结已有研究的基础上，提出校本研修、网络研修、校外培训（教师培训一般有职前培训和在职进修）、教师自主学习（自主学习最初是指学生学习的一种方式）。⑥钟启泉根据路径的开展方式，把其划分为自上而下的教师教育（培训）路径和自下而上的校本研修路径。⑦从具体的策略出发，王少非认为教师专业发展实现途径有以下几点：教师个人知识管理、专业发展规划、教学案例开发、教学档案袋开发、以校为本的教学研究、同伴指导、教研组织建设及活动开展。⑧俞国良综合国内外的相关成果，提出了包括"录像反思法""对话反思法""教学反思法"等在内的一系列完整的反思训练方案。⑨从个人与群体的角度出发，学者吴亚利将教师专业发展路径分为专家引领—研究型教师培养、同伴互助—新老教师互助发展、自我反思路径—彰显教师个人魅力三大路径。⑩张忠华和宦婧根据教师发展的动力来源把

---

① 朱旭东，周钧. 教师专业发展研究述评[J]. 中国教育学刊，2007（1）：68-73.
② 唐松林，徐厚道. 教师素质的实然分析与应然探讨[J]. 高等师范教育研究，2000（6）：39.
③ 熊建辉. 构建我国教师专业标准的思考：国际比较的视角（下）[J]. 世界教育信息，2008（11）：44-47.
④ 申继亮，辛涛. 论教师素质的构成[J]. 中小学管理，1999（11）：21-22.
⑤ 马立，等. 教师继续教育新模式网络研修[J]. 教育研究，2011（11）：21-27.
⑥ 张红霞. 农村小学教师专业发展路径研究[D]. 重庆：西南大学学位论文，2017.
⑦ 钟启泉. 教师研修新格局与新挑战[J]. 教育发展研究，2013（12）：20-25.
⑧ 王少非. 新课程背景下的教师专业发展[M]. 上海：华东师范大学出版社，2005：119-183.
⑨ 王立国. 基于教师专业发展的教师素质标准研究[D]. 兰州：西北师范大学学位论文，2007.
⑩ 吴亚利. 我国中小学在职教师专业发展的路径探讨——基于《教师教育课程标准（试行）》的分析[D]. 湘潭：湖南科技大学学位论文，2015.

路径分为外塑培训型路径和内修"教—学—研"教师专业发展路径。[1]周萍认为教师专业发展路径主要有两种研究取向：一是自我发展的取向，二是教师教育取向，具体有教学反思、叙事研究、行动研究、学习共同体、校本教师研究、教师专业发展学校等多种路径。[2]还有学者从具体的内容与机制出发，提倡自主学习型、关注教师情感型、基于生态取向的反思型实践路径，此外还有认同构建加强教师间合作学习的校本协作机制、注重校本研修与校际交流、鼓励教师参与日常课堂学习与发展等路径。[3]

斯巴克斯和罗克斯考察了多种有关教师专业发展文献，归纳了五种教师专业发展模式[4]：一是自我导向模式，包括认清需要和兴趣、根据需要与兴趣制订发展计划、进行学习活动、评价。二是观察评价模式。三是发展提高模式。四是培训模式。其基本假设是一些行为和技术值得教师复制，并能将其应用于实际的课堂教学中，主要由专家为教师提供培训的内容及相应的活动，由教师模仿学习。五是探究模式，倡导教师成为研究者。

三、资本理论对易地搬迁学校优化管理的理论阐释

（一）文化资本理论

布尔迪厄将资本的概念引进文化领域，而使用文化资本的概念是为了解释来自不同阶级的学生学术造诣明显不同的原因。可以认为，学生文化资本的数量和质量的不同会影响他们在学校的发展。[5]从对概念的使用来看，布尔迪厄认为资本是一种权力的形式，指向个人与社会的关系。学校通过文化资本和符号暴力帮助社会完成文化再生产以及社会再生产，文化资本的再生产是客观存在的一种现象。文化资本的再生产表现为两种方式：第一是在家中父母对子女进行有意识的指导，父母的"习性"影响子女的

---

[1] 张忠华，宦婧. 论教师专业发展由外塑到内修的路径转向[J]. 河北师范大学学报，2016（5）：80-84.
[2] 周萍. 教师专业发展的有效路径研究[D]. 镇江：江苏大学学位论文，2017：13.
[3] 程天宇，朱季康. 教师专业发展的路径分析与支持策略[J]. 扬州大学学报，2014：22-26.
[4] 王邦佐，等. 中学优秀教师的成长与高师教改之探索[M]. 北京：人民教育出版社，1994：46.
[5] 付圣思. 班级底层学生生存策略初探[D]. 北京：首都师范大学学位论文，2014.

行为，因而实现了这一阶段的文化再生产；第二是入学后学校和教师的教育和指导。因此，学校是重要的文化资本生产的场所，孩子们通过学校获得系统性知识与社会技能等文化资本，这些资本通过考试的形式获得文凭而被制度化[①]，即学校管理者和教师的"习性"共同影响学生的行为。

布尔迪厄认为，文化资本必然要受到所属阶级、阶层及家庭等多重文化因素的制约和影响。所谓文化资本的"分配"，指的是家庭环境、经济实力等因素，造成了不同权力、不同阶级、不同年龄、不同性别、不同职业及不同地域社会群体等获取文化资本的差异。[②]

（二）人力资本理论

20世纪五六十年代，随着人力资源在经济发展中价值的日益显现，以贝克尔等为代表的经济学家开始专注对人力资本的研究。丹尼森提出人力资本投资可使得接受过教育的那部分个体收入增加，最终缩小社会个人收入差距。而人力资本理论诞生以舒尔茨发表的《人力资本投资》的演说为标志。[③]这一时期，舒尔茨在多篇著作中对人力资本的论证为人力资本理论发展奠定了基础。舒尔茨的观点包含以下几点：①人力资本是经过教育和培训投资构成的资本；②人力资本存量确实是影响收入的关键变量，与个人收入呈正相关；③人力资本在获取回报时应该与其他资本相同。丹尼森指出，有教养的人拥有更多的经济核算的本领，这类才能是社会发展的源泉，他的主要论断是分析人力资本变量的影响，丹尼森把教育看作经济进步的主要缘由。

一般而言，人力资本是通过对劳动者在知识、健康以及技术等方面的不断投入，反映出个人在教育投入和收入产出的一种关系，越是接受有质量或者高质量的教育，其教育投入的产出比就越高。与此同时，教育的收益率又促进对个人的教育投入。对易地搬迁学校而言，该群体的教育投入与城镇居民的教育投入差距形成了城乡人力资本水平的差异，进而影响收

---

① 陈文洋. 文化资本理论视角下家校合作的研究[D]. 武汉：湖北大学学位论文，2018.
② 黄慎娥. 教科书内容的城市偏向分析：从文化资本理论的视角[D]. 上海：华东师范大学学位论文，2017.
③ 李芳红. 人力资本理论视角下广西高校硕士毕业生职业适应性研究[D]. 南宁：广西大学学位论文，2015.

入差距，这种差距又进一步影响该群体对教育的投入，从而形成城乡之间的"马太效应"。①

四、社会分层理论对易地搬迁学校管理的理论阐释

社会分层是指"社会成员、社会群体因社会资源占有不同而产生的层化或差异现象，尤其是指建立在法律、法规基础上的制度化的社会差异体系"②。也有人认为社会分层是指依据一定的社会属性，将社会成员按高低顺序划分为不同等级、层次的过程和现象。此理论认为，由于自然差别（性别、肤色、种族等）或社会差别（职业、收入、受教育程度等）而形成的不同社会群体，在面对同一社会现象或社会情境时会表现出明显的差异性。③其中比较著名的两大流派分别是马克思的阶级分层理论流派和韦伯的社会分层理论流派。前者认为社会分层是社会生产力发展到一定历史阶段的产物；社会分工是社会分层的基础；生产资料的占有方式是社会阶级划分的标准。后者认为划分阶级和阶层的标准不是唯一的，而是多维度或多向度的，可以按照经济地位、政治地位和社会地位来划分不同阶层。

社会流动是社会分层系统的重要特征。影响社会流动的因素有先赋性因素和自致性因素。先赋性因素主要是指从父辈那里获得的诸如种族、民族以及财富、家庭背景等因素，自致性因素主要是自己这一代人通过接受有质量的教育、参与各种提升自己能力的培训以及通过努力工作等因素。对于绝大多数人而言，提升社会地位主要依靠自致性因素。因此，本研究可以认为教育的社会功能主要是社会变迁功能与社会流动功能，而教育的社会流动功能是指社会成员通过接受有质量的教育，提升并运用自身的知识能力，以便在社会不同的系统层次或者领域之间进行转换变化。易地搬迁安置点居民从先赋性特征来看，在社会资本、文化资本以及经济资本等处于不利地位，对该群体提供公平且有质量的教育是阻断代际贫困传递及

---

① 张传国，晋媛媛. 教育收益率对中国收入差距的影响——基于分位数回归模型的分析[J]. 南京审计大学学报，2020，17（2）：91-101.
② 李强. 社会分层十讲[M]. 北京：社会科学文献出版社，2008：1.
③ 吴海龙. 社会分层理论视域下家长的家园合作需求研究[D]. 武汉：华中师范大学学位论文，2019.

促进社会阶层流动的重要手段和路径。

第二节 易地搬迁学校管理总体现状

本研究对易地搬迁学校管理从各维度，即在保障学生平等权益、促进学生发展、引领教师专业进步、提升教育教学水平、营造和谐美丽环境和建设现代学校制度进行描述统计,以便了解易地搬迁学校的具体管理现状。

一、易地搬迁学校管理现状描述统计

易地搬迁学校管理状况主要从六个维度进行分析：维度1（保障学生平等权益），维度2（促进学生全面发展），维度3（引领教师专业进步），维度4（提升教育教学水平），维度5（营造和谐美丽环境），维度6（建设现代学校制度）。对每份样本六个维度88个问题进行均值和标准差[①]分析，计为本校管理现状综合水平，综合计算后计为总体的均值和标准差，$\overline{X}$=3.49（介于同意和不确定之间），标准差SD=0.406，总体表现波动不大。此外，各维度间存在较大的差异，其中维度1在所有维度中表现最好（$\overline{X}$=4.38），说明保障学生平等权益得到较好的贯彻，维度6表现非常不理想（$\overline{X}$=3.02），说明现代学校管理制度尚未建立，维度2和维度3表现较低。综合判断可知易地搬迁学校管理现状并不理想，而且各维度间存在明显的差异，维度均值极大值和极小值达到1.36（$\overline{X}$=4.38-3.02），见表2-1。

表2-1 易地搬迁学校管理现状在各维度的情况

维度	均值（$\overline{X}$）	标准差（SD）
维度1	4.38	0.417

---

① 均值和方差的计算依据是问卷中选项五级李克特量表设计赋分而来，即"非常同意"赋5分，"同意"赋4分，"不确定"赋3分，"不同意"赋2分，"非常不同意"赋1分，下同。

续表

维度	均值（$\bar{x}$）	标准差（SD）
维度2	3.29	0.469
维度3	3.17	0.358
维度4	3.43	0.337
维度5	3.65	0.414
维度6	3.02	0.366
总体	3.49	0.406

在图 2-1 中，学校管理 6 个维度，从"不确定"到"非常不满意"，三个选项的趋势线总体上都呈上升趋势，在一定程度上可能表明易地搬迁学校管理存在的问题，评价较为负面。同时，柱状体的高度交错分布，更直观地表明数据的震荡性，总体的"不确定"应答分布占到近五成。

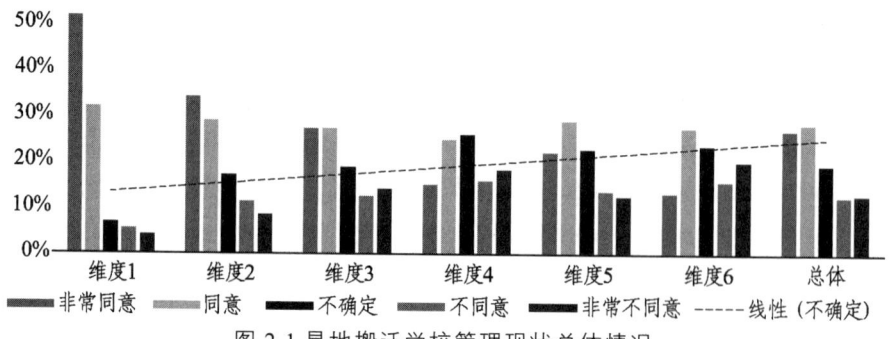

图 2-1 易地搬迁学校管理现状总体情况

二、易地搬迁学校管理现状差异性检验

1. 对不同类型的易地搬迁学校管理现状差异性检验

小学的管理现状要优于初中、小初一体和幼小一体学校。单因素方差分析和 LSD 多重事后比较，通过从均值和标准差来看，总体而言，小学的管理状况要好于其他类型的学校，且总体上不同类型的学校存在显著性差异（P=0.000＜0.001）。其中，小学与初中、幼小一体、小初一体学校有显

著差异，显著性分别为 P=0.003＜0.05、P=0.000＜0.001、P=0.021＜0.05，初中与幼小一体存在差异，显著性为 P=0.010＜0.05。而在维度 2（P=0.006＜0.01）、维度 3（P=0.001＜0.01）、维度 5（P=0.000＜0.001）上有显著差异（见表 2-2）。

（1）维度 2，小学与初中、幼小一体学校之间存在显著差异，显著性分别为 P=0.015＜0.05、P=0.004＜0.01，说明小学的管理现状优于初中和幼小一体学校，其他学校之间无显著差异。

（2）维度 3，小学与初中、幼小一体、小初一体学校有显著差异，显著性分别为 P=0.034＜0.05、P=0.002＜0.01、P=0.009＜0.01，初中与小初一体有显著差异，显著性为 P=0.027＜0.05，其他学校之间无显著差异。

（3）维度 5，小学与初中、幼小一体、小初一体学校之间存在显著差异，显著性分别为 P=0.017＜0.05、P=0.000＜0.001、P=0.048＜0.05，初中与幼小一体有显著差异，显著性为 P=0.014＜0.05。

表 2-2　不同类型易地搬迁学校的管理状况比较

维度	小学（$\bar{X}\pm SD$）	初中（$\bar{X}\pm SD$）	小初一体（$\bar{X}\pm SD$）	幼小一体（$\bar{X}\pm SD$）	F 值	Sig
维度 1	4.8±0.432	4.79±0.412	4.50±0.424	4.75±0.327	0.586	0.625
维度 2	3.4±0.590	3.26±0.432	3.73±0.799	3.09±0.361	4.260	0.006**
维度 3	3.6±0.409	3.55±0.494	3.02±0.606	3.41±0.561	5.728	0.001**
维度 4	3.0±0.537	3.98±0.525	3.73±0.598	3.92±0.497	0.865	0.460
维度 5	3.7±0.678	3.65±0.454	3.19±0.453	3.41±0.542	6.819	0.000***
维度 6	3.0±0.568	3.98±0.651	3.53±0.471	3.91±0.493	2.210	0.088
总体	3.6±0.409	3.54±0.596	3.28±0.532	3.42±0.586	9.210	0.000***

注：*p＜0.05，**p＜0.01，***p＜0.001。

2. 易地搬迁学校管理现状在性别变量上的差异检验

通过独立样本 t 检验发现，总体而言无显著差异，（P=0.525＞0.05）。

男性均值和标准差要略优于女性，但在维度 1 上有显著差异，显著性为 P=0.048＜0.05，其他维度无显著差异 P＞0.05（见表 2-3）。

表 2-3　不同性别教师对易地搬迁学校管理状况比较

维度	男性（$\bar{X}\pm SD$）	女性（$\bar{X}\pm SD$）	t 值	Sig
维度 1	4.81±0.453	4.76±0.446	0.622	0.048*
维度 2	3.32±0.499	3.29±0.476	1.403	0.292
维度 3	3.59±0.409	3.60±0.569	-0.363	0.894
维度 4	3.97±0.663	3.78±0.567	-0.173	0.439
维度 5	3.67±0.537	3.64±0.684	0.655	0.185
维度 6	3.00±0.491	3.03±0.546	-0.792	0.256
总体	3.56±0.612	3.55±0.506	0.418	0.525

注：*p＜0.05，**p＜0.01，***p＜0.001。

3. 易地搬迁学校管理现状在教龄上的差异检验

通过单因素方差分析发现，总体无显著差异（P=0.569＞0.05）。从均值和标准差来看，4 组表现略微好于其他组。在维度 1 上，教龄 4 组与教龄 1 组有显著差异，显著性为 P=0.043＜0.05，但这种差异表现并不特别突出。其他维度未发现不同教龄组间存在显著差异，不同教龄组的教师对学校管理现状认识基本一致（见表 2-4）。

表 2-4　不同教龄教师对易地搬迁学校管理状况比较

维度	1 组（$\bar{X}\pm SD$）	2 组（$\bar{X}\pm SD$）	3 组（$\bar{X}\pm SD$）	4 组（$\bar{X}\pm SD$）	F 值	Sig
维度 1	4.6±0.479	4.84±0.569	4.77±0.611	3.04±0.447	1.695	0.168
维度 2	3.4±0.590	3.26±0.432	3.73±0.799	3.09±0.361	1.111	0.345
维度 3	3.5±0.567	3.59±0.684	3.61±0.656	3.61±0.632	0.308	0.820
维度 4	3.0±0.763	3.91±0.713	3.97±0.690	3.08±0.609	0.410	0.746

续表

维度	1组 ($\bar{X} \pm SD$)	2组 ($\bar{X} \pm SD$)	3组 ($\bar{X} \pm SD$)	4组 ($\bar{X} \pm SD$)	F值	Sig
维度5	3.6±0.440	3.63±0.508	3.65±0.521	3.58±0.525	0.109	0.955
维度6	2.9±0.529	3.04±0.497	3.03±0.571	2.85±0.471	0.956	0.414
总体	3.5±0.479	3.57±0.542	3.56±0.520	3.58±0.543	0.672	0.569

注：（1）*$p<0.05$，**$p<0.01$，***$p<0.001$。

（2）1组：3年及以下，2组：3~6年，3组：6~25年，4组：25~33年。

4. 易地搬迁学校管理情况在职称和学历变量上的差异检验

经过单因素方差分析和多重实收比较发现，不同职称教师之间对学校管理现状认识无显著差异，没有必要单纯进行标准差和均值的比较。此外，由于最终学历中专及以下和研究生人数太少，无法进行同样的配对检测，单纯比较标准差和均值的意义不大。

三、讨论分析

从上述图表，我们可以了解到易地搬迁学校管理各维度间存在较大的差异。在学校管理中，学生平等权益维度平均值最高（$\bar{X}=4.38$），在一定程度上说明保障学生平等权益得到了较好的贯彻。学校管理中现代学校制度平均值比较低，说明现代学校管理制度建设还有待提高。现代学校管理制度的核心内容包括三个方面：确立学校法人制度，形成相互协调的责任制度，建立科学的学校领导体制与组织制度，即全面的校长负责制。[1] "制度一旦被人们创造出来，就会成为外在于人们的强大力量，并有助于人们理解他们所在的世界之意义，以及他们的行为在他们的世界中的意义。制度对各种冲突起着疏导与调节作用，进而确保社会的稳定。"[2]现代学校制度是一种建立在新型政校关系以及教育发展与人的身心和谐发展的基础上，

---

[1] 刘道溶, 刘根平. 校长负责制是现代学校管理制度建立的关节点[J]. 教育科学, 1997（1）: 56-58.

[2] 坎贝尔. 制度变迁与全球化[M]. 姚伟, 译. 上海: 上海人民出版社, 2010: 1.

关注政府与学校，学校与家庭、社区的有机统一，渗透着公平、民主、法治及质量内涵的一套制度规则体系。[①]易地搬迁学校中有部分学校是很年轻的学校，一切都需要从头开始，对于现代学校制度的建设也许还在摸索阶段。

从以上图表可知，易地搬迁学校管理现状在各维度间存在明显的差异，维度均值极大值和极小值达到 1.36（$\overline{X}=4.38\text{-}3.02$）。另外，小学的管理现状要优于初中、小初一体和幼小一体学校。这可能与学生的年龄特点、学生生源以及学习性质、学习特点有关。学前儿童、学龄儿童以及青少年，在心理特点上差异很大，如果一所学校既有学前儿童，又有学龄儿童，在管理上所带来的挑战则比单纯只有小学可能更大一些。另外，众所周知，初中生的心理特点之一是处于"叛逆期"，初中生之前所形成的学习习惯、行为习惯已经显露出来，这些对于易地搬迁学校管理同样带来挑战。易地搬迁学校，包括新建学校、改扩建学校、新迁学校。对于新建学校来说，面临的现实情况可能比改扩建学校要复杂一些，而每所学校面临的问题又有其具体性，在学校管理方面也存在差异性。

[①] 徐金海. 义务教育学校管理标准：内容、特点与价值[J]. 教育科学研究，2015（11）：24-28.

第三章
易地搬迁学校优化管理之教育教学水平研究

易地搬迁学校教育教学管理如何，将会影响到教学水平。根据《义务教育学校管理标准》，提升教育教学水平包括建设适合学生发展的课程、实施以学生发展为本的教学、建立促进学生发展的评价体系、提供便利实用的教学资源。

基于研究目的，需要建设适合学生发展的课程。本研究将从易地搬迁学校特色课程角度进行探讨，实施以学生发展为本的教学和建立促进学生发展的评价体系，即从学生的学业水平和课后作业两个角度进行探讨。在提供便利实用的教学资源方面，则从易地搬迁学校的图书馆（室）角度来探讨。另外，通过问卷调查发现，易地搬迁学校教育教学水平管理状况为 3.43 ± 0.33（$\bar{X} \pm SD$）。因此，本研究从易地搬迁学校的特色课程、学生的学业成绩、教学资源之图书馆（室）、学生课后作业这四个方面分别进行阐释。

第一节 易地搬迁学校特色课程设置研究

一、易地搬迁学校特色课程的内涵

（一）特色课程的概念

关于特色课程的概念，不同的学者从不同的角度进行了探讨。如周海银认为，特色课程是不脱离于国家课程，基于学生发展需要对学校优化统筹的三级课程。[1]石欧认为特色课程是学校在办学理念和教育目标指导下，

---

[1] 周海银. 学校课程建设的内涵、取向与路径分析[J]. 山东师范大学学报（人文社会科学版），2015（1）：123-129.

依托地域、社区和学校资源发展起来的课程体系。[①]对于适合学生发展的课程，本书主要从易地搬迁学校的特色课程角度进行探讨。学校的特色课程必须服务于学校理念，学校应结合课程资源设置，凸显学校特色的课程，服务学校的育人目标。

本书把适合学生发展的课程的概念界定为除国家课程、地方课程之外的学校特色课程，即体现学校办学特色的校本课程。

（二）特色课程的特征

易地搬迁学校在一定程度上有别于其他学校，易地搬迁学校的特色课程，既有特色课程的共性，也有其差异性。

1. 独特性

特色课程的特征之一是独特性，这也是易地搬迁学校特色课程的特征。与学校其他课程相比，独特性表现在课程具有独特的课程目标、课程内容、课程实施和课程评价等，是其他学校没有或者所不及的课程。学校凭借学校办学优势和资源，自主设置课程，形成独特的课程。

2. 优质性

如果说独特性具有外显性，那优质性则具有内核性。特色课程的优质性体现在特色课程的质量上，不仅能促进学生的个性发展，还能促使学校整体发展。

3. 实践性

学校特色课程是在不断实践中加以检验和改善的，不仅有理论知识的指导，还要根据具体实践做出调整和改变。特色课程的实践性既包括解决实践中的问题，也指其成果来源于实践。

4. 整体性

学校特色课程无论是一门还是多门，都需要服从学校的办学目标，不是为了特色而特色，需要教师、学生、社会工作人员等作为一个整体给予特色课程支持。

---

① 石欧. 普通高中特色课程开发研究[J]. 中国教育学刊，2012（12）：1-5.

（三）特色课程的作用

特色课程在整体上是促进学生的发展，以学生的个性化发展作为出发点和归宿点。教师也承担着非常重要的任务，有利于教师专业能力的提升。对于学校来说，在一定程度上可以激活学校的生命力，让学校更有生机，同时也可以逐渐形成学校的特色。

1. 促进学生个性发展

与国家课程、地方课程不同，基于学生的需要以及学校资源，特色课程能够为学生提供多样化的、个性化的学习活动，学生在课程学习中发现自己的特长，培养自己的兴趣和爱好，实现全面发展。

2. 促进教师专业发展

学校特色课程离不开教师的协作、指导等，教师结合自身的教学实践以课程开发者、研究者身份参与。特色课程在一定程度给了教师更宽广的舞台和课程的自主权，促进教师之间的相互交流、探讨，促进特色课程的学科间融合，解决开发过程和实践过程中遇到的疑惑。在此过程中，教师的成就感、认同感和自我效能感都会得到提升。

3. 激发学校活力

每一所学校都可以依靠学校自身的文化背景、可利用的课程资源开发学校特色课程，形成区别于其他学校的特色品牌。特色课程的建设，汇集全校师生的智慧，使学校更具有活力、生命力，有利于提高学校的核心竞争力和影响力。

（四）特色课程的种类

1. 学校整体的特色课程体系

这种课程体系是学校将国家课程和校本课程进行系统化的整合后形成的特色课程体系。这类课程体系所倡导的是课程之间的融会贯通。

2. 学科领域的特色课程群

这类特色课程是依靠学校某一类特色课程，为了加强学校的特色而发展起来的课程，体现和突出了学校的办学特色和办学理念。

3. 独立的校本课程

这类课程主要是由教师进行开发的，具有灵活性和自主性。但这类课程的每门课程之间联系不够紧密，短时间内没有成为完整的特色课程体系。在易地搬迁学校特色课程方面主要是这类课程。[①]

二、有关特色课程文献研究

（一）国内特色课程总体研究状况

1. 国内特色课程文献研究可视化分析

在中国知网以"特色课程"为主题进行搜索相关研究发现，2001 年开始关于特色课程的期刊文献呈上升趋势，2001 年的研究文献 22 篇，2020 年 509 篇，2021 年 448 篇，预测 2022 年 473 篇。[②]如图 3-1 所示。

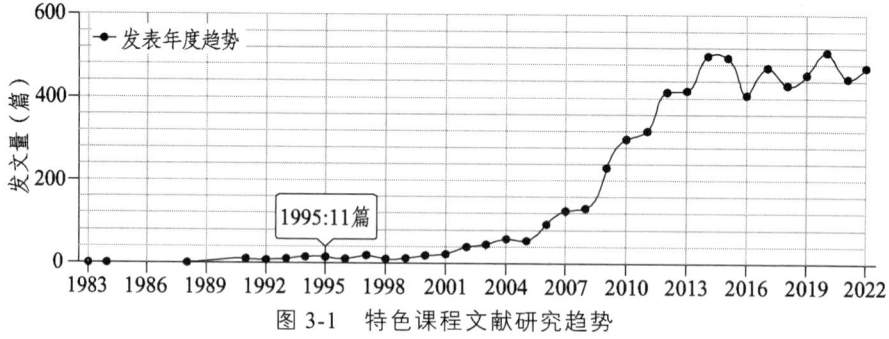

图 3-1 特色课程文献研究趋势

2. 国内特色课程研究主要主题分布情况

特色课程文献研究中涉及的主题分别为特色课程（575 篇）、课程体系（309 篇）、教学改革（163 篇）、课程建设（157 篇），如图 3-2 所示。

---

① 陈帆. 小学特色课程建设现状及对策研究[D]. 武汉：华中师范大学学位论文，2019.
② 检索时间为 2022 年 6 月 24 日。

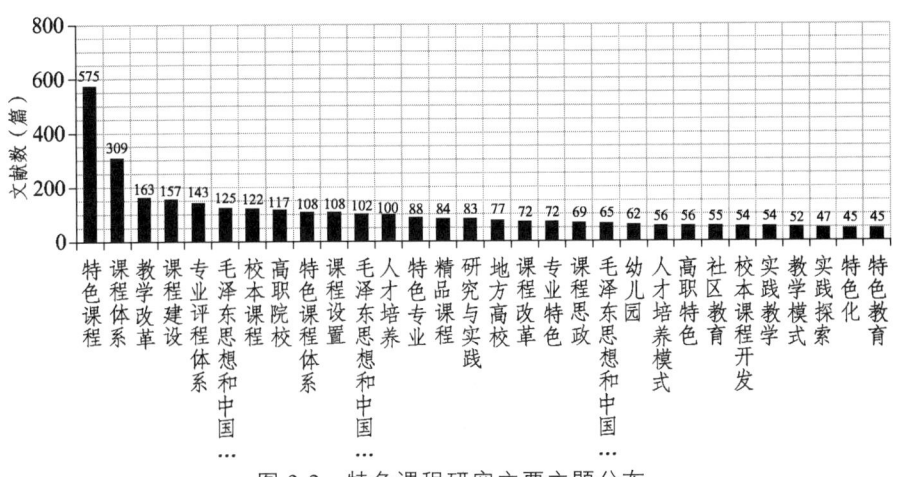

图 3-2 特色课程研究主要主题分布

3. 国内特色课程研究学科分布情况

将在特色课程研究学科分布从高到低排列可以看出（见图 3-3），30.61%体现在高等教育研究，10.14%体现在职业教育，9.51%体现在中等教育，4.61%体现在初等教育。

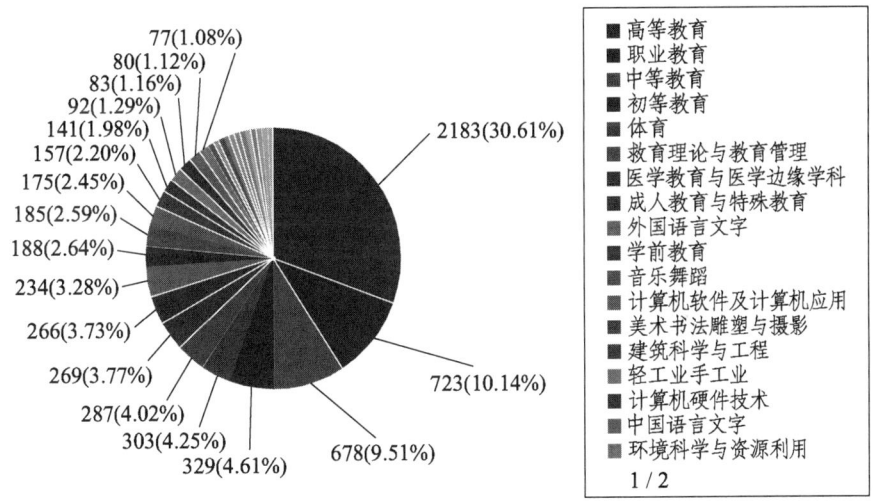

图 3-3 特色课程研究学科分布

4. 关于特色课程现状研究

小学特色课程建设存在的问题是特色课程的开发对外界支持需求比较

大,在实施过程中偏重形式化探索,特色课程的评价缺乏科学性。① 我国学校特色课程建设存在功利性较强、缺乏课程的长期规划、特色课程开发主体理论素养不强等问题。② 对特色课程的认识理解不够到位,特色课程建构的价值取向存在冲突,学校对特色课程的应有价值没有明确的认识,特色课程在建构方法上存在局限,存在简单的复制现象,造成学校的教育理念和课程实践脱节。③

(二)国外学校特色课程相关研究

国外学校的特色课程一般是指选修课程。选修课程可以满足不同学生的需要。比如,张源源在研究英国学校特色课程时提到学校自主选择某一优势科目,是为了在国家课程之外满足学生个性需求,包括课内外课程、教学和活动课程。④ 英国学校特色课程是学校取得成功的关键因素之一,开发和建立自己的课程体系是英国当前学校变革的总体特征。⑤ 同时,英国特色学校由侧重单一的特色课程建设发展到深入所有课程领域、管理层次、学校精神改善,再到倡导学校之间、学校与企业、学校与社区的合作发展,这在一定程度上说明英国特色学校正在由单一特色课程建设转向加强家庭、学校、社区的合作协调。⑥ 新加坡中小学在特色课程建设中经历了四个不同的时期,在特色课程的理念和特点定位上注重以学生为本,中小学特色课程包括实践性比较强的应用型课程和贴近实际的生活型课程两种类型。⑦

---

① 陈帆. 小学特色课程建设现状及对策研究[D]. 武汉:华中师范大学学位论文, 2019.
② 黄俊. 学校特色课程建设的内涵、问题及路径选择[J]. 教学与管理, 2019(4):72-75.
③ 李红恩. 特色课程建构的迷思、意蕴与理路[J]. 教学与管理, 2017(7):1-3.
④ 张源源. 英国特色学校的课程研究[D]. 温州:温州大学学位论文, 2013.
⑤ 常保宁, 高秀叶. 英国学校发展的绩效与启示[J]. 比较教育研究, 2012, 34(3):57-61.
⑥ 王帅. 基于政府政策的英国特色学校发展及启示[J]. 外国教育研究, 2011(11):26-30.
⑦ 王爱民. 让每个学校都成为好学校——新加坡学校特色课程建设述评[J]. 教学月刊小学版, 2019(Z2):96-99.

三、易地搬迁学校特色课程设置现状与分析

(一)易地搬迁学校课程设置描述统计

通过问卷调查,研究发现易地搬迁学校适合学生发展课程的情况($\bar{X}$=3.69)如表 3-1 所示。

表 3-1　易地搬迁学校适合学生发展课程情况

维度 4	指标	$\bar{X}$	SD
维度 41	适合学生发展的课程	3.69	0.536

从表 3-1 可以看出,易地搬迁学校教师认为当前对适合学生发展的课程还比较满意($\bar{X}$=3.69),与中值相比较,比中值 3 略高。尽管如此,在学生发展课程中还可以再探索。易地搬迁学校有些是新建学校,对学校的特色课程还需要再完善,但对当前来说,是适合学生发展的。

(二)易地搬迁学校课程设置现状与分析

1. 易地搬迁学校特色课程内容多样化

通过访谈,易地搬迁学校特色课程设置的内容多样化,如有朗诵写作、少年模拟法庭等。下面是部分访谈内容。

每周上一次美术课,艺术课老师教学生"美术基础"。然后,我们学校还有学生获得教育部二等奖作品,我们就开设特色课程,让有特长的孩子们来接受我们专职老师的培训。而且,我们这个特色课程这个学期就更加规范、更加系统。我们以前一个星期只保证一节课,而且基本上都是要半期考试之后才能正常开展。今年我就要求我们第一周开始,我们这周可能就正常开展。以前我们遍地开花,每个学科都想搞,但是最后的结果就是特色不特、特长不长。所以,这个学期我就建议我们吴校长,还有我们支委的同志商量了以后,精选了几门特色课程,包括我们的定性类体育类哈,还有我们的少年模拟法庭,还有我们的朗诵写作等。剩下的那些孩子我们就把他放到学术报告厅,新开发一门课程叫"社会文化"。然后,这门课程应该来说可能我们在逐渐做成一个亮点、一个品牌,首先由我们学校党员老师上党课。

易地搬迁学校课程内容丰富，课程设置上体现了多元性，选择面不够广，学科知识融合性不够。这可能与学校自身教师队伍建设有关。有的学校在美术、音乐等学科上还缺教师，这在一定程度上限制了开设更多种类的特色课程。另外，学校的特色课程不是很"特"。在此需解释，不是为了鼓励追求"特"而"特"，至少在某学校的特色课程上，学校的师生应该能够立即回应出该校的特色课程。可在访谈中，提到学校特色课程时，只有少数教师了解，其他教师不是因为害羞、谨慎等不说，而是对学校特色课程的确不太了解。这似乎可以解释特色课程在学校层面的影响力不是很大。当然，这可能是因为易地搬迁学校是相对较新的学校，在学校特色课程方面还处在起步阶段。

2. 易地搬迁学校特色课程设置依赖外界

通过访谈发现，易地搬迁学校利用社会资源，聘请相应的名师、学者作为学校特色课程的指导者。

聘请我们××学院的马克思主义学院，还有政法学院，以及我们××文联，我们快乐工艺，还包括我们爱国主义教育基地王若飞纪念馆哈。派出一些专家名师还有学者来给我们的大讲堂讲，涵盖的内容就有我们的传统文化类的课程，还有我们红色教育的课程。那现在实践下来呢，那个效果还比较好，而且我们全力去协调，现在和我们合作的单位就是这个课程的共建单位，我们已经争取到的有马克思主义学院、文联、王若飞纪念馆、孔子学堂。这些合作单位，他们一个月派一个人来给我们上一节课，也就是每周每月都有。

不同区域地理环境、政治经济、网络文化等存在不同程度的差异，很多学校充分利用当地的优势，将这种优势与课程结合起来，形成学校的特色课程，使其特色课程名副其实。通过调研，我们可以发现学校的特色课程在很大程度上依赖于外界的指导，脱离教师群体，因此教师的积极性可能会打折扣。同时，这种特色课程更可能是自上而下的，忽略了学生的需求。能否在有限的资源里，结合学生的需求，有针对性地开发适合学生需求和教师需求的特色课程呢？

3. 易地搬迁学校特色课程开发处于探索阶段

易地搬迁学校建校时间比较短,在访谈中我们了解到有的易地搬迁学校在特色课程方面还处在探索阶段或思考阶段。

访谈者:了解一下,就是我们学校除了国家课程之外,有没有针对我们这些学生易地搬迁安置点配套学校的这些孩子,开设相应的校本课程(特色课程)?

老师:校本课程(特色课程)还没有做出来,但是现在我们是利用课余的时间给学生建立了许多社团,比如乒乓球、足球。足球我是专门请了一个足球专业教师的,我们学校没有足球专业老师。其他特色课程我们都在逐渐开起来,培养学生这方面的兴趣和爱好。

易地搬迁学校中有新建学校、改扩建学校,还有少部分迁建学校。对一些新建学校来说,学生的适应性、师资力量、学校管理方式等还处在相互熟悉了解的过程,校本课程也还在探索阶段。

四、应对策略

(一)特色课程设置体现系统性、延续性

课程开发设计是一个系统的过程,泰勒将这一过程概括为四个基本步骤:确定教育目标、厘清课程结构、组织课程内容和课程评价。[①]在顶层设计上,特色课程设置需要整体规划,能够做到统筹兼顾。根据培养目标设置课程内容,特色课程内容与培养目标不能"两张皮",课程结构要与学生核心素养相结合。特色课程的发展是一个具有周期性的过程,在不同的阶段呈现出不同的发展样态。

(二)特色课程内容与地方知识相结合

不同学校办学资源、条件有差异,在特色课程选择上应结合本地文化,与地方知识相结合,开发学校的特色课程。与地方知识相结合应遵循:一

---

① [美]拉夫尔·泰勒. 课程与教学的基本原则[M]. 柯森,译. 北京:人民教育出版社,1994.

是学生的需求和兴趣。特色课程在建设之前可以通过调查问卷或座谈的形式了解学校学生的需求。同时,也可以结合教师对学生的了解综合考虑。在需求中根据不同年级学生的情况具体分析。考虑学生的需求和兴趣,有利于吸引学生的注意力,提高学生学习的乐趣。二是可行性。需要考虑学校的条件,比如师资、资金、可用的资源等,设置学校的课程内容。设置课程总目标时,可按照课程结构提出分类目标。

(三)开发与生活习惯、行为习惯有关的课程

易地搬迁学校的学生与之前生活环境有差异,必然与学校要求的学习习惯、行为习惯或者生活习惯有差异。学校可以针对儿童的生活习惯、学习习惯等开发一套适合学校的校本课程。比如,在针对低年级学生的校本课程,可以把生活习惯、学习习惯等内容融入进去,设计成绘本形式,以便低年级学生能理解该内容。校本课程可以通过课堂教学、班会等形式,对儿童进行认知教育,如介绍生活习惯、行为习惯和学校制度,为儿童适应学校的要求、养成习惯等提供帮助。

第二节 易地搬迁学校学生学业水平状况研究

一、学生学业水平的内涵

(一)学业水平

一般情况下,学业评价中的学业水平指的是对学生在学校所学知识和技能的掌握情况的测量。学业水平评价就是在学生学习过程中,收集与学生实际的学习情况有关的材料,将其作为评价的证据,并对这些材料进行判断,做出总结。学生的学业水平评价是通过文本形式,即试卷来实现的(马云鹏等,2007)。[1]另有学者指出,学业水平是判断学生对学业知识的掌握情况及运用程度,也是对教师教学水平进行客观判断的测量指标(黄

---

[1] 马云鹏,孙艳君.小学生数学学科素养评价研究[J].东北师范大学学报(哲学社会科学版),2007((2):140-145.

思记，2011）。[1]

基于以上对学业水平概念的阐释，本研究将学生的学业水平通过学业水平等级来体现。本研究中的学业水平是指学校期末考试所体现的成绩等级。在教育心理学研究中，以因变量形式呈现，是衡量学生学业成就的一个重要指标。本书所指的学生学业水平的获得是通过标准化试卷测试学生在经过一段时间的学习后所获得的卷面分值，所呈现的成绩以等级形式体现，分为A、B、C、D四个等级。

（二）影响学生学业水平因素的相关研究

关于影响学生学业成绩的因素研究一直是学术界研究和社会讨论的热点。能够达成一致的观点是，影响学生学业成绩的因素有很多。梳理相关研究文献，我们把这些因素分成两大类：学生自身因素和外部因素。学生自身因素，有学生的学习动机、自信心、学生的自我效能等；外部因素有家庭教育方式、教师教学水平、教师的学历等。

1. 学生自身因素

在学生自身因素方面的研究，可以归纳为学生学习动机、学生自信心、学习态度、学习习惯等，这些因素与学业成绩有一定的关系。比如，周世科等（2018）研究发现小学阶段学生外部动机与学业成绩呈现负相关，中学阶段则是呈现正相关[2]，而内部学习动机对于两个学段学生均呈现正相关。张佩（2019）的研究发现，具有高度自信心的学生群体对于学生学业成绩的提高具有显著性意义。[3]李青青（2018）认为，学习态度和学习习惯是影响学生学业水平的主要影响因素之一。[4]

2. 外部因素

影响学生学业成绩的外部因素有家庭、学校等。不同研究者的角度不同，研究结果也有差异。比如，Hattie（2009）通过对52637项相关研究进

---

[1] 黄思记.普通高中学业水平考试定位研究[D].郑州：河南大学学位论文，2011.
[2] 周世科，顾慧，姚继军，从"苦学"到"巧学"：深析影响学生学业成绩的关键因素——基于江苏省262245名学生学业质量监测数据的实证研究.[J].中小学管理，2018（11）：39-43.
[3] 张佩.影响新疆小学教育质量的因素及对策[J].新西部，2019（27）：41-42.
[4] 李青青.小学数学应用题教学策略研究[D].上海：上海师范大学学位论文，2018.

行元分析认为，教师对于学生学业成绩的影响效应量（0.49）高于学生（0.40）、家庭（0.31）、学校（0.23）等方面。[①]白胜南等（2019）采用 TIMSS 2015 数据估计，结果显示，学生数学成绩的总差异中约有 68.42%的差异是由教师引起的。[②]赵芸（2020）研究发现父母管束与农村留守儿童学业成绩相关，农村留守儿童学业成绩与父母管束之间不存在显著相关性，这一结论在排除了性别、年龄、个人能力、学习态度、自我评价、压力这些差异的影响之后仍然成立。[③]在家庭背景、学校条件和个体非认知因素中，对随迁儿童学业成绩解释力度最大的为学校条件，其次为个体非认知因素，最后为家庭背景。而对本地儿童来说，最具解释力的为家庭背景因素，其次为学校条件、个体非认知因素。[④]

二、易地搬迁学校学生学业水平现状

（一）有关学生学业水平状况访谈结果

根据义务教育管理标准，从微观角度，学生学业成绩在此维度。在学生学业成绩方面，通过访谈可以了解学生学业成绩状况。

A 老师：我感觉到学生最大的问题是学业基础比较差，然后思维不够活跃，视野不开阔，自信心不足。我们教学质量的提升难度非常大。在学生学业成绩上，上个学期是 30 多分（英语成绩）。50 多个人中有 5 个及格，基础太差。我教七年级的计算机，教他们打字，有的学生字不会写，用五笔不会写字，用拼音他也不会。我教语文，他们的视野非常窄，积累的东西很少，基本上没有积累。我今年是 25 年的工龄啊，我从来没有遇到过基础这么差的学生。我当时接这个班的时候，看他们进校考的这个成绩

---

① John A. C. Hattie. Visible Learning: A Synthesis of Over 800 Meta-Analyses Relating to Achievement[M]. London, New York : Routledge, 2009.
② 白胜南,韩继伟,李灿辉. 教师变量对学生数学成绩影响的研究[J]. 教师教育研究, 2019, 31（3）: 70-76, 85.
③ 赵芸. 农村留守儿童学业成绩的家庭影响因素问题研究[D]. 石家庄：河北农业大学学位论文, 2020.
④ 洪赛宇, 姚继军, 周世科. 小学阶段本地儿童与随迁儿童学业成绩影响因素的分析——基于 Shapley 值的分解[J]. 基础教育, 2021, 18（3）: 78-87.

最高分 50 分，还有 9 分以下的，10 分以下的就有 12 个人。

E 老师：学生的视野比较窄，积累的东西很少。我从来没有遇到过基础这么差的学生。进校成绩最高为 58 分。七年级中，1/3 的学生都不学。

（二）学生学业水平状况

本书收集一个学期期末成绩的易地搬迁学校共 148 所，其中小学 98 所、初中 45 所、九年一贯制 5 所。下面以三个市县易地搬迁学校期末平均等级为例，了解易地搬迁学校学生学业水平。

第一，某 Z 市 A 县 12 所易地搬迁学校（小学）学生期末平均等级见表 3-2。

表 3-2　A 县 12 所易地搬迁学校某学期期末成绩平均等级情况

学校	一年级		二年级		三年级			四年级			五年级			六年级		
	语文平均等级	数学平均等级	语文平均等级	数学平均等级	语文平均等级	数学平均等级	英语平均等级	语文平均等级	数学平均等级	英语平均等级	语文平均等级	数学平均等级	英语平均等级	语文平均等级	数学平均等级	英语平均等级
1	B	B	C	B	C	C	C	D	D	C	D	D	C	D	D	D
2	B	B	B	A	D	C	B	D	D	C	D	D	D	D	D	D
3	D	D	D	C	D	D	B	D	D	C	D	D	D	D	D	D
4	D	C	D	B	D	D	B	D	D	B	D	D	D	D	D	D
5	D	C	D	C	D	D	D	D	D	B	D	D	D	D	D	D
6	D	B	B	B	D	D	A	D	B	A	D	D	B	D	D	C
7	C	D	D	D	D	D	D	D	D	D	D	D	D	D	D	D
8	D	D	D	D	D	D	D	D	D	D	D	D	D	D	D	D
9	D	C	C	D	D	C	D	D	C	D	D	D	C	D	D	C
10	D	C	C	B	D	B	B	D	C	D	D	D	D	D	D	D
11	D	C	D	C	D	D	C	D	D	C	D	D	D	D	D	C
12	C	C	D	D	D	A	D	D	D	D	D	B	该校没有六年级		

从表 3-2 该县易地搬迁学校期末平均等级情况可以看出，语文学科，小学一年级语文平均等级 33%处于 C 等级，67%处于 D 等级；二年级语文平均等级 33%处于 C 等级，67%处于 D 等级；三年级语文平均等级 8%处于 C 等级，92%处于 D 等级；四年级、五年级和六年级语文平均等级 100%处于 D 等级状况。数学学科，一年级数学平均等级 75%C 等级，25%处于 D 等级；二年级数学平均等级 83%处于 C 等级，17%处于 D 等级；三年级数学平均等级 25%处于 C 等级，75%处于 D 等级；四年级数学平均等级 17%处于 C 等级，83%处于 D 等级；五年级和六年级数学平均等级 100%处于 D 等级。英语学科，三年级英语平均成绩 83%处于 C 等级，17%处于 D 等级；四年级英语平均等级 92%处于 C 等级，8%处于 D 等级；五年级英语平均等级 42%处于 C 等级，58%处于 D 等级；六年级英语平均等级 27%处于 C 等级，73%处于 D 等级。

第二，某 R 市 B 县 12 所易地搬迁学校学生期末平均等级情况见表 3-3。

表 3-3　B 县某学期期末平均等级情况

学校	一年级		二年级		三年级			四年级			五年级			六年级		
	语文平均等级	数学平均等级	语文平均等级	数学平均等级	语文平均等级	数学平均等级	英语平均等级	语文平均等级	数学平均等级	英语平均等级	语文平均等级	数学平均等级	英语平均等级	语文平均等级	数学平均等级	英语平均等级
1	B	A	B	A	C	C	D	D	C	D	D	C	D	D	D	D
2	B	A	B	A	C	B	D	D	C	B	D	C	B	D	C	B
3	C	B	B	B	C	C	D	D	D	D	D	D	D	D	D	B
4	C	C	C	B	C	C	D	D	D	D	D	D	D	D	D	D
5	D	C	B	C	B	D	D	D	C	D	D	D	D	D	C	D
6	D	C	D	B	D	D	D	D	D	D	D	D	D	D	D	D
7	D	D	D	D	D	D	D	D	D	D	D	D	D	D	D	D
8	D	C	B	C	B	D	D	D	D	D	D	D	D	D	C	D
9	D	D	D	C	D	D	D	D	D	D	D	D	D	D	D	D
10	D	C	D	B	D	C	D	D	C	D	D	D	D	D	D	D
11	D	A	D	B	D	D	该校没有 4~6 年级									
12	D	C	D	C	D	D	D	D	D	D	D	D	D	D	D	D

从表 3-3 可以看出，语文学科，小学一年级语文平均等级 33%处于 C 等级，67%处于 D 等级；二年级语文平均成绩 42%处于 C 等级，58%处于不 D 等级；三年级语文平均成绩 33%处于 C 等级，67%处于 D 等级；四年级语文平均成绩 100%处于 D 等级；五年级语文平均成绩 10%处于 C 等级，90%处于 D 等级；六年级语文平均成绩 18%处于 C 等级，82%处于 D 等级。

数学学科，一年级数学平均成绩 83%C 等级，17%处于 D 等级；二年级数学平均成绩 83%处于 C 等级，17%处于 D 等级；三年级数学平均成绩 25%处于 C 等级，75%处于 D 等级；四年级数学平均成绩 36%处于 C 等级，64%处于 D 等级；五年级数学平均成绩 18%处于 C 等级，82%处于 D 等级；六年级数学平均成绩 27%处于 C 等级，73%处于 D 等级。

英语学科，三年级英语平均成绩 18%处于 C 等级，82%处于 D 等级；四年级英语平均成绩 18%处于 C 等级，82%处于 D 等级；五年级英语平均成绩 10%处于 C 等级，90%处于 D 等级；六年级英语平均成绩 18%处于 C 等级，82%处于 D 等级。

第三，H 市 C 县易地搬迁学校学生期末成绩平均等级情况见表 3-4。

表 3-4　C 县 6 所易地搬迁学校某学期期末平均等级情况

学校	七年级			八年级				九年级			
	语文平均等级	数学平均等级	英语平均等级	语文平均等级	数学平均等级	英语平均等级	物理平均等级	语文平均等级	数学平均等级	英语平均等级	物理平均等级
1	D	D	D	D	D	D	D	D	D	D	D
2	D	D	C	D	D	D	D	D	D	D	D
3	D	D	D	D	D	D	D	D	D	D	D
4	D	D	D	D	D	D	D	D	D	D	D
5	D	D	D	D	D	D	D	D	D	D	D
6	D	D	D	D	D	D	D	D	D	D	D

从表 3-4 中可以看出，七年级、八年级、九年级语文、英语、数学三科 100%处于 D 等级。七年级英语期末平均成绩 17%处于 C 等级，83%处

于 D 等级；八年级、九年级英语期末平均成绩 100% 处于 D 等级；物理学科，八年级、九年级期末平均成绩 100% 处于 D 等级。

三、关于易地搬迁学校学生学业水平状况的讨论分析

通过访谈和实地调研，学生学业成绩总体上偏低，智育发展不足。易地搬迁学校小学阶段的起始年级（小学一年级）总体学业水平较高，非起始年级一般学校水平总体偏低。正如前面文献所呈现的，由于对学生学业成绩影响的因素比较多，鉴于本书研究目的和内容，本书对此进行讨论分析。

从以上可以看出，三个市县某学期学生期末平均等级整体上不太理想，但从相同县所属的学校发现，一年级、二年级总体上比其他年级的学业水平等级要高，当然这可能是因为小学低年级与中高年级在知识内容上有差异。在一定程度上我们也可以看出，对于孩子的学业水平等级来说，这也是易地搬迁给孩子的学习带来最实惠的效果，对孩子的学习成绩影响比较大。学生学业水平等级比较偏低，因素有很多，但从参与教师的课堂教学（听课）上可以发现，这与学生的学业水平等级息息相关。另外，无论是现在还是可以预见的将来，在没有更为科学和被广泛接受的质量评价标准出台的情况下，学业水平等级依然是衡量学校办学质量以及学生发展水平的重要维度。全国政协十三届四次会议第二场"委员通道"提问环节中，在问到"什么是教育的真谛"时，全国政协委员、江苏省锡山高级中学校长唐江澎指出："学生没有分数，就过不了今天的高考，但如果只有分数，恐怕也赢不了未来的大考。分数不是教育的全部内容，更不是教育的根本目标。教育只关注升学率，国家会没有核心竞争力。"[①]从此观点延伸，如果说只有分数赢不了未来的大考，那么没有分数，更迎接不了任何阶段的"小考"。分数不仅意味着学生个体和群体经过系统化教育的局部智育成果，而且从多维度体现学生个体和群体在意志力、自控力以及克服困难和勇气的综合品质，在某种程度上，依然可以认为学业水平等级是衡量学生发展

---

① 任国平，钱丽欣，程路，宋佳欣. 从"对人的评价"到"为了人的评价"[J]. 人民教育，2021（6）：32.

第三章
易地搬迁学校优化管理之教育教学水平研究

最为重要的维度之一。用水平等级来衡量学生学业成绩，即智育发展程度本身没有问题，如德体美劳依然也可以采取分数衡量一样。但如何来看待分数，则是分数的制度化设计以及拥有分数"话语权"的人的评价导向和标准指向问题。

教学质量是学校工作的核心。在本研究中，研究者不断强调不能唯分数，但不能没有分数，不能在强调"五育并举""五育互融"理念之下视智育偏低为一种理所当然，更不能以拓展学生其他特长为名而忽视对学生智育的培养。根据冰山理论，学生学业成绩是浮在水面上的，是可视化可感受到的符号系统。从水面之下的冰山来看，从学生群体角度看，在智力正常的情况下，成绩表现为学生的努力、自觉性、自我管理能力、对困难克服的意志力和勇气以及专注力等个体品质；从教师角度，反映教师的教学水平、教学能力、教学的责任心；从家庭来说，反映出家庭期待、父母的远见（并不意味着父母文化程度低眼光就短视）、家庭对学习的投入等；从教育行政层面，反映出区域教育管理水平、技术支持队伍水平（教研队伍、教师教育者队伍）、资金投入水平、学校的管理水平、校长的领导力以及潜在的学校文化系统等情况。在调查中，也出现了学生学业水平等级偏低的情况。这种情况可以从以下几个方面进行探讨。

第一，教师队伍能力水平总体偏低，教学投入不高。基于对12位授课教师（辅以对全省6个市州62所中小学学业成绩的判断）的课堂观察，研究者尝试以分值形式呈现教师课堂教学所处的水平，9位教师处于及格分以下。①首先，区域的选择可能意味着能力水平的匹配。易地搬迁学校教师绝大部分来源于各乡镇的抽调考调，部分是新招聘的特岗教师。按照人力资源区域流动的现实情况，一线城市、省会城市、区域中心城市对人才的吸引呈现无可争议的优势，对从事教育者的吸引也是如此。就教师群体而言，结合有关学者对乡村教师群体尤其是特岗教师群体的学校、学历、来源、动机以及职后所得到的支持情况等综合研究，该群体的教师能力相对

---

① 研究团队试图将2007—2011年项目实践所使用的课堂观察表采用分值的形式直观呈现教师教学能力水平，虽然在学理上还需要进一步解释（比如，分值高低如何来界定、维度如何来划分等还需要进一步探讨），但在运用中确实比较直观判断教师在教育教学中哪些方面容易出现问题，以及出现了什么问题等。

而言可能处于相对较低的水平。其次，利益相关者的期望值的高低影响教育者的期望值，进而影响教育行为。就学生群体以及家长群体而言，基于其生活的环境，总体受原有生活经验经历的影响，可能对学生的学业成绩的诉求相比较城市而言总体偏低（经济实力允许、父母视野开阔、教育相对重视的家庭往往采取到城市打工的形式，为孩子寻求更好的优质教育资源，或者将孩子送到他们认可的、在能力范围内的公立和私立学校）。来自学生及家庭的压力期望值减弱以及基于教师对该群体未来可能的判断（比如群体在未来竞争中的胜出率等），也可能影响教师对教学的投入，进而影响其寻求自我能力的提升。再次，竞争程度的大小对教育者能力的提升也产生非常重要的影响。在适度竞争的环境中，个体或者群体都可以保持一种能力不断提升的态势，乡村教育的职业状态总体处于一种平稳状态。除职称评定之外，其他诸如职务提升、学校变动等对大部分教师缺乏足够的吸引力（甚至职称也无法调动其工作动力），在职业有保障且没有适度竞争的环境之下，提升教师能力是一件非常具有挑战性的事情。最后，考核机制也是影响教师自我能力提升的重要因素。现有的考评机制并不能让优秀者得到鼓励、让慵懒者得到相应的处罚，也就是说，相当部分学校确实在一定程度上呈现出"干多干少一个样，干和不干一个样"的现象。现有的目标考核，明面上需要拉开距离，但在实际操作中，基于"稳定"或者"少惹麻烦"的工作思路，基本上处于平均主义状态，无法根本上调动教师工作的积极性（但并不意味着拉开经济差距对所有教师都有激励作用，需要辅以其他管理方式）。

第二，学校校长领导能力，尤其是教学领导力显著偏低。好学校与差学校的根本区别在校长的教学领导力上能够得到明显的体现，校长的"教学领导者"角色要求校长本人真正参与到学校的教学生活和教室的教学活动中（李华 程晋宽，2020）。但总体上，校长专业化程度还不高，尤其是教学领导力还比较薄弱。第一，有任用缺培养。校长在整个教师队伍中属于"关键少数"，从地方财力而言，当不足以对全县、全市的教师开展系统化、大规模、持续性培养培育的情况下，加强对学校校长的专业化支持一般可以在经济承受范围之内。以D县为例，全县义务教育阶段学校共计125所，义务教育专任教师2986人，对125名校长进行专业化培训从总量来说不多，其经费支出相对不高。而且因为规模不大，可以将校长能力提升项目做成精品化项目。但 D 县在校长专项项目支出中暂且还没有找到相应的证据。第二，缺乏专业化培育，尤其是对教学领导力的培养。在对 G 省部分省、市（州）县对校长的培训内容分析时发现，内容上主要是"拼盘式"设计，内容设计全面，但缺乏主题主旨，基本都没有涉及教学领导力内容（2014—2018 年部分课程安排统计，以及对易地搬迁学校校长的访谈）。当校长对教学领域不专业，或者依靠其之前的作为教师的经历和经验，已经很难胜任作为管理者以及在教学中引领、指导全校教师的教师专业化发展，也就是校长教学领导力不足时，可能意味着其对教育教学存在的问题无法识别判断，无法给出有针对性的意见和建议，这又会进一步导致学校校本研修等专业活动流于形式。第三，校长对专业能力促进学校发展的意识不够。基于学校核心工作教育教学的导向，教学领导力作为校长领导力的核心要素，是诸如行政领导力、战略领导力、包容领导力和激励领导力发挥作用的基础。但在调研中发现，教学缺乏钻研已经成为当下诸多校长的职业常态，校长对学校的管理行政管理居于主流地位，业务管理往往由业务副校长负责。

第三，区域教师教育者[①]队伍质量不高，且局面可能将持续 5~10 年。首先，省级层面缺乏教师教育者的理论研究、实证支持以及教师教育者示范性项目。通过在中国知网输入关键词"教师培训：G 省"，以及"教师教育：G 省"，截至 2021 年 6 月，没有搜索到相关文章。搜索"教师培训，G 省"，中文核心期刊出现 6 篇，中文社会科学引文索引 3 篇，但上述文章没有一篇涉及教师教育者的研究。国培 10 年，G 省在有关教师教育者研究中，相关高校、研究机构在此领域还有较大的研究空间。此外，G 省在教师培训领域近些年取得了较大的成效，但对于教师教育者的示范性项目，诸如在实践领域能够为其他市州提供范例的项目还有待进一步提升，尤其是以成果产出为导向的评估需要进一步完善（开展教师教育者项目和教师教育者取得相应成效是两个概念。比如，通过一个教师教育者项目，或者培训者项目的实施，学员是否发生了变化？发生哪些变化？这些变化是否属于教师教育者/培训领域的关键能力？这些变化是否与项目直接或者间

---

① 本研究中的教师教育者，主要是指从事教师培训的研究者和实践者，在文中基于不同时期项目的举例，也使用"教师培训者"以及使用"教研队伍"等称谓，除非特别说明，上述表达均为同样的内涵。

接相关？依据是什么，等等）。只有对上述问题有初步的回应，才能在某种程度上说明项目的有效性。其次，在市、县级层面，教师教育者的培训专业化一直未能形成主流。通过对 H 县、S 县、C 县、Q 县、L 县的调研，没有一个县在 2019—2020 年度开展专门的教师教育者/培训者的系统化培训工作，这样就可能导致县域范围内专业指导力量不足。无论是校长领导力，还是教师专业发展能力的提升，在本土都很难得到有效支持和解决。最后，现有的教师教育者队伍整体质量不高，且未来 5~10 年很难有根本性变化。现有的教师教育者/培训者队伍（教研队伍）很难胜任对校长和教师的专业指导工作。在 G 省 2011 年开展的有关校本研修实施的现状问题及对策研究中，发现以县域为单位的教研及培训者队伍难以胜任校本研修的指导工作。此后，课题研究团队成员对此领域再次用六年时间对原先抽样的学校进行跟进了解。截至 2018 年，县域内的教研培训者队伍和 7 年前相比，并没有产生明显的变化，或者说，曾经存在的问题到目前依然存在。比如，对培训者/教研指导者能力提升的问题这些年一直没有解决。从当前的项目顶层设计以及地方政府对教师教育的设计思路，上述情况在未来 5~10 年是否有显著的改观，依然是一个很难回答的问题，总体上呈现不乐观的态势。

第四，县级教育行政部门专业管理能力及资金投入有待进一步提升。上述教师问题、学校管理者问题以及教师教育者的问题，本质上还是教育管理的设计问题，涉及资金往哪里走、项目设计如何体现其规范性和科学性问题，特别是专业者的成长规律问题。对上述问题的思考、设计、行动以及资金匹配等，在某种程度反映出当地管理者的专业能力和重视程度。

四、应对策略

正如前面所述，影响学生学业水平等级的因素很多，没法面面俱到。在此，本书从宏观的角度提出以下应对策略。

（一）将学业水平达标作为学校考核维度之一

在"五育并举""五育融合"的大背景下，学生德智体美劳全面发展是教育的应然和实然。要树立正确的教育评价观念，避免"分数第一、升学第一"的教育评价方式，引导教育健康、可持续发展。但是，不唯分数，不是不要分数，从小学就开始大面积出现不及格现象也不是真正意义上的"五育并举"。地方教育行政部门要在全面落实"五育并举"的前提下，注重德育、体育、美育及劳动教育的同时，不忽略智育的发展。智育发展方面，在对合格率有保底要求，对低分率有限制性要求，对优秀率有鼓励性要求。①

（二）发挥省级质量监测机构功能

在"十四五"期间连续开展为期五年的针对易地搬迁学校的质量监测工作，并定期非公开发布质量监测报告；发挥督导的方向性作用，将易地搬迁学校办学质量纳入"十四五"期间对地方政府的考核内容。

（三）建立家—校—社三维联动机制

通过家庭、学校、社区有机结合，共同促进学生发展。家庭是孩子成长的第一所学校，家长应根据孩子的特点，关心关注孩子的学业状况，经常与教师联系、沟通。学校是家—校—社三维联动的主体。在学校方面，应提高教师队伍建设和教师的教育教学水平；社区是辅助单位，应利用社区志愿者对家长进行相关知识宣传。

第三节 易地搬迁学校图书馆（室）状况研究

学校图书馆在学校占据重要的地位，肩负着培养学生信息素养、激发学生主动学习的兴趣，养成终身学习、阅读习惯的重要使命。②既然图书馆（室）如此重要，那么图书馆（室）的内涵是什么？它的规定性是怎样的？易地搬迁学校图书馆（室）又呈现怎样的样态？

---

① 对于合格率、低分率和高分率，不是简单地回到唯分数的考评考核机制，而是不能出现"反智"教育，不能打着"五育并举"之名将学校办成低质量的教育，办成没有希望和未来的教育，办成没有竞争力的教育。
② 张劼圻，吴海凤，李芙蓉，张衍. 挪威学校图书馆的政策、实践与研究概述[J]. 图书馆杂志，2023，42（1）：79-91.

一、图书馆（室）的内涵和规定性

（一）图书馆（室）的概念

中小学学校图书馆（室）（以下简称图书馆）是中小学生、教师获取信息资源的重要途径，是推动教师专业成长和促进学生全面发展的重要平台。有质量的图书馆（室）是充分发挥学校教学功能的重要阵地。中小学图书室的主要读者是广大青少年学生，图书室工作对学生思想品质的提高，正确世界观、人生观、价值观的形成，科学文化知识的提高和整体素质的增强，都有不可低估的作用。

（二）图书馆（室）的作用

小学图书馆是文化建设和课程资源建设的重要载体，是促进师生发展的重要平台，也是基础教育现代化的重要体现。[①]2015年，教育部《关于加强新时期中小学图书馆建设与应用工作的意见》明确指出："中小学图书馆作为服务教育教学、教育科学研究的重要办学条件，是基本实现教育现代化的重要体现，是均衡合理配置教育资源的重要内容。"图书馆是建设全面深化课程改革的重要阵地，对保障教学、服务教学、改善教学，提高学生自主学习能力和终身学习能力，促进教师专业成长和学生全面发展具有重要的作用。[②]

二、中小学图书馆（室）相关研究

（一）国外对中小学图书馆（室）的相关研究

通过查阅国外对图书馆的相关研究，发现国外非常注重图书馆的利用，图书馆是学生学习的一个重要场所。比如，日本小学图书馆致力于成为"服务"与"指导"机构。"服务机构"是指满足师生的需求，提供优质的图书馆服务。"指导机构"是指导学生利用图书馆解决问题，培养学生养成

[①]《中小学图书馆（室）规程（修订）》的通知[Z]. 教基[2018]5号（正文缩写为《规程》）。

[②] 教育部. 关于加强新时期中小学图书馆建设与应用工作的意见[Z]. 教基一[2015]2号。

良好的读书习惯。日本也是唯一一个为小学图书馆立法的国家，把图书馆纳入教育教学活动中。①南澳洲小学的图书馆每天都会对学校全体师生开放，配有先进的设备，方便学校教师和学生进行借阅。图书馆内部设置很全面，分多个区域，如阅读区、讨论区、电子阅览区等。并且，教室里放有图书角和橱柜，图书角是落地书架，书架旁边放有地毯，学生可以坐在地毯上阅读。学校定期进行更新，书籍丰富多样，还有资质较高的专人进行管理。每年学校也会举办阅读挑战活动，受到家长和学生的欢迎。②"为阅读腾出空间！"是挪威政府推出的激发阅读兴趣和阅读技能的战略计划。③该计划涵盖了从日托到高中教育的所有阶段，对象是教师、图书馆员、校长和家长。它的主要目标包括提高阅读技能，鼓励儿童和青少年多读书；提高教师在教授阅读、提供文学作品和使用学校图书馆方面的技能；提高挪威社会对阅读的认识，将其作为学习、文化技能、生活质量、参与工作生活和重视民主的基础。④

通过查阅文献发现，国外发达国家一般通过立法方式，确保中小学图书馆建设。如美国，在国家层面上有联邦的图书馆法、中小学教育法案，在地方政府层面有各州的学校图书馆法。这些法律法规保证了中小学图书馆的地位和经费。人们普遍有这样的看法：美国的图书馆决定着美国的未来，美国的中小学图书馆决定着美国青少年的未来。正因为如此，美国国家和各级政府都非常重视中小学图书馆的建设。其他一些发达国家也是如此，他们普遍重视中小学图书馆的建设，除中小学图书馆以外，英、美、日等国的公共图书馆也担负着为中小学生服务的任务，这些图书馆一般都设专门的部门来接待小读者。充分利用各种图书资源，读书的形式灵活多样，吸引力强。在服务方式上，发达国家中小学图书馆普遍实行开架借阅，学生使用起来非常方便，且中小学图书馆的服务不仅仅是简单的"借借还还"，而是把信息素养教育放在首位，具体包括情报检索教育、阅读指导

---

① 沈丽云. 日本图书馆概论[M]. 上海：上海科学技术文献出版社，2010：92-93.
② 韩绪芹. 让教育的意蕴充满校园——南澳洲课程资源开发对我国"书香校园"建设的启迪[J]. 当代教育科学，2009（12）：35-36.
③ 张劼圻，吴海凤，李芙蓉，张衍. 挪威学校图书馆的政策、实践与研究概述[J]. 图书馆杂志，2023，42（1）：79-91.
④ 张劼圻，吴海凤，李芙蓉，张衍. 挪威学校图书馆的政策、实践与研究概述[J]. 图书馆杂志，2023，42（1）：79-91.

及阅读辅助。图书馆员与小读者的互动很多，使学生们的素质得到了极大提高。使用手段包括 CD-ROM 光盘、Internet 检索终端、传真机以及电子邮件等。

（二）国内有关中小学图书馆（室）研究

国内关于中小学图书馆的研究成果比较丰富，集中在对图书馆建设相关政策的解读、图书馆的作用、图书馆的利用情况等方面。比如，马国华在调查中发现学生缺乏利用图书馆的意识，他们对学校图书馆感到茫然，认为图书馆只是借还的场所，对图书馆的功能停留在狭隘的认识上。[①]刘强等认为中小学图书馆开放时间短，有些学校门庭冷落，访问次数与借阅量偏低，专业化服务不足，育人功能未充分实现。[②]图书馆利用不好的原因主要是学生阅读兴趣不浓、图书馆吸引力不强、藏书结构不合理；关键原因是学校管理者和教师教学思想不端正，教学理念滞后；造成图书馆利用率不高的根本原因是图书馆利用的推进制度不健全，各方面制度不完善。[③]另外，图书馆信息化建设也准备不足。[④]

梳理国内外对中小学图书馆（室）研究的文献，在对中小学图书馆的建设重视程度方面，中小学呈现出共性和差异性。

三、易地搬迁学校图书馆（室）现状及分析

（一）图书馆利用情况

本研究对易地搬迁学校图书馆（室）的利用情况进行了走访和调查，结果见表3-5。

---

① 马国华. 中小学图书馆(室)事业的现状与思考——鸡西市中小学图书馆(室)调查报告[J]. 图书馆建设，2005（4）：59-61.
② 刘强，陈晓晨，杜艳，等. 中小学图书馆(室)建设与使用现状及改善策略——基于全国 169 所中小学校的调研[J]. 中国教育学刊，2018（2）：57-63.
③ 叶爽美. 农村中小学生利用学校图书馆的现状调查及对策研究[J]. 图书馆论坛，2011（3）：164-167.
④ 李健，张波，等. 民族地区中小学图书馆(室)建设现状及改进策略研究[J]. 山东图书馆学，2022（1）：74-82.

表 3-5　易地搬迁安置点学校图书馆利用情况

维度 4	指标	$\overline{X}$	SD
维度 44	学校图书馆	3.40	0.618

从表 3-5 可以发现，在便利使用的教学资源指标均值为 3.40，标准差为 0.618。在走访和观察 12 所学校图书馆阅览室中，有 4 所学校有图书室，但还没有配备图书。有 5 所学校生均拥有图书数量达不到国家最低标准，有 3 所学校在图书数量方面达到了相关要求。学生借阅量总体上不高。以 Q 学校为例，该校学生人数 1100 人，共有藏书 2 万册，杂志报纸 3~4 种，小学生均借阅量 12 册，初中生均借阅量 8~9 册。LS 学校学生 777 人，共有藏书 1.1 万册，生均量 14 本。图书室阅览室作为学校的文化重地，除了×××学校在物理环境上比较重视，对阅览室进行专门设计，尽量为师生创设温暖舒适且愉悦的环境之外，其他实地考察的 12 所学校的图书馆，阅览室并没有有效发挥充实学生头脑和提升教师专业智慧的作用，在某种程度上还停留在"符合基本办学条件"的阶段。学校在利用图书室、阅览室来提升教师专业水平，提高学生阅读理解的广度和深度的意识显著不足，行动缺乏体现，没有充分发挥图书室阅览室重要的潜移默化的育人功能，图书室阅览室的环境创设以及图书质量和借阅的规范性等还需要再完善。

学校图书馆阅览室功能没有得到很好的发挥，学校藏书量还需要再增加。根据教育部中小学图书馆（室）藏书量规定，人均藏书量（册）（按在校学生数）完全中学 40 册、初级中学 35 册、小学 25 册，报刊（种）分别为 120 种、80 种、60 种，工具书、教学参考书（种）分别为 250 种、180 种、120 种。学生课外阅读量没达到国家标准。就课外阅读量来说，当前调查结果表明，课外阅读量较高的学生群体人数比例大约占 42.3%。还有学者研究发现，每天阅读课外书的学生的学业成绩明显高于不读课外书的学生，且每天阅读课外书 2~4 小时的学生的学业成绩高于阅读 1 小时、1~2 小时、4 小时以上的学生。[1]学生的课外阅读量还需进一步加大。

从学生发展角度看，管理者要清晰地认识到当下教育存在的城乡、家

---

[1] 中央教育科学研究所中小学学业成就调查研究课题组. 我国小学六年级学生学业成就调查报告[J]. 教育研究，2011（1）：27-38.

庭、环境等诸多影响学生发展的各种差别，有些学校教育很难改变，如基于家庭差异对孩子教育重视程度、帮助程度的差别以及经济投入等。但有些是学校可以弥补的，如阅读量等。这还需要一个前提，即学校管理者和教师都要清晰地认识到当前的教育仅仅依靠课堂中所教授的知识已经无法满足、适应和应对孩子在当下和未来的生存发展需求，而学校图书室阅览室的高质量建设却可以在一定程度上弥补这方面的不足。从教师发展角度看，学校管理者还要看到，依靠外界力量来提升教师专业能力存在诸多变数，这与地方财政以及校长自身交往能力有关，国培、省培项目很难做到全覆盖，而且量大也往往意味着质量的降低，高品质高效果的项目的共性就是规模小、持续时间长、费用高等。所以，学校教师发展还需要管理者从内部着手（这也是之前提到的校长教学领导力的重要性），为教师提供大量的专业书籍杂志，让哪怕地处最为偏远的学校的教师也能了解当下省、中国乃至全球在基础教育领域发生了什么、在学科领域发生什么、有哪些新的尝试创新等，辅以学校专业阅读的机制（真正意义上的有质量读书会和适切的考评机制等），在一定程度上解决教师发展的内生动力和机制问题。

（二）易地搬迁学校图书馆建设状况

1. 学校图书馆物理环境建设较差

通过走访发现，易地搬迁学校的图书馆硬件环境总体还需要再完善，功能发挥还没达到相应的要求，主要表现为：一是拥挤，如书架之间间隔太小；二是缺乏阅读环境创设，难以吸引学生停留在图书室开展阅读；三是没有对图书进行分类，各类图书随意摆放；四是借阅方式陈旧，信息化不足，难以对学生借阅图书情况进行系统分析；五是在阅览室阅读环境创设方面不足，如整洁度、光亮度没有得到很好的考虑；七是为教师配备专业书籍和杂志显著不足。上述 12 所学校没有一所学校给教师配备促进教师发展的专业阅读书目（不含教参等）以及与教学紧密相关的期刊。总体而言，学校的图书馆功能没有得到很好的发挥，对学生的阅读能力提升没有起到有效的辅助作用。

图书室和阅览室（阅读室）往往相生相伴，调研中发现，85.6%学校整体上在阅读环境创设上缺乏敏感度,往往是图书室单独一间或者几间,阅览室单独设立或者与图书室连在一起,强调其实用性,即有图书室或者阅览室,有桌子、凳子或者椅子,但其质量、颜色、形状以及和整体的搭配等,基本不在考虑范围内。与此相对应,城市学校的图书室,其设计感总体较好,主要的颜色与儿童年龄特征相匹配,阅读环境与儿童年龄相关。图书室布局拥挤局促,总体上比较压抑;阅览室往往是简单地摆几张桌子、椅子或者凳子,68%以上的摆设依然拥挤且不整洁,仅仅提供阅读的基本条件。图书室及阅览室的育人功能(规则意识、语言表达、逻辑思维能力等)依然没有被学校管理者以及教师充分认识到。

创设有利于师生阅读的环境,可以有效吸引教师和学生阅读的动力。从教师角度看,可以把阅读空间"解释"为休息和放松的空间。合适的物理阅读空间建设,本身就给教师创设一种阅读的内驱力,犹如喜欢咖啡的人会选择一个环境优雅的咖啡厅,而不是仅仅买一杯咖啡。教育部关于印发《中小学图书馆(室)规程》的通知(教基〔2018〕5号)第二十六条规定:"教学期间,图书馆每周开放时间原则上不少于40小时。鼓励课余时间、法定节假日和寒暑假期间对师生有效开放。"但调研发现,52%的学校没有建立适宜于学生在校生活学习的图书开放机制,依然是以封闭式管理为主,如规定一、三、五时间段是哪些年级学生借阅,二、四是哪些年级借阅等。但通过访谈学生以及对阅读的方便性调查发现,这样的机制并不是积极鼓励学生阅读的机制,在某种程度上是限制性条件,影响了学生借阅的积极性。

在调研中也发现,有部分学校将图书搬到走廊、教室或者其他公共空间,确实方便了学生阅读。但在追踪调研中发现,放在上述地方的书籍,较长时间内缺乏更新,其实质性阅读有待进一步提升。

另外,图书馆(室)的功能除了对学生外,其实还需要针对教师群体。所以,本研究还特意对这调查的 12 所学校是否针对教师设置了专门的阅览室进行了调查。走访发现,没有一所学校为教师提供专门的阅览室,也没有为教师订阅学科专业杂志。①同时,在上述学校也没有发现针对教师的

---

① 有的学校管理者说提供了,但他们未能提供材料,如其订阅专业杂志等。鉴于研究目的,对有关部门指定的杂志没有在我们的统计范围内。

专业书籍，比如涉及有关教学法知识、学生发展，或者说教育学、心理学等大学科领域知识的书籍。学校图书馆不仅服务于学生群体，也要服务于教师群体。图书馆也可以成为教师的重要场地，既能提高教师的阅读水平，也能扩大教师的视野。

2. 中小学图书室图书适切性不强，小学中低年级图书在数量上显著偏少

抽样学校均能按照《教育部关于印发〈中小学图书馆（室）规程（修订）〉的通知》（教基〔2003〕5号）以及《教育部关于印发〈中小学图书馆（室）规程〉的通知》（教基〔2018〕5号）两个文件来落实学校的图书室建设。调研表明，70%以上学校存在所配置的图书适切性不强的问题，其判断依据主要是在图书室完全开放的前提下的借阅率。虽然学校按照有关规定在数量上达到一定的要求，但在图书品质上还存在一定的距离。通过对借阅率的观察，53%左右的图书借阅率较高，且图书有明显的折损情况，这是经常被借阅的标志之一；47%左右的图书基本保持较新，甚至基本没有被翻阅过。在对教师和学生的访谈中了解，很多是因为对图书内容缺乏兴趣。虽然并不能用学生的喜好程度来判断书的价值①，但至少能发现图书配置忽视了低年级学生群体。基于儿童的年龄特点，尤其是小学中低年级学生，基于其对生字词的掌握，需借助具象来呈现抽象。针对图书室图书配置的调研发现，82%以上的学校存在中低年级绘本阅读数量显著偏少，有的学校适宜于中低年级阅读的绘本不到20本（含同一书名的绘本），平均每位学生在学校的年绘本阅读量低于10本。学校，尤其是处在乡村的易地搬迁小学，中低年级学生可阅图书显著偏低。

3. 学校未能为老师的成长提供必要的图书资料，忽略了专业阅读的重要功能

87%的学校缺乏为教师提供专业书籍配备和提供阅读的意识。当下图书室建设及其图书购买，主要服务对象为学生群体，针对教师专业成长的书籍及期刊等较少，且学校管理者明显缺乏为教师群体配备专业书籍和杂志的意识。通过教师对专业杂志，如《人民教育》《上海教育》《江苏教育》《全球教育展望》《外国中小学教育》等的阅读，可以让处于偏僻乡

---

① 对于一些科普类或者稍显"专业性"的书籍，需要教师进行引导或者指导阅读，并不意味着学生不读的书就不是好书。

村学校的教师也有机会了解当下国内国际中小学教学和课堂的动态，紧跟教育的时代步伐。此外，对于专业书籍的阅读，诸如教育学、心理学、社会学、教育社会学、学科教学书籍等，可以让教师深层次了解当下的教育教学，有能力且系统化、抽象化地思考教育目的、本质、价值。

当下的图书室建设，基本缺乏教师"主体"意识，往往更多地将图书室的功能聚焦于学生。专业阅读作为教师成长的主要路径，除个人购买和准备之外（专业阅读也需教师个人有准备地完成，不能将希望完全寄托于学校或者其他机构），学校需为教师的专业阅读提供必要的条件支持，如提供书籍。学校应为教师提供与专业发展紧密相关的书籍，为教师主动发展创造条件。

4. 学生阅读处于自发状态，缺乏专业指导以及量化要求，没有建立有效的阅读机制以及教师指导机制

图书室的建设以及阅读环境的创设，其直接目的就是为学生积极阅读、有效阅读服务。从深层次说，图书室的建设为学生语言内在积累、语言输出（表达力及词汇的丰富度等）、逻辑能力的培养提供了充分的可能，也在某种程度上弥补了农村家庭的学生家庭阅读的显著不足。基于调研发现，学校对阅读的专业指导及量化要求显著不足，90%以上的学校没有对学生进行阅读指导，如不同年级的学生读什么书、怎么读书，如何让学生的阅读兴趣得到激发和保持，如何对学生的阅读情况进行反馈等。

在阅读量上，95%以上的学校缺乏量化考核。小学阶段，低年级及中高年级的学生每个学生需要读多少本绘本？初中阶段需要读多少本书？哪些书目为必读书目？哪些是选读书目？除学生及家长提供书目阅读外，教师每学年或者每个学期为学生提供多少本阅读书目的指导？上述问题均没有量化考量，结果导致学校的图书室仅仅只是拥有"图书室"而已，是否发挥功能以及发挥多大功能，作为学校管理者及教师，并没有深层次去思考。

5. 学校图书采购路径单一，缺乏自下而上的以需求为导向的更新系统，很多图书没有考虑儿童的年龄特征

通过访谈了解，当下学校的图书配备，95%以上来自政府采购，学校自行采购的图书显著较少，作为学校管理者、教师、学生家长以及直接受

益群体——学生，参与图书购买的路径基本没有。

在调研中发现，关于当下义务教育阶段学校图书的配备，76%的老师认为现有图书无法满足他们的专业发展诉求。47%的受访学生认为，学校的图书内容无法满足他们的阅读需求，尤其是与外界接触较多的学生。比如，对阅读有明显需求的学生，表现出学校图书室图书在数量上偏少以及质量上偏低（主要是他们很多想读的书没有，尤其是对动漫影视作品类书籍的需求）。另外，对于农村中学而言，小学高年级及初中阶段，在学生知识需求爆发阶段，针对这部分群体的书籍无论是在数量和质量上，均没有体现出符合他们年龄阶段的书目（通过阅读，有针对性地进行植入，如价值观的隐性植入，学习观、生活观、奋斗观的建立等，在某种程度上需要教师在推荐书目中以及学生在完成上述书目的阅读中完成），这就导致阅读的"无意识"性。

有意义的阅读，既是在学生个人兴趣的保持和选择下完成的活动，也是在教师或者家长指导下完成的活动（当农村学校的家长无法为孩子提供阅读指导，诸如书目的提供，作为教育者的老师就需要给学生成长路途中补充知识的营养）。为达到上述目标，图书质量选择尤为重要。由政府统一配置之后，学校在图书更新中将学生需求、教师需求等作为重要的参考，这是图书提升配备质量的重要路径。

6. 图书质量总体不高

判断图书室质量的高低，有两个方面。第一，在所有图书中，对学生借阅的类别、数量进行统计分析。比如，一所学校 2 万册不同的图书中，经过两年的连续统计发现，学生阅读的图书往往限于 2000 本（不同书目）左右，那么就需要对其他 1.8 万本进行分析：是什么原因导致学生不借这些书（有些书虽然很有价值，但并不见得学生会主动阅读，有时需要学校、教师、家长等给予引导，故不被借阅的书并不意味着质量不高）。但从总体看来，尤其适于小学低年级学段的绘本配备情况严重不足，不利于从小培养儿童的阅读习惯。第二，基于常识的判断。比如，《案牍劳形也有趣》《如何成为成功人士》等类似书籍"大量"出现在图书室，这是不恰当的。

四、应对策略

（一）开展"书香校园"专项行动

抓好学校图书室建设，为教师订阅专业杂志，为学生订阅适于其年龄特征的喜闻乐见且"营养价值"高的图书，尤其是增强低年级学生的绘本量和阅读量，采取师生双阅读模式，真正建设"书香校园"。

（二）改善图书馆（室）物理环境建设

有品质的咖啡馆或者茶馆对消费者有吸引力，一方面是因为茶或者咖啡自身品质对人有吸引力，二是其环境或者氛围对人群的吸引，舒缓的背景音乐、独具特色且有一定品位的装修风格、物品饰品的配置和布局等，能满足人对美的潜在追求。对于学校图书室或者阅览室，理论上应该成为师生愿去、爱去甚至"抢着"去的地方。但当下图书室阅览室的设计和摆放"冷冰冰"，这不是爱不爱去的问题，而是不想去的问题。

（1）从设计角度分析，乡村学校图书室建设要注重室内的"艺术"设计，创设有利于师生阅读的外部环境。乡村学校要从"有"图书室建设朝着"有优质"图书室建设的目标迈进，这就需要重新定位图书室的功能，强调图书室对育人作用的发挥，让专业人士进行专业设计，让图书室成为学校最具艺术感的地方。

（2）从服务角度分析，除进行上述艺术设计之外，还要增加"辅助"设施，如六盘水和黔西南的学校，在图书室配置"富有生活情调"的茶、咖啡等，甚至在时间允许的情况下，会在某个时间段有一个"值班"老师为大家服务，让紧张的学习、工作之余享有短暂的闲暇时间，在充电的同时放松自己。乡村学校图书室建设，既要充实师生头脑，也要成为老师们的身心放松之地。

（三）关注小学低学段绘本数量，开展绘本阅读的指导活动

作品是开展儿童早期阅读活动的物质基础和前提条件。作品选择得当，对儿童阅读兴趣、阅读理解、阅读行为将产生全方位的影响。教育者为儿童提供的阅读材料必须具有学习价值。

（1）为中低年级学生提供大量的、适宜的儿童绘本书目，每年更新，确保每个学生每年可以有大约 30 本绘本的阅读量。

（2）围绕绘本开展系列活动，诸如故事分享、情景剧表演等，最大程度"训练"和"补偿"儿童时期的语言表达能力。这对语文教师的阅读教学提出了新的挑战。

（3）小学中高年级及初中学生，学校要围绕青少年发展目标及身心特点，并参考专业人士的建议，列出必读书目清单，并保障该群体学生达到最低阅读量，同时做好"品质阅读"的检测评估工作。

（四）增加教师专业书籍①的数量，形成教师群体"喜阅读"氛围

（1）学校增加教师的专业发展书目，首先从学科教师专业成长所需的书籍购买开始，然后拓展到教育学、心理学、社会学等领域。

（2）学校形成专业阅读分享机制。专业阅读是一件具有挑战性的事情，开始时往往觉得枯燥和孤独，容易产生懈怠情绪。学校要组织召开系列专业阅读座谈会、分享会，鼓励老师接受"孤独"与"深度思考"的挑战，并建立激励机制。

（五）建立并落实图书更新机制，发挥学校购买图书的积极性

当下的图书购置主要是自上而下的行为，主要由教育行政部门来进行调配，容易出现大一统的局面，学生和教师的个性化需求难以得到满足。在未来的图书购置中，在校长所使用的资金权力范围内，比如，5000 元以内的图书购置，可以由学校自行做主；然后，发挥教师、学生的积极性，让其参与到图书书目的选择和购买中来，让利益相关群体真正参与其中。

（六）加强对学校图书室的监督、管理和指导

针对部分学校图书室流于形式的状况，教育行政部门需从源头上进行监督和管理。同时，要对此类学校的领导和老师进行专业阅读指导，从思想上认识阅读对提升质量的意义，对学生、教师发展的意义。

---

① 此专业书籍主要是指专著和专业相关的期刊。

第四节 易地搬迁学校课后作业设置研究

作业存在于学习的全过程，在不同的学习环节，需要不同功能的作业来支持和促进学生的学习。[①]那课后作业是什么？易地搬迁学校的课后作业呈现什么样的形式？

一、课后作业的内涵和规定性

（一）课后作业的内涵

《学记》中有"时教必有正业，退息必有居学"的主张，"正业"是正式的课程，指课内学习；"居学"是休息时的课后作业。课后作业是各种类型课程一个不可缺少的教学环节。课后作业的提法很多，比如课外作业、家庭作业等。本书所指的课后作业是在上课以外的时间进行的学习，是课内作业的继续，是教学工作的有机组成部分。

（二）课后作业的内容和形式

按照完成作业的空间，可把作业分为课内作业和课外作业；按照作业的完成、反馈的时间，分为短期作业和长期作业；按照作业的特定功能，可把作业分为巩固概念型、理解命题型、训练方法型、复习巩固型、知识纠错型、方法总结型、思想方法型以及实践探究型等。[②]也有从五个维度谈论作业类型的，包括蕴含童真的巩固性作业、自主选择的分层次作业、贴近现实的实践性作业、父母共享的家庭性作业和拓展思维的发展性作业。[③]课外作业的内容应该包括以下几个方面：预习或复习、完成书面练习、口头作业和实践活动作业。[④]

[①] 张丰. 作业仅仅是"练习"吗？[J]. 人民教育，2011（12）：40-41.
[②] 任升录，等. 数学作业的设计与评价[M]. 上海：华东师范大学出版社，2009.
[③] 华应龙. 个性化作业设计经验：数学卷[M]. 北京：教育科学出版社，2007：3-8.
[④] 谈振华. 课堂教学理论读本[M]. 北京：社会科学文献出版社，2000：51.

（三）课后作业的作用

对于课后作业的作用，一直都存在争议。对课后作业持消极态度的认为课后作用影响学生的学习兴趣和身心健康等[①]，家庭作业过多会影响家庭成员之间的和谐。[②]但也有人认为课后作业能带来积极的作用，认为有助于对课堂教学内容进行巩固和深化，帮助学生拓宽知识面，培养学生运用所学知识、解决实际问题的能力，为学习新的知识内容做铺垫。[③]这些只是对课后作业的作用所持的不同观点，也许课后作业本身没有积极或消极之分，而在于课后作业的合理性、合适性。

二、课后作业相关文献研究

（一）国外有关课后作业研究

美国对作业问题的研究非常丰富，集中在家庭作业的功能与作用、作业设计形式、作业量、家长在学生作业中的作用等方面。20世纪60年，美国国家教育法委员会把家庭作业列为当时十大争议问题之一。20世纪80年代，研究作业问题的专家 Harris Cooper 历时两年多，于1989年完成巨作《HomeWork》，对作业的功能与作用进行了大量的研究。其结论是一至四年级的学生每周需有一至三项家庭作业，时间在45分钟左右；四至六年级的学生每周需有二至四项家庭作业，时间从60分钟到180分钟。随后，艾菲尔·科恩质疑家庭作业布置现状，认为如果教师坚持只给自己所教学科涉及的家庭作业，而不是教科书中预先准备好的练习题，则学生可能会得到量较少而质量较好的家庭作业。[④]

加拿大的杰克林·贝克赛奈特对"学生做作业的过程及对学业成绩的影响"做了专门研究，结果显示，在智力、家庭背景相同的学生中，做作业的过程有家长参与，尤其是家长能跟学校保持沟通，学习成绩更好。[⑤]

[①] 邹强. 国外家庭作业研究及其启示[J]. 教学与管理, 2007（7）：1.
[②] 哈里斯·库帕. 美国中小学家庭作业研究[J]. 上海教育科研, 1995（6）：31-32.
[③] 姚利民. 有效的家庭作业策略[J]. 湖南师范大学教育科学学报, 2003（2）：47-52.
[④] 艾菲尔·科恩. 家庭作业的迷思[M]. 项慧龄, 译. 北京：首都师范大学出版社, 2010：143
[⑤] 杨希芹. 新课程下高中语文作业存在的问题与应对策略[D]. 烟台：鲁东大学学位论文, 2013：6.

（二）国内有关学生课后作业研究

国内对课后作业的研究集中在课后作业现状、课后作业形式、课后作业设计、课后作业的价值等方面。课后作业对于提高教学效率、促进学生发展和增进家校沟通等方面有重要作用。①但当前课后作业存在内容单一、死板，缺乏灵活性和层次性等问题。②既然如此，课后作业设计就需要呈现多样性、有层次性、开放性、实践性等。那么，在课后作业设计中应该如何做？有的老师在让学生进行"一元一次方程"的解题训练中，设置了"诸侯争霸"的场景，让学生"穿越"到春秋战国年代并成为齐桓公的"幕僚"，亲自参与作战人员配置的方案设计中——哪种人员配置方案最为有效，这是需要通过一元一次方程来计算的。③也有地理老师让学生运用平面几何中的圆的切线、三角形外角公式等知识来解答地理中的"正午太阳高度角的计算"这一问题。④

三、易地搬迁学校学生课后作业设置现状及分析

（一）课后作业题源⑤

总体来看，教材或教参或配套资料的原套题目在作业中占比为56.1%，教材或教参或配套资料的挑选题目占比为56.0%。根据教学经验、学生生活体验、学科育人价值等，自己设计题目不足四成，教师把教材或教参或配套资料题目作为课后作业的比例较高，自行设计题目的能力不足。对教师布置课后作业题源调查发现，教材或教参或配套资料的挑选题目和原套题目占比高，并且小学、初中教师偏爱用现成的题目让学生做，单一重复机械的作业模式不可避免。教师设计的课后作业总体质量不高，这也是学生不喜欢做课后作业的重要原因。具体见表3-6和图3-4。

---

① 夏小庆. 中小学教师对家庭作业功能认识的调查研究[J]. 上海教育科研，2014（6）：78-80.
② 张家军. 当前我国中小学生作业问题之思考[J]. 天津师范大学学报（基础教育版）. 2011，12（2）：45-49.
③ 周序. 深度学习"与知识的深度认识[J]. 四川师范大学学报（社会科学版），2021（5）：174-175.
④ 周序. 有效训练：教学认识的重要方式[J]. 教育科学，2021（4）：57.
⑤ 课后作业题源样例因涉及一些商家等信息，故没有在本研究附录中呈现出来。

表 3-6 不同年级的课后作业设计题源表

教学年级	5 选项集合 a				
	原套题目	挑选题目	改编题目	作业盒子	自己设计题目
1 年级	27.8%	26.6%	11.4%	11.4%	22.8%
2 年级	25.0%	37.5%	8.9%	10.7%	17.9%
3 年级	30.7%	28.1%	17.5%	7.0%	16.7%
4 年级	17.9%	30.5%	18.9%	11.6%	21.1%
5 年级	26.0%	33.3%	10.4%	9.4%	20.8%
6 年级	33.6%	29.0%	13.1%	8.4%	15.9%
7 年级	29.0%	24.5%	18.1%	6.5%	21.9%
8 年级	34.4%	29.3%	16.7%	3.3%	16.3%
9 年级	28.1%	28.1%	19.0%	6.5%	18.3%

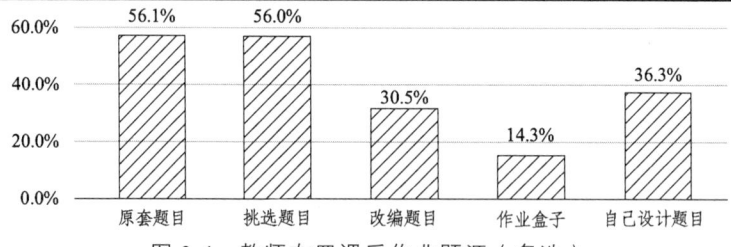

图 3-4 教师布置课后作业题源（多选）

下面是有关访谈内容。

韦老师（16 年教龄，教小学数学）：一是教材上每一节课后的练习题，让学生做；二是作业本上的题目；三是教学参考书上的题目；四是自己买的资料，印给学生做。

问：这些基本上都是现成的题目，有没有您自己设计的题目呢？

韦老师：有啊，主要是从网上找一些题目，自己再根据课堂教学进行一定的设计。

问：什么网站呢？

韦老师：××教育云平台，里面有课件和习题。

罗老师：（14 年教龄，教初中数学）：一是课本上的练习；二是教育局发的配套练习资料；三是自己根据教学编写的一些针对性的题目；四是买的考试试卷。

（二）课后作业类型

图 3-5 中，目前中小学教师课后作业设计的类型主要有记忆型、应用型和阅读型，应答百分比分别为 64.3%、58%、35.7%，其他类型的作业占应答比例均不足 1/3。需要特别提出的是融合型、表演型、表达型、探究型、调查型、生活体验型更加贴近生活，贴近学生实际的课后作业类型设计不足。

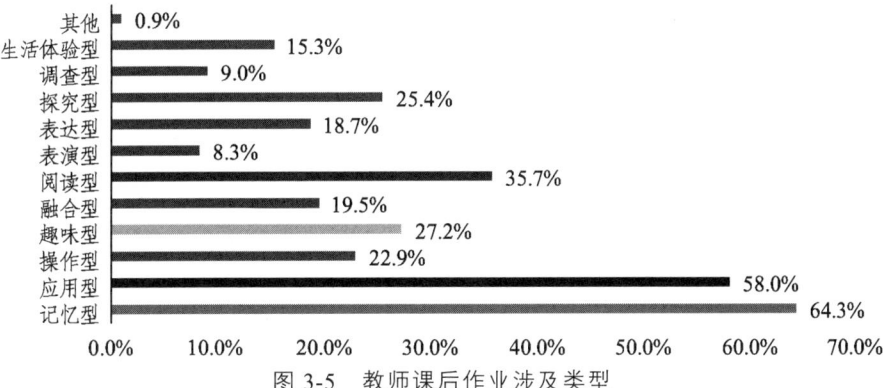

图 3-5 教师课后作业涉及类型

从表 3-7 来看，各类课后作业类型随着年级的增加，所占比例总体趋势也在逐步提升，记忆型作业占据显著地位，应用型、阅读型占比也依然偏高，只有 4 年级应用型作业比记忆型比例稍高，表演型、调查型和生活体验型作业比例显著偏低。总体上，作业布置依然以传统知识记忆为主，与儿童生活紧密相关的操作型和生活体验型作业总体较低。

表 3-7 不同年级教师设计作业类型分布表

统计项目		教学年级								总计
		1	2	3	4	5	6	7	8	9	
12个选项集合a	记忆型	29	22	36	27	32	37	52	72	50	357
	应用型	17	19	32	36	28	26	46	69	49	322
	操作型	10	9	9	14	7	12	23	24	19	127
	趣味性	7	12	26	15	8	11	16	31	25	151
	融合型	1	5	14	2	15	6	16	32	17	108
	阅读型	13	6	24	15	24	26	27	37	26	198
	表演型	1	3	8	5	6	4	9	8	2	46
	表达型	10	4	11	13	13	11	8	20	14	104
	探究型	8	8	20	15	14	17	16	23	20	141

续表

统计项目		教学年级								总计
		1	2	3	4	5	6	7	8	9	
	调查型	3	8	5	5	7	5	10	3	4	50
	生活体验型	12	4	8	10	10	4	13	16	8	85
	其他	0	0	0	1	1	0	0	2	1	5
	总计	111	100	193	158	165	159	236	337	235	1694

注：百分比基于响应者 a. 使用了值 1 对二分组进行制表。

（三）学生喜欢的作业类型

对学生进行调查，发现学生喜欢的课后作业类型如表 3-8 所示：

表 3-8 不同年级学生喜欢课后作业类型分布表

统计项目			就读年级						
			3 年级	4 年级	5 年级	6 年级	7 年级	8 年级	9 年级
12 个选项集合 a	记忆型	列 %	17.6%	29.7%	18.2%	33.2%	33.3%	34.3%	42.6%
	应用型	列 %	11.4%	30.7%	36.4%	38.4%	47.2%	42.4%	47.3%
	操作型	列 %	17.1%	47.5%	29.2%	51.7%	31.8%	23.5%	27.9%
	趣味型	列 %	33.2%	28.7%	62.3%	43.8%	71.4%	77.2%	75.8%
	融合型	列 %	21.7%	32.7%	15.7%	27.2%	14.1%	4.2%	11.2%
	阅读型	列 %	34.9%	36.7%	41.7%	24.3%	22.1%	30.9%	36.3%
	表演型	列 %	15.7%	11.9%	13.7%	23.1%	15.9%	12.8%	26.1%
	表达型	列 %	9.5%	17.8%	18.9%	21.8%	19.1%	14.8%	18.6%
	探究型	列 %	7.1%	19.8%	9.5%	19.1%	32.1%	26.3%	24.3%
	调查型	列 %	18.9%	15.8%	24.1%	18.9%	15.2%	12.8%	9.2%
	生活体验型	列 %	10.9%	13.9%	23.8%	17.2%	32.4%	27.6%	31.8%
	无所谓	列 %	0.3%	0.9%	1.9%	2.1%	2.0%	3.2%	1.8%

注：（1）百分比基于响应者 a. 使用了值 1 对二分组进行制表；
（2）小学和初中是分开统计的，然后合成一张表。

表3-8中，初中学生比较喜欢的课后作业类型依次是趣味型、应用型和记忆型，具体百分比数据见表格；小学生比较喜欢的课后作业类型：3年级是阅读型（34.9%）、趣味型（33.2%）、融合型（21.7%），4年级是操作型（47.5%）、阅读型（36.7%）、融合型（32.7%），5年级是趣味型（62.3%）、阅读型（41.7%）、应用型（36.4%），6年级是操作型（51.7%）、趣味型（43.8%）、应用型（38.4%）。

此外，小学生喜欢的课后作业类型集中在趣味型、应用型、生活体验型、融合型、表演型、探究型、调查型；初中生喜欢的课后作业类型主要集中在表达型、探究型、趣味型、操作型、应用型等。

从学生课后作业来看，调查发现教材或教参或配套资料的挑选题目和原套题目占比高，并且小学到初中教师偏爱用现成的题目让学生做，单一重复机械的作业；教师设计的课后作业与学生所期望的课后作业之间有差异。为什么会出现这样的状况？本研究试着讨论分析此状况。一是教师缺乏目标达成度的意识。作业在某种程度上是对教学目标是否达成的一种检测，以及目标中所涉及的知识掌握程度、学生之间的合作能力培养等，作业布置的形式和完成情况往往是重要体现之一。课后作业题源和原套题目占比高，这在一定程度上似乎解释了只要求学生单纯做作业，此作业布置是应付性的，随意性比较大。二是教学设计中忽略了对课后作业的思考。作业设计必须结合课程的教学目标和学生的实际情况，这就要求在教学设计时思考。在教学设计中比较重视课堂教学环节，而课后作业设计相对比较简单，如对布置什么样的作业、布置什么形式的作业思考较少。三是缺乏对作业的价值和形式等的认识。真正有效的课后作业要求教师不仅对学科知识非常了解，也要非常了解学生的心理发展特点。根据学生课后作业，判断学生的知识水平和认知水平，这不仅需要教师的教学经验，也需要教师的专业知识水平。

四、应对策略

关于课程作业设计的相关研究有很多，不同学科在课后作业设计方面可能也有差异。在此，本研究试着寻找课后作业中共性的内容进行探讨，不延展到其他方面。

(一)从学校层面,形成基于课后作业的校本教研主题

校本教研在促进教师专业发展方面扮演着比较重要的角色,在对易地搬迁学校的课后作业进行调查发现,学校的课后作业是一个亟待解决的问题。针对此,基于课后作业设计,形成学校的校本教研主题。

(二)对学生课后作业进行专业分析

学生课后作业反馈,在一定程度上是检验教师教学效果、发现问题、调整教学策略的一个重要手段,也是了解学生对知识掌握情况,以及认知水平的途径。

首先,从旁观者的角度对学生的解题思路进行推断。从题意理解上,可以推断学生的知识结构、知识记忆、知识运用、知识迁移是否导致学生做错题目。比如,从知识结构方面来看,分析学生用于问题解答的背景性知识与题目要求的契合程度,可以推断学生的背景性知识是否导致其进行了错误的问题表征,从而对题目错解。从知识记忆来说,从学生解答问题中反映出其对背景性知识记忆和理解的准确度,看其是否导致学生做错题。

其次,了解学生认知风格。认知风格偏言语型的学生对于解决文字、数字等形式的题目正确率比较高,认知风格偏表象型的学生对于解决图形、图片等形式的题目正确率比较高。第一,学生作业的对错情况以作业的质和形为标准,看学生在知识记忆、知识运用和知识迁移的题目和学生在文字、图形和图文并茂题目上的对错分布情况。第二,学生在作业中对错题的订正情况。学生是否写下了对题目的完整解答。

再次,从知识运用来说,学生是否能够运用知识进行一般性问题的正确解答。比如,对于与课本例题相似的题目是否做错了。如果做错,可能就是学生的知识运用存在问题。

最后,从知识迁移来说,看学生是否能够灵活迁移知识进行特殊性问题的正确解答。

第四章
易地搬迁学校优化管理之学生全面发展研究

《义务教育学校管理标准》提出要促进学生全面发展，其包括提升学生道德品质、帮助学生学会学习、增进学生身心健康、提高学生艺术素养、培养学生生活本领五个方面。在2018年9月的全国教育大会上，习近平总书记强调要培养德智体美劳全面发展的社会主义建设者和接班人。全面发展作为教育目的，指明了"培养什么人、怎么培养人"的基本方向。在访谈中，有校长这样理解学生全面发展：

我对学生的全面发展是这么理解的，一个学校的活动也正是这样开展的。我们学生的发展不单单是在课堂接受知识，还有在综合素养上的提升。所以，针对学生素质教育，我们这边开展了很多这样的活动。除了正常教学活动，我们有各种各样的信息辅导班来提升孩子们的综合素养。现在有武术、足球、合唱、舞蹈、美术。孩子们通过进入他们喜欢的兴趣辅导班，让他们的优点或者特长得到提升，同时也激发他们的学习兴趣。

人的全面发展是一个复杂的、综合的概念，既表现为人的劳动能力的全面发展、人的体力和智力的全面发展、人的个性才能和志趣的全面发展，又表现为人的社会关系、素质、个性的发展。[1]朱旭东教授从学科视角认为儿童全面发展有生理发展、心理发展、社会化发展、伦理发展、艺美发展，涉及生理学、脑科学、心理学、社会学、政治学、伦理学、美学、营养学等。[2]

当今学者及教育学家对学生全面发展的认知可分为三类：第一类是从一个完整的人之构成来看，即身心两个方面的发展；第二类是从作为一个

---

[1] 朱旭东, 李秀云. 论儿童全面发展概念的多学科内涵建构[J]. 华东师范大学学报（教育科学版）. 2022（2）：1-16.
[2] 朱旭东, 李秀云. 论儿童全面发展概念的多学科内涵建构[J]. 华东师范大学学报（教育科学版）. 2022（2）：1-16.

全面发展的人应该具备的素质或能力来看，即各种能力和各种素质的发展；第三类是从促进学生全面发展的教育途径来看，即德智体美劳五个方面的发展。①

从第一类观点来看，有学者主张认为自然发展主要是指学生身体各部分正常、匀称地发展以及各器官系统生理功能、各项身体素质及运动能力等方面的发展。②社会发展主要是指学生良好的思想品德、行为习惯、认知因素与非认知因素的发展。

从第二类观点来看，胡鞍钢认为能力维度的全面发展包括身体健康能力（健康人）、学习教育能力（受教育者）、文化文明能力（文化人）、就业创业能力（体面受尊重的人）、社会保障能力（抵御社会风险能力）。③顾远明认为人的全面发展不仅是指体力与脑力的充分发展，而且是指人的体魄、智力、精神、兴趣、爱好、人格等各种能力得到圆满的发展。④

第三类是我国关于学生全面发展的主流理解，即德智体美劳的全面发展。毛泽东在1957年《关于正确处理人民内部矛盾的问题》的讲话中明确提出："我们的教育方针，应该使受教育者在德育、智育、体育几方面都得到发展，成为有社会主义觉悟的有文化的劳动者。"1999年，在全国第三次教育工作会议上，江泽民提出："努力造就有理想、有道德、有文化、有纪律的，德育、智育、体育、美育等全面发展的社会主义事业建设者和接班人。"自此，"美育"开始正式纳入全面发展教育的组成部分。而在全国教育大会上，习近平总书记明确提出"劳动教育"，确立了"五育并举"的理念。

在德育方面，习近平总书记特别强调理想信念教育、爱国主义教育、社会主义核心价值观教育以及中华民族优秀美德教育。在智育方面，习近平总书记勉励青少年要在增长知识见识上下功夫，珍惜学习时光，增长见

---

① 党林秀. 基于学生全面发展的体育教学方式理论与实践研究[D]. 上海：华东师范大学学位论文, 2017.
② 张学纲. 体育教学中如何促进学生全面发展[J]. 上海体育学院学报, 1998（S1）：169-171.
③ 胡鞍钢. "十三五"规划的核心理念是促进人的全面发展[J]. 红旗文稿, 2015（23）：4-6, 1.
④ 顾明远. 终身学习与人的全面发展[J]. 北京师范大学学报（社会科学版），2008（6）：5-12.

识，丰富学识，沿着求真理、悟道理、明事理的方向前进。在体育方面，习近平总书记特别关心青少年的身体健康和身体素质，明确提出要树立"健康第一"的教育理念，要求开齐开足体育课，帮助学生在体育锻炼中享受乐趣、增强体质、健全人格、锤炼意志。在美育方面，习近平总书记提出要全面加强和改进学校美育，坚持以美育人、以文化人，提高学生审美和人文素养，引导广大青少年热爱自然、欣赏艺术、热爱文学，努力做心灵纯洁、情趣高雅的人。①

基于研究目的，本章所指的全面发展主要包括学生身心健康、艺术修养和劳动教育三个方面，通过问卷呈现在增进学生健康（$\bar{X} \pm SD=3.12 \pm 0.642$）、提高学生艺术修养（12个选项集合$\bar{X} \pm SD=3.25 \pm 0.774$）两个维度的描述统计上，在增进学生健康、提高学生艺术素两个方面还可以再加强。易地搬迁学校学生全面发展管理总体描述统计为3.29（$\bar{X}$）±0.469（SD），在不同类型学校做差异检验发现，小学与初中、幼小一体学校之间存在显著差异，显著性为$P=0.015<0.05$、$P=0.004<0.01$。其他学校之间无显著差异。

第一节 易地搬迁学校学生健康教育管理研究

对于每个人来说，健康非常重要。对于正在成长的学生来说，健康尤其重要。《健康中国行动（2019—2030年）》明确将"实施中小学健康促进行动"列入健康中国行动之一。②既然如此，很有必要对易地搬迁学校学生的健康进行探讨。本研究主要是从学校健康教育管理角度进行探讨。

---

① 石中英. 努力培养德智体美劳全面发展的社会主义建设者和接班人[J]. 中国高校社会科学，2018（6）：9-15.
② 于钦明，辛宝忠. 中小学校应强化学生健康素养的培育[J]. 中国教育学刊，2021（12）：100.

一、学生健康的内涵和标准

(一)健康的界定

世界卫生组织对健康的定义是:一个人身体完备,除去没有罹患疾病以外,还应该心理健康以及具有良好的社会适应能力。广义上的研究从健康行为、饮食习惯、运动习惯和健康观念等角度出发来评估身体健康状态。狭义上,通常身体健康水平以人体测量、体格检查和各种生理指标衡量。身体健康的问题主要表现在高血压、心血管疾病、头痛、腹痛和心理问题躯体化的现象上。[①]现在对健康的概念已发展为一个综合性的概念,不仅仅是指"身体上没有疾病"。

本书没有探讨易地搬迁学校学生身体、心理的健康状况,而是从管理角度来探讨易地搬迁学校在促进学生身心两个方面发展所发挥的作用。

(二)学生健康标准

从对健康的界定中,可把学生健康标准分为学生体质健康标准、心理健康标准。关于体质健康标准,教育部印发的《国家学生体质健康标准(2014年修订)》中有详细的标准。心理健康标准,在学术界一直有争论,不同的时期、不同的社会背景下,人们对心理健康标准的划分是有差异的。比如,以统计学正态分布理论为基础的统计学标准、以社会规范为标准、按照社会生活适应状况或者按照个体的主观感受为标准等。

二、有关中小学学生健康方面的研究

(一)国外中小学学生健康教育研究

在美国,小学与中学对健康教育教师的要求有一定的差异。[②]在小学,班级教师负责所带班级的所有科目,而初中健康教育教师由获得健康、科

[①] 王航. 日常歧视与身心健康——压力知觉的中介作用和RSA变化的调节作用[D]. 上海:华东师范大学学位论文,2020.

[②] Tuangratananon T, Julchoo S, Wanwong Y, et al. School health formigrant children: a myth or a must?[J]. Risk Manag Healthc Policy, 2019(12): 123-132.

学、家政学或体育教育资格的老师来担任。在高中，健康教育课是必修功课，由获得健康教育证书的教师担任。①美国健康教育内容因州而异，主要包括保健、性教育和心理健康教育。比如，某州的健康教育内容为：个体健康知识，营养健康相关知识，身体生长和发育相关知识，生活环境健康相关知识，传染性疾病和慢性疾病相关知识，消费健康和社区保健，日常生活保健相关知识，与饮酒、吸烟和毒品相关知识，预防他人伤害和自我安全保护知识，心理健康等。②

在日本，对学生的健康教育主要是把保健体育科将健康教育与体育结合起来，知识和技能同步讲授，没有设立单独的"健康教育课程"。③保健体育科主要包括三个方面的内容：一般保健知识，性教育（包括艾滋病在内的相关知识），日常生活与安全教育。比如，一般保健知识主要是一些与日常生活密切相关的知识，涉及身体发育与心理健康、防止意外伤害事故、疾病的预防和健康的生活方式等。④保健体育科的教师主要由体育教师、养护教谕、校医护人员、班主任等担任。⑤

在英国，对学生的健康教育是通过 PSHE 课程实现的，该课程的核心是健康教育，由合格的健康教育教师指导。⑥PSHE 课程的内容主要涉及家庭日常生活健康教育、食物及其营养、健康教育环境、体育健康锻炼、性相关教育、个人卫生保健、安全教育、精神健康方面的教育、物质的正确使用方法和错误使用方法带来的后果。⑦

---

① 亢丽. 美国健康教育的特点及其启示[J]. 辽宁教育，2017（6）：82-85.
② 陈华卫. 美国综合学校健康教育体系内容特征与启示[J]. 中国学校卫生，2017，38（1）：5-9.
③ 郭亚新. 21世纪日本学校健康教育课程体系研究[D]. 北京：首都师范大学学位论文，2013.
④ 郭伟，滝濑定文. 日本青少年体育振兴政策对我国青少年体质健康促进的启示[J]. 西安体育学院学报，2016，33（6）：690-693.
⑤ 严红，陈亮，张宇，等. 青少年体质健康促进政策调整：日本经验与中国借鉴[J]. 教育教学论坛，2017（4）：67-68.
⑥ 陈琼. 英国中学 PSHE 教育的课程标准和教材研究[D]. 上海：华东师范大学学位论文，2014.
⑦ 周超. 英国 PSHE 课程的特点及启示[J]. 教学与管理，2016（28）：80-82.

(二)国内关于学生健康教育的研究

1. 政策角度对学校健康教育的重视

国家对学校健康教育越来越重视,学校健康教育的发展离不开各种政策的支持。1991年由教育部和卫生部颁发的《学校卫生工作条例》确立健康教育在学校的地位,1992年颁布的《中小学生健康教育基本要求》确定了基本内容。2008年颁布《中小学健康指导纲要》,对不同年级的健康教育内容做了具体的规定。2011年,由卫生部和国家标准化管理委员会联合发布的《中小学健康教育规范》对内容、范围和目标等做了修改。2016年召开的中共中央政治局会议通过了"健康中国2030"规划纲要,把健康提升到国家战略的高度。党的十九大报告将实施"健康中国战略"纳入国家发展的基本方略,把人民健康置于"民族昌盛和国家富强的重要标志"的地位。2021年,《教育部办公厅关于进一步加强中小学生体质健康管理工作的通知》提出了健康知识+基本运动技能+专项运动技能的学校体育教学模式。

2. 学术角度对学生健康状况相关研究

对我国青少年健康状况调查发现青少年以及儿童的肥胖问题、高血压疾病的年轻化问题在部分地区日益凸显[1],其超重肥胖检出率整体也表现为持续增长,总体呈现出城市高位运行、农村迅速赶上的态势。[2]而部分学生又出现为拥有良好外貌形象不惜采用节食少食、物理催吐甚至通过服药来保持苗条的身材的倾向[3],近视和出现性发育特征的报告率随学龄的增加而升高。[4]同时,作业量过大,压缩课外休息时间,直接减少了学生的娱

---

[1] LIU Z, WU Y, NIU W, et al. A school-based, multi-faceted health promotion programme to prevent obesity among children: protocol of a cluster-randomised controlled trial (the DECIDE-Children study)[J]. BMJ Open, 2019, 9(11): e27902.

[2] 肖巧玲,谢琪琪,叶雪婷.我国十年来中小学生体质健康与不良饮食习惯研究综述[J].中学生物教学,2021(25):4-7.

[3] YU H, LI F, HU Y, et al. Improving the Metabolic and Mental Health of Children with Obesity: A School-Based Nutrition Education and Physical Activity Intervention in Wuhan, China[J]. Nutrients, 2020, 12(1): 194.

[4] 石晓园,朱焱,曾黎,杜金勇,代彪.贵阳市中小学生健康状况及教育需求[J].中国学校卫生,2020(11):1638-1642.

乐或户外活动时间，长期下去造成学生的作业抵触、厌倦心理，从而导致心理健康状况恶化。①

三、易地搬迁学校在学生健康发展面临的挑战及分析

（一）缺乏专业的心理健康教师

通过调研发现，很少有学校配备专业的心理健康教师。对于学生可能出现的心理健康问题，通过访谈了解到，易地搬迁学校的做法如下：

老师9：我们都要求对我们的学生进行心理辅导。

问题：你觉得有心理问题的这些孩子们比较多吗？

老师9：有一部分。特别是在留守儿童和一些特殊家庭的孩子，他们有时候会存在一些心理问题，他们又不愿意和老师们说，不愿意和同学们说。

问题：你们是怎么识别出来的呢？

老师9：通过排查，我们这个地方配有心理辅导教师。

问题：心理辅导教师是专职还是兼职的？

老师9：对一部分学生存在的心理问题，我们目前正在解决。有几个班和学校，他们有专门的心理老师来进行心理疏导。我们每个学期大概有6次心理辅导课，通过对他们的心理进行疏导。学生一般的问题就是他们（教师）参加培训之后进行的。一些简单的常规的东西，他们就和学生进行沟通，进行心理疏导，他们能够解决。如果发现问题比较严重了，我们就要寻求支持：一个是我们教育局，教育局有专门的老师；另外一个就是刚刚提到的包括我们区检察院的这些部门，他们都有专门的心理方面的专家。

通过调研发现，易地搬迁学校师资队伍的专业性不够，师资队伍配备不足，尤其是艺术类学科的教师，诸如音乐、美术、体育等。因师资队伍配备不足，在某些具体学科上就不能支持其教学。比如，没有专业性心理健康教师，要支持教师在这方面的学习和培训是不可能的。目前在教师专

---

① 王晴，师保国，等. 当前中小学生的心理健康状况及其与作业、睡眠状况的关系[J]. 人民教育，2021（23）：26-32.

业成长的项目中，语文、数学、英语等学科依然是作为最为主流的培训学科，在体育和心理健康等专业上的培训和支持明显偏少，与此相对应的项目设计总体偏少，体育教师和心理健康教师专业成长机会不多。

（二）学生身心健康管理监测还需加强

学生身心健康管理薄弱主要表现为落实《中小学心理健康教育指导纲要》不到位，没有建立常态化的校园体育竞赛机制，《国家学生体质健康标准》没有得到有效落实。具体表现为：没有建立学生健康档案，对学生视力、营养状况和体质健康达标状况等监测有待加强。体育学科基本能够做到由专业教师任教，但教学活动设计明显薄弱，体育课内容随意，为学生建立健康档案的意识显著缺乏。下面是访谈内容：

Q：体育课咋上呢？

T1：基本上属于那种半放养的状态。因为有的学校课程表上贴的是音、体、美，但上课的时候就是语、数、外。有时体育随时可以调动嘛，上也是上的，像体育这些，规定一定要上。但就上的那个课程，就是我刚才说的，没有一个统一的标准去执行。老师这节课要练队列队形，下节课他要考跳绳，然后还有体质健康测试，没有标准的体系，他想上啥就上啥。

T2：健康知识方面我们还没有做得那么全面，但一些知识是放在体育课程里的。我们也会开展一些活动，比如足球进校园、足球联赛。

另外，在调研中还发现，71%的移民学校存在专业心理健康教师不足的情况，76%以上的学校由班主任或者其他学科教师担任，没有经过系统化的专业性培训与指导，上述教师中有70%认为不能胜任学生心理健康的辅导指导工作。

学生身心健康管理出现的状况表现在：一是意识不到位。一项对学生、家长、教师及卫生人员对体质健康管理认知情况的调查数据显示，被调查对象对健康管理的了解程度不高，尤其是学生以及学生家长，其中有53.4%的学生不了解健康管理，并且有30.6%的学生表示无所谓，有62%的家长不了解健康管理。学校有16%的教师不了解健康管理，并有10%的教师觉得无所谓。[①]学校管理者及体育学科教师自身对健康教育的重要性认识不足，基层学校体育管理机构及制度不健全，无专人负责开展工作，多数学校领导班子对学校体育认识不足和重视不够，包括体育健康对学生体脑发育以及成绩的积极影响等都缺乏科学的认知。二是原有评价机制的惯性影响。"唯分数"评价依然有重要的影响，其他看似与学生成绩无直接相关的教育教学因素依然缺乏相应的重视，没有采取相关的落实措施，各类体育活动、体育节等难以成为学校的常态化活动。

四、应对策略

（一）学校设置健康管理专门机构

学生健康管理是一项比较复杂的工作，学校有责任对学生的健康进行管理。学校设置专门的健康管理机构，对提高学生健康管理效果非常关键。学校健康管理机构中可以由主管领导、执行部门，以及相关部门组成。学校认真研读、深入理解，并按照相关政策文件执行。同时，需与家长、卫生人员协助，最大限度地运用资源，以达到最大的健康管理效果。另外，应对学校健康管理人员进行专业培训，提高健康管理的知识和技能。

（二）建立学生健康档案

从学生入学开始，给每一个学生设置健康档案，该档案可以报告身体健康状况和心理健康状况，注意健康信息的采集。定期在中小学校开展学生健康危害因素调查。同时，建立健康体检—风险评估—干预精细化的学生管理技术规范。

（三）利用社区资源，构建社区服务模式

有的易地搬迁学校留守儿童比较多，在一定程度上父母确实没有能力来解决孩子的学习、心理等方面的问题，因为学习、心理等问题的解决需要一定的专业知识和专业技能，特别是心理方面的问题，需要专业人员来

[①] 徐勇，朱虹. 我国学校健康管理现状与对策[J]. 中国学校卫生，2016，37(2)：164-166.

解决。对于家庭关爱的模式来说,更多的是从生活方面来满足孩子的生活需求。所以,学校要与社区合作,利用社区资源,构建社区服务模式。一是社区可以充分利用自身的空间优势,从知识、行为和习惯等方面关爱孩子。二是社区要成为儿童学习的加油站。社区居民的文化水平普遍都比较高,而且具有各方面的专业知识,社区服务中心本身也能够提供相应的场地。社区可以通过讲座、个别辅导、小组学习、相互讨论等方式来提供服务,对儿童进行各科学习内容的辅导,解决他们在学习中的实际问题;对学习方法进行指导,改进学习方法,找到适合于孩子的学习方法,提高学习成绩;根据儿童自己的需要进行个别辅导,在学习上进行兴趣引导。三是社区可以建立孩子心理辅导室。易地搬迁学校的学生,在一定程度上可能受空间变迁的影响,社区可以聘请具有心理学背景的专业人员来作为志愿者,解决儿童的心理问题,满足他们的适应需求,把社区变成儿童心理辅导室。通过讲座的形式来介绍心理健康知识,增加儿童的心理常识,使他们拥有积极的心态;通过心理咨询的形式,对农村流动儿童解疑答惑,缓解他们的心理困惑,减轻他们的心理压力;对存在不同心理障碍的儿童,与其建立帮扶关系,在课余时间对其进行心理辅导,矫正他们的心理行为。四是社区要成为儿童了解本土文化的场所。社区是各个居民区的文化中心,蕴藏着丰富的文化资源,应充分利用这些文化资源,为儿童了解本土文化提供服务。社区的图书资料要向儿童开放,为他们的校外时间及节假日提供可以阅读的书籍,丰富他们的课余文化生活;社区的体育娱乐设施要向儿童开放,并配备教练,为他们提供专业的训练,使他们融入丰富的文化生活中,真实地了解本土文化。

第二节 易地搬迁学校艺术修养教育管理研究

艺术修养是学生成功成才的辅助因素,而非阻碍学生专业知识学习的"绊脚石"。[①]君子是由礼乐教育塑造而成的,成就君子人格首先需要经历

---

① 张媛,张静.艺术教育要有前瞻性[J].中国教育学刊,2017(4):107.

严格有序的礼乐技艺训练。①"六艺"的教习一方面偏重艺术技能的训练，另一方面注重艺术品位的熏陶，是提高君子艺术修养的重要课程。②

一、艺术修养的内涵和规定性

（一）艺术修养的内涵

"修养"通常是指以个人意识和行为自我锻炼、培养和陶冶为基础，经过不断努力所取得的能力和品质。③艺术素养亦称"艺术修养"，是指人对艺术的感受、体验、评价和能动创造的能力，是对艺术的感受力、想象力、判断力、理解力、创造力的理解等。④对艺术活动的感受和体验是艺术修养提升的一个重要前提，是学生自身参与、体悟以及观察甚至动手操作的过程。本书以音乐、美术等学科为例来探讨。

以舞蹈艺术为例，在对舞者进行系统的舞蹈训练以后，舞者就可以通过肢体语言传达出一定的思想和主题，舞蹈的本质就是生命与内心思想的体现。同时，舞者在练习舞蹈以后还会形成优美的体形和优雅的形态。培养舞者的艺术修养就是对舞者进行指导，使其形成正确的审美观，在不断的学习和揣摩中养成严谨的学习态度，对优秀的文学作品进行正确的阅读和理解，进而培养自己的文学修养。这样不仅积累了知识，还提高了自己的智力，养成了正确的审美观，树立了自己的人生观和价值观。在舞蹈中融入音乐，提高舞蹈的艺术表现力，表达自己对生命、生活、自然的热爱之情；在舞蹈中融入美术，通过舞蹈表现出肢体的外在美和情感以及灵魂的内在美。⑤

以音乐为例，音乐教育正是在潜移默化的音乐欣赏、器乐演奏、歌曲演唱中发展学生的形象思维，展开无限的想象力和联想，获得情感的陶冶

---

① 杨隽．"君子知乐"与周代贵族的艺术修养[J]．中国高校社会科学，2018（1）：137-147，159．
② 杨隽．"君子知乐"与周代贵族的艺术修养[J]．中国高校社会科学，2018（1）：137-147，159．
③ 王君．中小学生审美修养教育及其有效途径[J]．教育探索，1998（1）：57-58．
④ 朱立元．美学大辞典[M]．上海：上海辞书出版社，2014：643．
⑤ 刘华．艺术修养再舞蹈教育中的作用[J]．艺术教育，2014（11）：113-114．

和培养。①音乐组曲《长征组歌》可以以音乐形式再现当年红军不畏艰险的英雄性格和革命情操，学生在艺术熏陶中不但受到审美、情感、思维的培育，还能逐渐培养起健康的艺术兴趣和爱好。无论是音乐还是舞蹈艺术，其素养的积累存在这样一些共性：参与、体验、体悟与经历。

（二）艺术修养的内容

艺术修养是无止境的，没有绝对的标准，一般包括以下几个方面的内容。

1. 知识性

知识性，即各种专门的艺术知识以及相关的历史文化知识。在一定程度上说，所有艺术都有一种特殊意义的语言，这种语言可能是一种直觉性的，如没有京剧的相关知识，则可能不了解京剧的唱腔、脸谱等，就无法感受或享受京剧的艺术美。每种艺术作品都属于它的时代和它的民族，各有特殊环境，依存于特殊的历史的和其他观念和目的。②要成为一个有艺术修养的人，首先要具备相应的知识，对审美对象做出合适的理解、鉴别和评价。

2. 审美能力

如果说知识是基础，那审美能力则是艺术修养的重要内容。能力有高低之分，审美能力也有高低之分。艺术审美是在审美需要驱动、审美意识调控下，调动审美感知、想象、情感、鉴赏等多种心理功能，对艺术作品进行体验和感悟的心理过程。③审美能力包括审美感知能力、审美想象能力、艺术鉴赏能力。④

3. 正确的、健康的、崇高的审美观念、审美趣味和审美理想

正确的审美观念、健康的审美趣味和崇高的审美理想，就是追求高尚

---

① 李晓莹.提高高师学生艺术修养的思路与对策[J].黑龙江高教研究,2008(3)：138-139.
② 黑格尔.美学（第一卷）[M].北京：商务印书馆，1979：19.
③ 刘娟，张伯邑.中小学教师多媒体艺术修养[J].湖南师范大学教育科学学报，2012，11（4）：40-43.
④ 陈昊.艺术享受·艺术修养·艺术教育[J].上饶师范学院学报，2010（4）：102-105.

的、纯洁的、文雅的美,追求真、善、美的统一,抵制一切低级的、浅薄的、粗俗的审美趣味,同正确的世界观和人生观紧密结合,远离假、丑、恶。

二、杜威学校的艺术修养培养的经验与启示

(一)杜威学校

1894 年 11 月,杜威在给妻子艾丽丝(Alice Dewey)的信中明确表达了自己创办学校的想法,他希望通过讲授教育学达到哲学教学的目的。杜威学校,创建之初为 University Elementary School,1902 年改为 The Laboratory School of Department of Education。不过,杜威学校这名字也许是教育家常提到的。这所学校存在不足 8 年(1896 年至 1904 年),学生规模也不够大,但这并不影响人们对这所学校的兴趣和研究。实验学校针对孩子的艺术教育,开展了不同的活动。[①]

1. 给孩子提供表演的机会

实验学校给孩子们提供很多表演的机会。在日常安排上,每周五下午的聚会,通常是一种联欢会,这种聚会由年龄比较大的儿童参加,主要培养孩子的艺术表现能力;重大节日安排,学校重视重大节日,通过表演节目的方式来庆祝。表演节目的内容涉及在英语课上学过的歌曲、刚刚学会的乐器、历史课上学过的著名人物等。同时,学校鼓励儿童表演集体创作的歌曲、舞蹈或戏剧。表演在杜威学校的所有活动占了一大部分,正如一位在杜威学校学习过的学生回忆:"对于不了解我们在做什么的局外人来说,每天的课程好像是盛大的节日。"[②]

2. 在日常教育中融入艺术[③]

在杜威学校,儿童在教师的指导和帮助下学会完成衣、食、住、行等

[①] 肖晓玛,腾守尧. 杜威学校"艺术作业"及其教育启示[J]. 教育研究与实验,2022(5):93-97.

[②] [美]凯瑟琳·坎普·梅休. 杜威学校[M]. 王承诸,赵祥麟,赵瑞瑛,等,译. 北京:教育科学出版社,2007.

[③] 肖晓玛,腾守尧. 杜威学校"艺术作业"及其教育启示[J]. 教育研究与实验,2022(5):93-97.

事情，如倒水、种菜、缝纫、木工等，这些事情看似与艺术教育无关，但完全涵盖了艺术教育的相关理念。如木工活动需要先锯下树木，欣赏树木与自然景观的搭配就是最佳的审美题材，而画出自己所观察到的、真实的树木枝叶比仅仅临摹教材中已有的或教师在黑板上画好的树叶，更能激发学生绘画的兴趣和动机。

在杜威学校，要求孩子们把日常生活中所看到的、听到的或想象的用不同的艺术方式表现出来，在艺术表现的过程中逐步加深自己对这些事物的理解。

（二）启示

杜威学校所提出与实施的艺术作业强调从做中学，将艺术、生活、课程、教法、教师、环境等与学生的原有经验有机地融合起来，有效地打通艺术与生活、学校与社会、知与行等界限。尊重孩子的主动性，注重孩子动手能力的培养，使孩子们的审美经验在各种活动的参与中得到持续不断的改造等。罗恩菲尔德于1947年所写的《创造力和心智的成长》一书，是第二次世界大战后美国最有影响的艺术教育方面的教科书。该书提出，艺术是表达思想的"语言"，随着儿童的成长，他的表达方式也会改变。儿童的艺术创作是一种创造性的自我表现；学校艺术教育的重心不是培养艺术家，而是指导儿童尽情发挥他们的创造性；艺术教育是促进儿童心智健康成长的有效手段。[①]

三、易地搬迁学校艺术修养现状及分析

（一）艺术资源匮乏

易地搬迁学校所处的地理位置，总体上位于乡镇及县镇居多，市州相对较少。相应地，其图书馆、艺术馆（美术馆、音乐中心或者演艺中心等）、科技馆、博物馆等场所往往分布在区域中心城市，地理位置的远近往往决定了教师和学生对于艺术的体验和视野。此外，对于音乐、美术等以艺

[①] [美]阿瑟·艾夫兰. 西方艺术教育史[M]. 邢莉，常宁生，译. 成都：四川人民出版社，2000.

为主导的课外学习而言,在校外接受艺术教育(培训)的城市学生显著高于农村学生,这既是资源充裕与匮乏的差距,也是家庭经济状况和父母意识的"比拼"。

艺术教育不光指学校的艺术教育,还包括社会艺术环境,如媒体对艺术的宣传和评价,艺术作品本身的优劣所产生的社会影响等。

(二)学科之间的不均衡性

传统语文、数学以及英语等依然是学校管理者、教师以及学生甚至学生家长心目中的主要学科,或者说,凡是考试科目,在升学考试中占分值比例高的,往往就是主流学科,音、体、美在中小学阶段还没有办法用考试的方式来进行考核,依然属于被边缘化的学科,学生的音乐素养、美术素养等很难被挖掘和培育。针经过实际调查发现,音、体、美各学科教师除讲授本本学科课程之外,70%的老师还要承担一门语文或者数学学科的教学,而音乐或者美术等专业课程只是作为所谓"副课"的角色呈现,教师的精力主要放在所谓"主要"学科上。同时调研发现,音、体、美这三科教师外出培训学习的机会较少。

(三)学生缺乏体验和经历

素养是一种生活的经历和经验,是一种潜移默化的过程,是一种外在环境熏陶而逐渐内化于心的历程。学生在外界缺乏"艺术"信息的刺激,在校内缺乏教师的培养和引导。同时,社区及家庭环境是一种为生活奔波的状态,绝大部分学生难以对艺术有体验、认知。对易地搬迁学校来说,艺术修养的培养更多地体现在学校社团。正如下面的对话所陈述的:

问题:我们学校共成立了多少个社团?

L老师:目前有10个左右。

问题:10个左右,每个社团活动大概多少孩子参加?

L老师:这个要具体分社团,有些社团多点,有些少一点。我这个社团是46人。

问题:最多的是多少呢?

L老师:合唱,最多的应该也就是50个左右。

问题：也就是说，全校 1400 多个学生，大概有 500 个孩子加入了我们的社团活动，还有近 1000 个孩子游离于社团活动之外？

对于易地搬迁学校，社团是一个非常重要的抓手和载体，怎么抓？社团活动开展得好，首先是能够有效地降低辍学率，最起码班主任不用天天到孩子家求他上学。社团活动的开展对于学生除智育发展之外的艺术修养培养有重要作用。下面是一段访谈：

C 老师：我上学期带了一个茶艺社团，这个学期很多学生都来问我茶叶社团怎么不开了。学生还是很喜欢这方面的，因为每一节茶艺课上，我会给他们带去不同品种的茶，让他们品尝，品尝之后会叫他们自己来试一下，包括那种感觉、那个动作。他们非常有兴趣去做这些事。这上学期开的还有一个剪纸社团，学生剪出来的纸也特别漂亮。

我带的这个社团将近 40 个学生，我们只有一套茶具，那个茶具还是人家赠送给我们的。而实际上很多学生都想来试一下。

在《现代汉语词典》中对"体验"是这样解释的：通过实践来认识周围的事物；亲身经历。艺术修养，需要体验。艺术体验是一种艺术认识活动，能够使人较充分地发挥个人的主体性，已达到一种具有高度统一的意象性世界。[1]缺乏"体验"，对美的认识活动就可能受到影响。

艺术修养的提高，对每个个体而言，都是一个长期的、缓慢的积累和内化过程，要靠后天的学习、培育和积累。通过艺术教育提高学生的艺术修养，在易地搬迁学校相对是薄弱的。茶艺社团、剪纸社团呈现了艺术技巧，也只是艺术修养的一个方面。而艺术修养还包括相关的历史文化知识、审美能力、健康高尚的审美意识等。

四、应对策略

（一）音体美学科师资的配备

教师短缺可能在任何一个地区都存在，尤其是乡镇易地搬迁学校。完成了易地搬迁之后，怎么对易地搬迁学校高质量的发展提供支持？首先需

---

[1] 朱寿兴. 文艺心理发生论[M]. 长春：吉林大学出版社，2009.

要解决的就是音、体、美学科师资的配备。"巧妇难为无米之炊",学校没有专业的音、体、美学科教师,怎么保证这些学科的正常运转?更不要说质量的提高了。

(二)校长树立学科均衡发展意识

在基础教育阶段,尤其是在小学,与中学阶段相比,升学压力可能要小一点,校长应树立学科均衡发展意识。在专业的音、体、美教师数量配备非常少的情况下,如何保障学校的音、体、美教育正常开展面临着很大挑战。尽管如此,校长可以利用校外资源为学校服务,如与大学的音、体、美专业合作,成为这些院校专业的实习基地。为学校的音、体、美教师创造外出培训学习的机会。

(三)通过比赛或表演途径来培养学生的艺术修养

学校社团要参与比赛或表演,必须具备相当的艺术专业水平,这就需要多为学生举办演出或比赛活动,在演出或比赛的同时,提供专业水平的指导,以比赛或表演为载体,融入相关知识,引导学生去感受美,提高学生的艺术修养。

第三节 易地搬迁学校劳动教育管理研究

劳动是马克思主义劳动观的逻辑起点,马克思主义劳动观是界定和认识劳动教育的基石[1],是推动人类社会进步的根本力量[2];为个人生存、社会赓续奠定物质基础;是人类精神活动的源泉,是人性生成的根本路径。[3]马卡连柯通过自己的教育公社实践和创造性的公社社员培养道路,证明并阐述了马克思列宁主义关于生产劳动和人的全面发展的基本理论。[4]

---

① 徐长发. 新时代劳动教育再发展的逻辑[J]. 教育研究,2018,39(11):12-17.
② 习近平谈治国理政(第一卷)[M]. 北京:外文出版社,2014:44.
③ 赵蒙成. 劳动教育为何重要——基于实践哲学的考察[J]. 湖南师范大学教育科学学报,2022,21(5):101-109.
④ 戴本博,张法琨. 外国教育史(下)[M]. 北京:人民教育出版社,1990.

一、劳动教育的内涵

2020 年,中共中央、国务院印发的《关于全面加强新时代大中小学劳动教育的意见》指出,劳动教育是中国特色社会主义教育制度的重要内容,将劳动教育纳入人才培养全过程,积极探索具有中国特色的劳动教育模式。中国特色社会主义教育制度的重要内容,直接决定社会主义建设者和接班人的劳动精神面貌、劳动价值取向和劳动技能水平,要求在中小学设置劳动教育必修课程,形成具有综合性、实践性、开放性、针对性的劳动教育课程体系。①

什么是劳动教育?劳动教育是指劳动、生产、技术和劳动素养方面的教育。其主要任务是:①培养正确的劳动观点。使学生懂得劳动、劳动人民创造人类历史,热爱劳动、尊重劳动人民,摒弃轻视体力劳动和工农的思想,懂得体力劳动必须和脑力劳动相结合。②培养正确的劳动态度。使学生认识劳动是建设社会主义、共产主义的必要条件,是公民的神圣权利和光荣义务。③培养学生良好的劳动习惯,艰苦奋斗作风,遵守劳动纪律,爱护劳动工具,珍惜劳动果实,抵制不劳而获、奢侈浪费等不良思想倾向。④使学生获得工农业生产基本知识和技能。其内容和形式受生产力、科学技术、文化教育发展水平以及人们物质文化生活水平制约。②劳动中的学习主要意义在于积累生活经验,促进智慧生长。

二、劳动教育的相关文献研究

(一)劳动教育研究可视化分析

1.劳动教育研究总体趋势

在知网输入关键词"劳动教育",发现已有的研究趋势如图 4-1 所示。

---

① 中共中央国务院关于全面加强新时代大中小学劳动教育的意见[EB/OL].(2020-03-26)[2020-06-01].http://www.gov.cn/zhengce/2020-03/26/content_5495977.htm.
② 顾明远.教育大辞典[M].上海:上海教育出版社,1998.

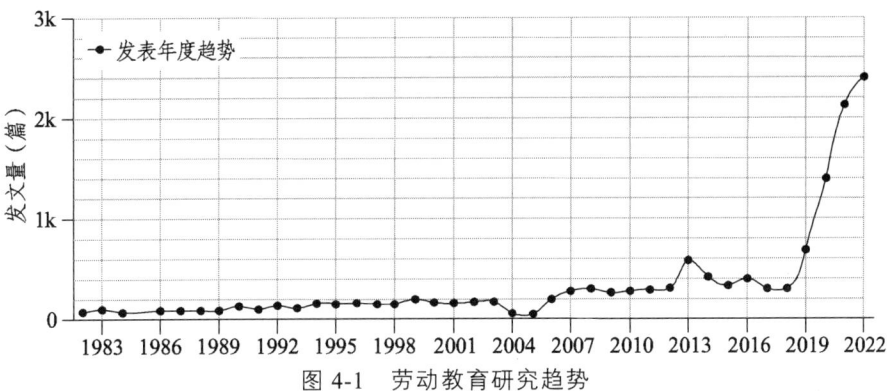

图 4-1 劳动教育研究趋势

从图 4-1 可以发现，对劳动教育的研究从 2007 年开始逐渐呈上升趋势。2007 年有 271 篇，2008 年有 300 篇，2012 年有 309 篇，2013 年有 588 篇，2021 年有 2138 篇。从总体上看，对劳动教育的研究是研究者的关注点。

2. 有关劳动教育主题文献数

从图 4-2 可以看出，主题为劳动教育的文献有 2365 篇。随后是 social work education，有 1551 篇。关于中小学劳动教育的文献则有 182 篇。

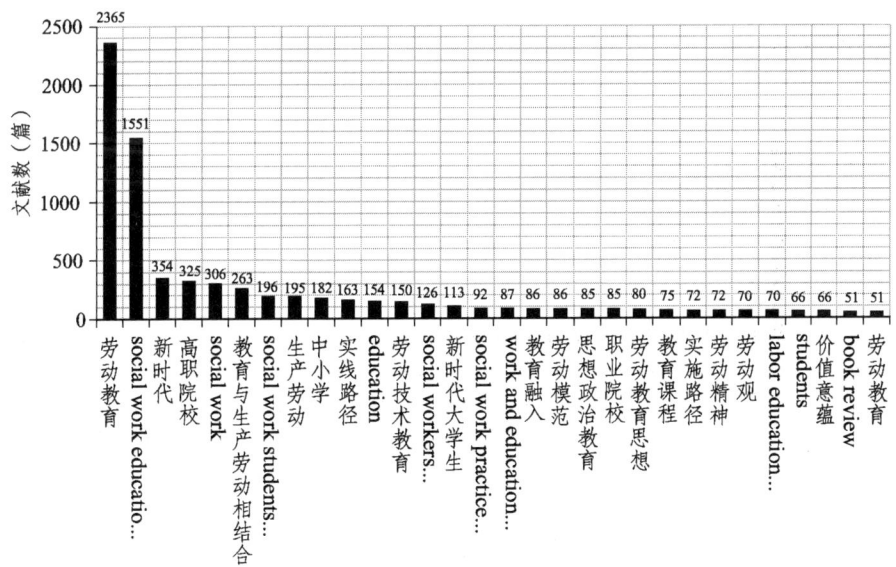

图 4-2 劳动教育主题文献数

3. 劳动教育课程文献研究①

1）关于劳动教育课程研究文献情况

在知网输入关键词"劳动教育课程",发现共有 1536 篇。具体见图 4-3。

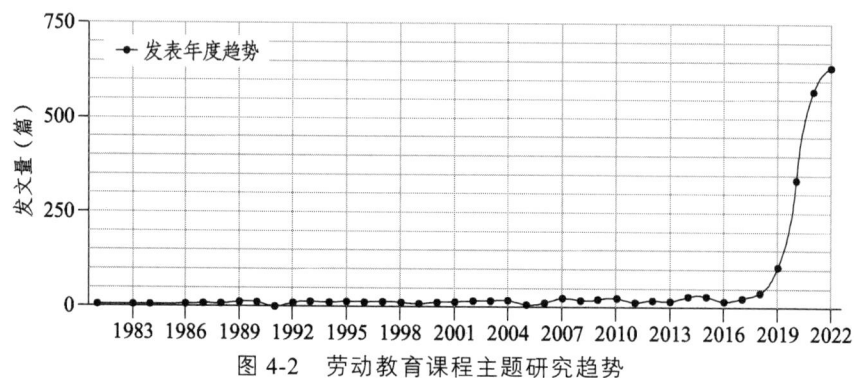

图 4-2 劳动教育课程主题研究趋势

从图 4-3 发现,对劳动教育课程的研究 2016 年有 16 篇,2017 年有 24 篇,2018 年有 37 篇,平缓上升后到 2021 年有 583 篇,急剧上升。

2）有关劳动教育课程主要主题文献数

劳动教育课程主题文献中发现关于劳动教育的有 657 篇,关于劳动教育课程的有 154 篇,见图 4-4。

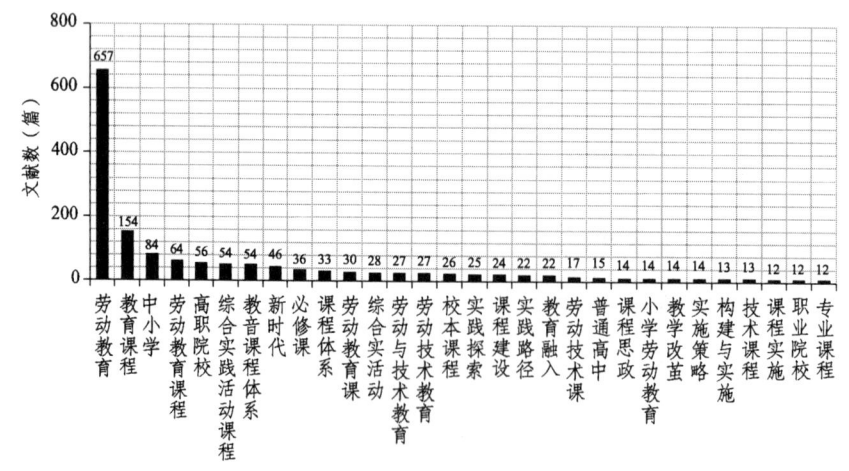

图 4-4 劳动教育课程主要主题文献数

---

① 检索时间 2022 年 7 月 22 日。

劳动教育课程化是当前劳动教育的主要方向。然而，从中小学劳动教育课程建设的现状来看，情况并不乐观，劳动教育课程在建设与实施中存在不少问题，严重弱化了劳动教育的效果。①劳动教育科学化实施必须将其课程化，从课程的高度保障科学化实施。当前学校劳动教育的开设还存在多方面的问题，这反映出劳动教育没有经过科学的规划与实施，从而变得随意化且无序化。②

（二）改革开放以来我国劳动教育政策演变

改革开放以来，我国劳动教育与之前的政策相比，在目标、内容、形式等方面都做了调整。经过多年的探索和调整，劳动教育在党的教育政策中的定位从工具性转向育人性，注重综合育人。③1978 年，邓小平在全国教育工作会议上指出："为了培养社会主义建设需要的合格的人才，我们必须认真研究在新的条件下，如何更好地贯彻教育与生产劳动相结合的方针。"④ 1982 年，教育部发布《关于普通中学开设劳动技术教育课的试行意见》，明确了开设劳动技术教育课应注意的几个问题，如应遵循的原则、内容和要求、时间和组织安排、成绩考核、师资培训、大纲和教材、劳动场地等。⑤ 1993 年，《中国教育改革和发展纲要》提出："教育必须为社会主义现代化建设服务，必须与生产劳动相结合，培养德、智、体全面发展的建设者和接班人。"⑥2001 年，《关于基础教育改革与发展的决定》指出："坚持教育必须为社会主义现代化建设服务，为人民服务，必须与生产劳动和社会实践相结合，培养德智体美等全面发展的社会主义事业建设者和接班人。"⑦ 2020 年，中共中央国务院再次专门就加强劳动教育问题发文，

---

① 王炜. 中小学劳动教育课程的缺失与构建[J]. 教学与管理，2021（30）：98-100.

② 王笑地，殷世东. 中小学劳动教育课程化及其评价研究[J]. 教育理论与实践 2021（23）：19-23.

③ 曲建武，黄磊. 中国共产党劳动教育政策的演变即启示[J]. 教育科学，2022，38（5）：1-7.

④ 中共中央文献研究室. 邓小平论教育[M]. 北京：人民教育出版社，2004：69.

⑤ 何东昌. 中华人民共和国重要教育文献（1976—1990）[M]. 海口：海南出版社，1998：2045-2046

⑥ 何东昌. 中华人民共和国重要教育文献（1991—1997）[M]. 海口：海南出版社，1998：3471.

⑦ 何东昌. 中华人民共和国重要教育文献（1998—2002）[M]. 海口：海南出版社，2003：887.

要求"把劳动教育纳入人才培养全过程""在大中小学设立劳动教育必修课程"。①

三、易地搬迁学校劳动教育现状与分析

（一）劳动教育形式的有限性

劳动教育是发生在特定场所的活动，如学生宿舍、校园、劳动实践教室等。通过调研发现，开展劳动教育的形式可以多样化。在调研中，有关开展劳动教育的形式，有老师这样描述：

问题：劳动教育通过什么样的方式来做呢？

老师 5：我们直接带学生种树。

问题：是植树节那天吗？

老师 5：除了植树节，平时也会在一起计划，就是弄几块地，让学生自己种一些菜或者植物之类，或者去拔草。

老师 6：在劳动教育方面，首先是孩子们午餐这一块，他们自己能够去打菜；自己打饭，吃完饭之后自己洗餐盘，这个是他自己的生活习惯。第二个是他们的一些卫生习惯，他们会相互监督。刚才我讲的一个是红领巾监督员，还有班上成立的卫生、课间习惯监督员。

老师 7：一个是他们在个人卫生、个人习惯方面的培养，如叠被子、扫地这方面的。另外一个就是家务劳动。最主要的方式还是通过语言教育吧，然后就在学校里监督执行。对我们农村的孩子来讲，也就没有去刻意开设一些劳动课程了。

2022 年教育部发布的《义务教育课程方案》将劳动从综合实践活动课程中独立出来："劳动课程是实施劳动教育的重要途径，具有鲜明的思想性、突出的社会性和显著的实践性，在劳动教育中发挥主导作用。"②这既体现了劳动课程应有的价值，体现了劳动课程与学科课程拥有同等的地位，

---

① 中共中央国务院关于全面加强新时代大中小学劳动教育的意见[N]. 人民日报，2020-03-27（1）.
② 郝志军. 学科课程渗透劳动教育：理据与路径[J]. 中国教育学刊，2021，337（5）：75-79

还体现了实践性是劳动的基本属性，劳动知识、劳动技能只有应用到社会实践中才能彰显劳动的价值。《义务教育新课程方案》明确规定要构建以实践为主线的劳动课程结构，围绕日常生活劳动、生产劳动、服务性劳动设计劳动项目，强调通过丰富开放的劳动项目来落实劳动课程。①

劳动作为一门全新课程，与学科类课程最大的区别在于强调因地制宜，动手实践、出力流汗，各地各校需要结合本校实际情况研发具有自身特色的劳动教育活动。②当今社会，劳动形态越发多样，劳动任务的高效完成不再完全依赖体力和耐力，多依靠人的智力 。③

（二）易地搬迁学校劳动教育实践基地建设不一致

通过走访发现，因为有的易地搬迁学校是新建学校，对劳动教育实践基地还处于规划阶段；有部分学校在劳动教育上已开始实施，但在不断完善；另外有部分学校因为是改扩建学校，在劳动教育实践基地建设上已经成熟。正如前面所陈述的，易地搬迁学校包括新建学校、改扩建学校等，在劳动教育实践基地建设方面会有很大的差异。但对已经有劳动教育实践基地的易地搬迁学校继续深入了解发现，其对劳动教育课程和管理都缺乏深入思考。

四、应对策略

（一）家校合作开展劳动教育

习近平总书记指出："办好教育事业，家庭、学校、政府、社会都有责任。"④劳动教育既属于学校教育的范畴，也属于家庭教育的范畴，是家校合作的重要媒介。根据学生的年龄特点，适当列举劳动清单，如对小学

---

① 靳玉乐，胡月. 义务教育新课程方案中劳动课程的几个问题[J]. 课程. 教材. 教法，2022，42（7）：19-26.
② 陈韫春. 中小学劳动教育的现状与提升——基于大规模调查数据的分析[J]. 教育研究，2022，43（11）：102-112.
③ 靳玉乐，胡月. 义务教育新课程方案中劳动课程的几个问题[J]. 课程. 教材. 教法，2022，42（7）：19-26.
④ 习近平在全国教育大会上强调 坚持中国特色社会主义教育发展道路 培养德智体美劳全面发展的社会主义建设者和接班人[N]，人民日报，2018-09-11.

一年级的孩子来说,让其学会整理自己的书包、学会打扫卫生等,不同年级的学生要学会相应的劳动。家庭教育中,要鼓励孩子自己动手,参与劳动。家校合作确保学生在学校、家庭两个场域中能够得到劳动实践锻炼。

(二)开辟劳动教育实践基地

提高劳动教育标准化水平。标准是衡量产品质量的准绳,劳动教育是一项系统性、综合性教育,需要协同发挥好学校、家庭、社区等多个主体的作用。学校要有利用外部资源意识,从学校所在地的外部环境出发,做好校外联合实践基地的建设工作。发挥地方特色,与本土文化,如蜡染、刺绣等联系起来,开辟劳动教育实践基地。开辟实践基地需要有明确和清晰的目标,把学校和社区结合起来,发挥各自不同的作用,形成学校—社区一体化的劳动教育环境。

(三)提升劳动教育课程教研和管理

每所学校根据学校自身的实际情况,如学校的场地、学校的地理位置、学生的特点、教师的特点等,开发学校劳动教育课程,形成学校教育特色。劳动教育课程以培养学生劳动素养为导向,在不同学科,如语文、数学、外语、地理、物理课程中融入劳动教育。同时,学校向教师传达正确的劳动教育观念,开展劳动课程的教研活动。

加强劳动课程管理。严格执行国家劳动教育文件和劳动课程标准,坚持立德树人、五育融合,开齐开足独立劳动课程,强化劳动课程的育人功能。

第五章
易地搬迁学校优化管理之教师专业进步研究

本研究主要集中在教师的课堂教学、教师培训、教师科研这几个方面进行探讨。

通过问卷调查,易地搬迁学校管理之教师专业进步描述统计为($\bar{X} \pm SD=3.17 \pm 0.358$),教学能力为($\bar{X} \pm SD=3.02 \pm 0.572$)。通过对不同类型学校的差异分析发现,小学与初中、幼小一体、小初一体学校有显著差异,显著性为 $P=0.034<0.05$、$P=0.002<0.01$、$P=0.009<0.01$;初中与小初一体有显著差异,显著性为 $P=0.027<0.05$,其他学校之间无显著差异。

另外,在教师培训规划、教师科研状况方面,学校在制定教师培训规划方面缺乏自主性,"不确定"的应答比例占 28.65%,近占三成;教科研以及校本研修做得也不是很好,"不确定"的应答比例占 26.36%,"不同意""非常不同意"累计应答比例占 41.84%;教师学习共同体建设正面回答、反面回答和"不确定"回答基本上"三分天下"。数据表明,内部结构性差异还比较大。总体而言(见图 5-1),教师培训体系最大的问题是"不确定"性,三个维度比例均位居第一,累计同样高居第一,表明教师培训规划体系相当不确定、不完善。

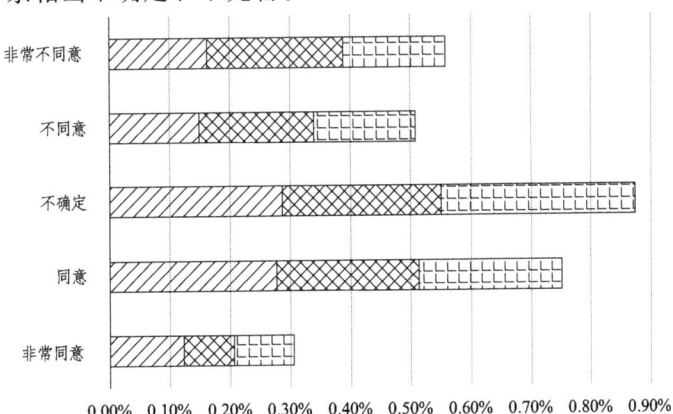

图 5-1 教师培训规划、教师科研应答分布

第一节 易地搬迁学校的课堂教学现状研究

课堂教学是教学的基本形式，丰富与优化课堂教学自然成为永恒的教育课题。我们对课堂教学的独立性或者说孤立性的认识还不够透彻，更不要说在教学管理中予以重视了。[①]那么，怎么定位课堂教学？课堂教学的功能是什么？易地搬迁学校的课堂教学呈现什么样的状况？

一、课堂教学的内涵

如果我们只是把课堂教学定位在教师对学科知识的传授，以及学生对知识的接受上，那么其教学内容应该没有多大差异。但由于不同教师对学科知识的理解深度不一样，对学科知识了解程度不一样，对学科知识结构的掌握水平不同，对学科知识的应用机制使用不同，教师在课堂教学内涵的丰富程度、课堂教学内容安排上也不同。例如，有的教师强调学科知识的吸纳，强调学以致用；有的教师强调学科知识的生成，强调学科知识的创新。[②]在本研究中，课堂教学，是指以听课活动为载体，对易地搬迁学校教师的教学进行评价，包括易地搬迁学校教师的教学技能、教学方式、教学互动、教学内容与教案的匹配程度，以及教学目标的达成这几个方面。

二、课堂教学的相关研究

以"课堂教学"为关键词，查阅文献，发现对此的研究非常丰富。以"中小学"为主题，关于中小学课堂教学的研究也非常丰富。这些研究为本研究提供了坚实的理论基础。关于中小学课堂教学研究主要集中在以下两个方面。

---

① 周彬. 论课堂教学的学科回归及实践路径[J]. 上海教育科研，2022（12）：79-83.

② 周彬. 论课堂教学的学科回归及实践路径[J]. 上海教育科研，2022（12）：79-83.

（一）关于课堂教学方式方面的研究

西方产生的教学法有讨论式教学法、发现教学法、纲要信号法、发展性教学、非指导性教学、范例教学、探究法、提问法、暗示教学法等。国内也有对课堂教学方式和改革方面的研究，如黎世法的"中学最优教学方式"，针对班级授课制的"同步"，给出了个性化学习的"异步"措施；①卢仲衡的"自学辅导教学实验"，在班级教学背景下，充分照顾和体现学生的个别需要和特点。②进入21世纪以来，教育界倡导新的教学方式，教师开始以把问题抛给学生去解决为"自主"，以课上小组讨论为"合作"，以补充若干文献材料让学生归纳分析为"探究"，但这种方式的变革没有真正培养学生发散性思维和创造性思维能力，遑论动手实践能力和创新精神的培养。③

（二）关于课堂教学评价方面的研究

在对课堂教学评价方面，不同学者提出了不同的评价体系，如传统的也是最典型的课堂教学评价体系，包括教学目标、教学内容、教学过程、教学方法和教学效果等部分。④随后，认为课堂教学评价为"三维十项"生本化课堂教学有效性评价体系⑤，或"六关系维度、十三指标要素"课堂教学评价体系⑥，或者构建一个以学生的学、思、行、省为单元框架的中小学课堂教学行为观测体系。⑦这些对课堂教学评价方面的研究，要么基于"要素"进行设计，要么基于"结果"进行设计，要么基于"要素—结果"

---

① 黎世法. 异步教学法研究与实践30年[J]. 课程. 教材. 教法，2013，33（9）：3-10.
② 李晖. 卢仲衡自学辅导教学模式述评[J]. 课程. 教材. 教法，2016，36（8）：114-121.
③ 李煜晖，郑国民. 核心素养视域下的中小学课堂教育变革[J]. 教育研究，2018，39（2）：80-87.
④ 林清华，何恩基. 什么是一堂好课——课堂教学评价标准研究述评[J]. 中小学管理，2004（6）：23-26.
⑤ 宋秋前，齐晶莹. 生本化课堂教学有效性评价标准构建与实施方法[J]. 课程·教材·教法，2011（7）：15-20.
⑥ 郝志军. 中小学课堂教学评价的反思与建构[J]. 教育研究，2015，36（2）：110-116.
⑦ 万文涛，柴蒙. 大数据时代中小学课堂教学测评体系的反思与构建[J]. 教育科学研究，2019（8）：32-38.

进行设计。

三、易地搬迁学校课堂教学状况与分析

根据《义务教育学校管理标准》开展听评课活动，促进教师专业进步和教学能力提升。基于此，本研究深入24次课堂教学，涉及语文、数学、英语、道德与法治等学科。比如，某校一次八年级数学课，数学老师在讲因式分解完全平方和、差的练习即$(a+b)^2$和$(a-b)^2$时，班级总共42名学生，45分钟有12个学生趴在桌子上睡觉（其中9个学生从没有抬头看老师一眼），至少1位学生自始至终在看非数学书籍。45分钟讲了三类题型6个题目，通过对学生上课时的表情和回应观察，能听懂和理解的学生比较少。具体表现在：首先，学生不理解因式分解的基本概念和具体要求。其次，学生的基础薄弱，一半左右的学生不知道积的乘方即$(ab)^n=a^n b^n$（n是正整数）。再次，学生没有记住公式，有学生把完全平方差公式与平方差公式混为一谈，即$(a-b)^2=(a+b)(a-b)$，有的学生记住了$a^2-2ab+b^2=(a-b)^2$，但是逆向思维用不好，如$4a^2-8ab+b^2=(2a-b)^2$有学生认为是正确的。最后，思维习惯固化，如$-x^3y^2+3xy^3$，有的学生写成$3xy^3-x^3y^2$，对第一项是正号比较熟悉。

通过24次、960分钟的听课活动发现：

第一，教师的基本技能如板书还需加强。比如，某校五年级一班的一节数学课，该课程主题为因数和倍数，这堂课是复习课。教师在给学生讲解相关题时，写在黑板上。板书的规划比较乱，因板书不清晰，学生在做作业时就出现书写上的问题，这个问题是任课教师走下来检查学生做题情况发现的。

第二，教师的教学方法还可以多样性。应根据教学内容，选择合适的教学方法，除了传统的讲授法，还可以适当运用其他教学方法，至少可以吸引学生的注意力。

第三，对教师的教学目标是否达成不清楚。教师的课堂教学需紧紧围绕教学目标进行，一节课结束后需思考本节课的教学目标是否达成。在听课的过程中，发现80%的教师对该节课的目标是否达成是不清楚的。

第四，教案和实际课堂教学脱节。比如，在一所乡镇易地搬迁小学，

五年级二班的英语课，该课的主题为 Unit Two My favorite season。该英语课教案所呈现的教学过程与实际课堂教学脱节。

第五，教师与学生互动的方式有待提高。在课堂教学中，教师与学生之间需要互动，而互动情况在一定程度上体现了学生的注意力、思考力，以及对知识的掌握情况。比如，在某三中八（6）班英语课上发现，少部分学生参与课堂，有20%左右的学生没有认真听课。比如，最后一排右边的学生总是在说话（3位同学），最左边一位同学一直在趴着，采取睡觉的姿势；2.70%的学生不能完成教师布置的任务。随机抽查9位同学，有7位同学基本都完成不了听写任务。一节课中，教师说话的时间占70%~80%，没有在课堂上听到教师对学生的鼓励和表扬。笔者与该任课教师在课下交流，该任课老师特别强调（声调升高）：

一班二班学生成绩较好，五班六班都是平行班（差班），他们基础薄弱，基本没有办法教学。

在小学一节语文课堂上（在此所讲述的教师与学生之间的互动，是指两堂课上需要回应问题），90%是请所有学生集体回应，即学生齐读、齐回答。但齐读和齐回答，也有部分学生（40%以上）没有回应。课堂看似很热闹，学生的回应声音很大，但留给学生思考或消化的时间太少。

马卡连柯提出："假如你的工作、学问和成绩都非常出色，那你尽管放心，他们完全会站在你这一边。相反，无论你多么亲切，你的话多么动听，态度多么和蔼，无论你在日常生活中和休息的时候是多么可爱，但是，假如你的工作总是一事无成，总是失败，处处都可以看出你不精通业务，假如你做出来的成绩都是废品和一场空，那么，除了蔑视你以外，你永远不配得到什么。"①教师从事教育教学工作必须具备基本知识和技能。舒尔曼认为，教师专业知识分为学科内容知识、一般教学法知识、课程知识、学科教学法知识、有关学生知识、有关教育情景知识和其他课程知识等。如果按照舒尔曼的专业知识维度来判断"易搬学校"部分教师的能力水平，其总体上还处于较低的水平。本研究认为其表现如下。

一是教师群体能力总体偏弱且专业动力不足。易地搬迁学校教师主要

---

① 段作章. 论教师专业化的内涵及其建设[J]. 大学教育科学，2003(4)：60-63，67.

是从各乡镇学校（教学点）考调或者抽调上来的，还有一部分是从特岗教师补充来的(考调教师中也有相当部分教师具有特岗教师的背景或者经历)。YG 学校 62 名教师中，80%以上具有特岗教师经历。从师范生的质量看，浙江师范大学调研组对天津、吉林、江苏、浙江、河南、贵州、甘肃七省的调研显示，师范生源差，优质师范生源不足，不少学业基础差的学生纷纷进入师范学校。①教育部直属师范院校的毕业生大部分流向省会或中心城市学校，省属重点师范院校的毕业生大部分流向了地级、县级城市学校。而地方二本院校的学生只有一小部分流向地级、县级城市学校，大部分流向了农村学校，其中包括特岗教师。之所以如此，一方面可归因于家庭经济资源、文化资源及组织资源的"劣势积累"，另一方面则可归因于市场规律"优胜劣汰"的作用。②此外，在教师群体中，自己采取各种途径不断增强其职业竞争力的教师不到 30%，即使专业能力明显不能胜任教学，但仍将学生学业偏低的情况归因于家长和学生，以及归因于学校的不重视或者能力不足，自己缺乏职业发展的动力。

二是学校教学常规管理不到位。从 H 县 GL 小学、T 县 SZ 中学、Q 县 GY 一小、X 区 QX 学校以及 C 县 S 小学发现一个共性问题：教师可以不备课就可以进入课堂，新入职教师也是如此；教师对他者教案可以不加任何改动就照搬使用，教研组年级组或者学校层面没有采取相应的措施；教师课堂无论有多大的问题（如出现流水线课堂、常识性错误等），都没有校内相应的部门给予引导和支持。上述问题的出现，一是由于教师自身能力或者态度问题，二是因为学校教学常规管理不到位。从上述个案研究中已经发现，学校常规管理不到位或者本身就处于一种应付"检查"的状态，教师自然对备课、上课、作业布置与批改、课后反思与质量分析等也不会认真对待。

三是缺乏外部力量专业支持，且校内力量不足以支持。学校存在教学常规管理问题，依靠学校自身力量很难独立解决，需要给他们搭一个"支架"。支架本是指建筑房屋过程中搭建的脚手架。作为一种隐喻，支架理

---

① 梅新林，吴锋民. 中国教师队伍建设问题与建设[M]. 北京：中国社会科学出版社，2011：11.
② 刘要悟，张莹，缪大方. 特岗教师家庭背景和教育背景研究——来自湖南邵阳三县的调查[J]. 教师教育研究，2017，29（2）：101-106.

论是由美国著名心理学家与教育学家布鲁纳（Bruner）等人在吸收并发展俄国心理学家维格斯基（Vygotsky）"最近发展区"理论的基础上提出的，学习者自己无法独立完成某项任务时，就需要经过有能力的他者进行指导帮助，支架最重要的作用是帮助学习者向"最近发展区"迈进。①以备课为例，从内容而言，涉及备课的总体逻辑框架如何界定的问题，以及目标如何设定、其依据是什么。围绕目标，在参考他者教案或者教学PPT情况下，如何结合学生的实际水平对内容进行调整，以及内容是否为目标服务；对于S学校存在较为显著的教学方式单一且没有有效运用的情况下，教学内容采用何种方式来呈现？无论是学校管理者还是县教育局行政部门，均应对问题有清醒的认识。县教育局甚至专门下文进行要求，但问题超过了能力的边界，即使发现了也无法解决。S学校自身技术力量缺乏，县级教培和教研部门也缺乏相应的支持力度，外部专家资源、自身拥有的可支配资金等，诸多因素都制约了学校的发展。

四是学校缺乏对教师专业进步提升的相应机制。机制缺乏是表层原因，深层次原因可能是学校自身，尤其是学校管理者自身能力不足。在能力不足以解决问题的前提下，再完善的机制在现实中也很难落实。首先，学校管理者较为清晰地知道教师教育教学存在的问题。对于教师教学中存在的诸如部分教师备课不充分、授课质量不高、作业批改不认真、质量分析整体不高以及学生学业水平总体偏低的情况，学校管理层以及上级教育行政部门是比较清楚的。其次，对已经知晓的问题没有能力解决。主要包括两个方面：第一，意识不足，认识不到位。发现问题是解决问题的第一步，学校管理者虽未能将备课上课、作业布置以及质量分析纳入课堂常规管理，但对于诸如备课上课等存在的问题是知道的。基于研究者通过访谈、观察等途径判断，校长及副校长对抓好常规和教育教学质量的紧密关系还不甚清晰，对于课前不备课、上课较为随意以及作业批改不认真这样的教学事件没有及时采取各类补救措施（非基于上级教育行政部门安排的各类检查，如一学期作业批改多少次、考试多少次等）。第二，能力不足，对当下看到的问题没有能力解决。问题的解决，需要具体相应的能力。如果期待以

---

① 雷月梅，李长萍.支架理论在高校英语文学课程教学中的应用[J].教育理论与实践，2014，34（3）：58-60.

校本研修路径解决乡村教师存在的教学问题,对绝大多数的学校而言是一件非常具有挑战性的事情。比如,S学校、GL学校、QX学校、GY小学等期待采取校内听评课提升教学水平,进而期待提升学生学业成绩。但有关研究也表明,校内听评课与学生成绩增值之间存在显著的负向关系。①主要原因是在校内人员水平相当的情况下,听评课路径对提升教师授课能力很难起到实质性的帮助作用,也就是存在所谓"萝卜炖萝卜,青菜炒青菜"现象。按照城乡划分,乡村学校教师专业水平相比城市教师专业水平而言,总体上呈现出省会城市教师—地级市教师—县镇教师—乡村教师的能力递减情况(S学校在地理称谓上虽然处于"街道办",属于县城的范畴,但在地理位置上依然处于乡村)。农村教师的教学设计能力和教学研究能力不论在小学还是初中均显著低于城市教师,农村小学教师的教学评价能力均显著低于城市教师(张亚星 梁文艳,2017)。②

四、应对策略

(一)开展精准化培训与实践

义务教育学校重点围绕教师学科专业知识、跨学科知识以及课程意识等学科专业知识水平提升,教师课程标准研讨、教材研读、学生发展等专业发展能力,教师讲授、板书、提问,以及互动式、启发式、探究式教学,小组合作学习指导,教育信息技术与教育教学深度融合,学生个别化指导,课堂管理,教学与研究团队建设等课堂教学基本技能,设计校本化培训方案,进行手把手指导,开展精准化培训与实践。

(二)全力推进教学常规管理系统化规范化精细化

推进易地搬迁学校建立完善教师研读课标教材、有效集体备课、课堂教学、听评课、作业布置批阅、学生辅导、命题考试、质量分析等一系列

---

① 魏易. 教师参与专业发展活动对学生学业成绩影响的实证研究——基于北京市高中学生的分析[J]. 教育与经济,2021,37(1):74-82,96.
② 张亚星,梁文艳. 北京市义务教育阶段教师教学能力城乡差异研究——兼论城乡义务教育一体化进程中农村教师专业发展的对策[J]. 教育科学研究,2017(6):41-49.

教学常规管理制度，探索建立可操作易实施的系统化、规范化、开放化的教学常规检查指标体系或内容要点，切实解决学校教学常规随意、混乱、无章法，检查落实粗放、不到位、不严谨等问题，将行政检查督查与业务指导相结合，以解决学校发展和教师发展中的问题为导向，有诊断、有支持，有回访、有检查、有问责，避免单一的行政指令。

第二节 易地搬迁学校教师培训现状研究

百年大计，教育为本。易地搬迁是为了让贫困群众"挪穷窝""拔穷根"，做到"扶智"与"扶志"相结合，阻断贫困代际传递。在易地搬迁项目中，原有的居民住房布局、学校布局、学校教师队伍、生源再次被打乱，必然要进行新一轮重组，这也是易地搬迁学校面临的状况。而易地搬迁学校教师队伍建设，是促进教育扶贫工作水平提升的必然举措。教育大计，教师为本。优质教育的基础是优质的师资队伍，高质量的教师队伍是建设高质量教育的重要基础。①

关于教师队伍建设，国家在不同政策文件中做了强调。比如，2010年中共中央颁布了《国家中长期教育改革和发展规划纲要》、2014年发布了《中共中央国务院关于加快发展现代农业进一步增强农村发展活力的若干意见》、2015国务院办公厅印发了《乡村教师支持计划（2015—2020年）》、2018教育部等五部门印发了《教师教育振兴行动计划（2018—2022年）》和2019年发布了《教育现代化2035》等政策文件。

在这些政策文件中，2015年国务院办公厅颁布《乡村教师支持计划（2015-2020）》文件以后，各省市根据文件精神和要求开展了大规模的乡村教师培训工作，如"乡村教师访名校""送教下乡""顶岗置换"等。乡村教师培训是推动乡村教师发展的重要路径，但存在培训目标定位不明确、培训内容缺乏针对性、培训方式单一、乡村教师培训"城市化"，以

---

① 贾雪枫. 城乡一体视域中农村教师专业发展之困窘与解窘[J]. 教育与教学研究，2022（7）：70-87.

及乡村地区难以为教师提供系统、长期的培训等问题[1][2][3][4],要满足乡村教师的培训需求,构建合理的培训体系,必须以乡村为中心,根植乡村振兴的沃土,尊重乡村教育的历史和乡村教师自身的经验。[5]

一、易地搬迁学校教师培训理论基础

(一)美国丹尼尔森教学模式

1. 夏洛特·丹尼尔森框架体系的主要内容

医生在为患者承担全部责任之前得先当实习医师,出庭律师需做资深律师或者法官的书记员,然后才有机会独立承担诉讼工作,但只有一年教龄的新教师所承担的工作责任简直就和从事10年教龄所承担的责任一样复杂。目前新教师没有像医生和律师那样经过系统化、实践性的实习经历(现有的在本科教学阶段的实习工作远远无法应对实际教育教学的复杂情况)。夏洛特·丹尼尔森在总结资深教师的"实践智慧"和美国各州教师资格证颁发机构制定的教师资格标准的基础上,提出了一套补充的、可供发展阶段教师参考的教学框架体系,该体系被称为"引领教师提升专业实践能力的路线图,支撑教师反思行动执行力的脚手架"[6]。丹尼尔森的教学框架也为新教师培养提供了全方位的指导路线图。丹尼尔森教学框架体系分为四大模块22个组成部分,即模块一:计划与准备;模块二:课堂环境;模块三:课堂教学;模块四:专业职责[7]。具体见表5-1。

---

[1] 张嫚嫚,魏春梅.乡村教师培训存在的问题分析及对策思考[J].教师教育研究,2016(5):74-79.
[2] 王吉康,李成炜.乡村教师视角下《乡村教师支持计划(2015—2020)》实施效果研究——基于甘肃省G县的调研[J].当代教育论坛,2019(05):99-106
[3] 郝德贤."乡村教师支持计划"支持乡村教师发展的路径选择[J].教育探索,2017(3):102-105.
[4] 孔令帅,王楠楠.多方协作:美国乡村教师培训的经验与启示[J].教师教育研究,2022(1):121-127.
[5] 赵鑫,谢小蓉.改革开放40年乡村教师培训研究的进展与走向[J].教育研究与实验,2019(1):61-67.
[6] 杨晓,郭于渝.基于丹尼尔森教学框架体系的教师专业学习[J].中小学教师培训,2018(1):5-9.
[7] 夏洛特·丹尼尔森.提升专业实践能力:教学的框架[M].杨晓琼,译.北京:教育科学出版社,2008.

表 5-1 教学框架的模块、组成部分及要素

模块一：计划与准备	模块二：课堂环境
1a: 掌握学科内容和教学方法 ·了解学科内容和学科结构 ·了解前提类关系 ·了解学科内容相关的教学方法 1b: 了解学生 ·了解儿童和青少年的发展特点 ·了解学习的过程 ·了解学生所具备的技能、知识和语言水平 ·了解学生的兴趣爱好和文化传统 ·了解学生的特殊需要 1c: 确立教学目标 ·期望值、系列学习内容和前后一致性 ·清晰明确性 ·平衡性 ·适合不同的学习者 1d: 展现资源知识 教学可用资源； 课堂可用资源 ·拓展学科知识和教学方法知识的资源 ·学生可利用的资源 1e: 设计前后连贯的教学 ·学习活动 ·教学材料和教学资源 ·学习小组 ·单节课和单元结构 1f: 设计学生评价体系 ·与教学目标一致 ·原则和标准 ·形成性评价的设计 ·用于今后的教学设计	2a: 创建尊重与和谐的课堂环境 ·师生互动 ·学生互动 2b: 建立学习文化 ·课程内容的重要性 ·对学生学习和学业成绩的期望值 ·学生以学习为荣 2c: 管理课堂程序 ·学习小组的管理 ·教学环节之间过渡的处理 ·履行非教学职责 ·对志愿者和教学助手的指导 2d: 管理学生行为 ·期望 ·监督学生行为 ·应对学生的不规矩行为 2e: 创设课堂物理环境 ·安全性和方便性 ·教室家具的布置和物质资源的利用

续表

模块三：课堂教学	模块四：专业职责
3a：与学生交流 ·对学生学习的期望 ·指令和程序 ·内容的解释 ·口语和书面语的运用 3b：运用提问和讨论技巧 ·提问的质量 ·讨论的技巧 ·学生的参与 3c：使学生认真学习 ·学习活动和学习任务 ·学生分组 ·教学材料和教学资源 ·课堂结构和课堂节奏 3d：教学中运用评价 ·评价标准 ·监控学生的学习情况 ·给予学生反馈 ·学生自我评价，检测学习进展 3e：灵活处理，积极应对 ·调整课堂 ·回应学生 ·坚持不懈	4a：反思教学 ·准确性 ·用于今后的教学 4b：保持精确记录 ·学生任务完成情况 ·学生学习进展情况 ·非学习活动情况记录 4c：与学生家庭交流 ·有关教学活动安排方面的信息 ·有关个体学生的情况 ·学生家人参与的教学活动 4d：参加专业团队 ·与同事的关系 ·接入专业探索文化 ·服务学校 ·参与学校和学区的研究项目 4e：专业成长和发展 ·学科专业知识和教学技能提高 ·接受同事的发聩意见 ·服务同行 4f：体现专业素养 ·诚实正直，行为举止合乎道德规范 ·服务学生 ·支持学生 ·做出决定 ·遵守学校和学区的规章制度

　　丹尼尔森教学框架对四大板块的 22 个组成部分中的各个要素都罗列出表现水平，其等级分别为不合格、合格、良好和优秀。以模块一计划和准备中的1a掌握学科内容和学习方法为例进行分析①，具体见表 5-2。

---

① 夏洛特·丹尼尔森. 提升专业实践能力：教学的框架[M]. 杨晓琼, 译. 北京：教育科学出版社，2008.

表 5-2　1a 掌握学科内容和教学方法表现水平

要素：了解学科内容和学科结构；了解前提性关系；了解与学科内容相关的教学方法				
要素	表现水平			
	不合格	合格	良好	优秀
了解学科内容和学科结构	在备课和上课中，教师犯知识性错误或者对学生所犯的错误不予纠正	教师熟悉本学科的重要概念，但缺乏对这些概念之间的联系的认识	教师相当了解本学科的重要概念及其相互关系	教师对本学科的重要概念以及这些概念之间如何相互联系，又是如何与其他学科相联系有广泛了解

2. 丹尼尔森框架体系的主要特点

1）清晰的培养维度，为教师入职培训专业成长有据可循

1987年，为了给各州和地方机构提供一个可用于教师进行资格的认证体系，美国教育考试服务中心启动了一个大规模的研究项目，结果产生了普瑞克西斯考试系列"学科技能评价（PraxisⅠ）""学科素养评价（PraxisⅡ）"，并以此作为对合格者颁发初级教师资格证书的依据。"课堂绩效评价（PraxisⅢ）"是对教师的实际教学技能和课堂绩效进行考核。[①]这本身就意味着要具备一定的"能力标准"才能进入教师队伍，或者说，如果要加入教师队伍，就要按照参考标准去努力。大量的研究表明，新教师在刚刚走上工作岗位的时候会面临各种各样的问题，实际的教学与他们想象的不同，每个学生也不如想象中的那么好学，同事之间也不如同学之间那样可以自由探讨问题，教学也不能得心应手，会感到力不从心，甚至有些焦虑和迷茫。新教师需要指导教师和其他提供支持者对其在学校中遇到的各种问题和需要进行支持和帮助。[②]如何通过具体的内容来回应新入职教师的困惑，或者说新手教师需要哪些领域的培训和支持等，则需要一个被广泛认同的且对新手教师专业成长有实际帮助的抓手。丹尼尔森教学框架

---

① 夏洛特·丹尼尔森. 提升专业实践能力：教学的框架[M]. 杨晓琼，译. 北京：教育科学出版社，2008.
② 佛朝晖. 入职培训：教师教育的重要阶段——英美两国比较研究[J]. 中小学教师培训，2004（9）：61-63.

从4个模块、6个维度、22个组成部分,全方位为新入职教师提供了课程维度"支架"。我们可以结合教育部2012年颁布的《幼儿园教师专业标准(试行)》《小学教师专业标准(试行)》和《中学教师专业标准(试行)》,进行相应的新手教师课程开发与培训工作。

2)"框架"提供了明确的评估标准

所有有经验的教师都需要掌握相应的专业技能,并需要保持努力才行。关于专业技能水平如何界定,丹尼尔森将每个部分按照表现水平分为不合格、合格、良好和优秀,以识别新手教师(包括但不仅限于新手教师,对经验教师也适用)在相应部分所达到的能力水平。下面以"1a掌握学科内容和教学方法"为例,来阐述不同水平教师所达到的表现水平。如表5-2所示,对于新手教师而言,通过四个阶梯水平的描述,自行或者在经验教师的指导下,可以判断出自己在"了解学科内容和学科机构"方面所达到的水平,无论是作为新手教师还是指导者,都可以采取"证据化"表达需要改进的方面以及达到的程度。以此为基准,可以初步评估新手教师基于框架所达到的水平及改进的空间。

(二)芬兰小组指导模式(Peer-Group Mentoring Model)

1. 小组指导模式(简称PGM)简介

芬兰新教师的入职培训水平均高于国际平均水平。①当前芬兰新教师入职培训的主要形式之一——同伴小组指导模式,被认为是芬兰教育成功的重要因素之一②,且这种模式和中国的教研制度,包括广东、贵州开展的"微团队"项目有着高度相似之处。

芬兰PGM模式源于在科科拉市开展的一项团队培训项目,由一位老教师对一组新教师开展指导。2006年,一位经验丰富的教师带领一组教师,该组成员既有新教师,也有经验型教师。PGM模式的核心是以小组为单位开展工作,每个小组有5~10名成员,成员中既有新手教师也有经验型教师,其策划者主要是经验型教师,制订学年专业发展计划;小组定期举行

---

① 王钰巧,方征. 从TALIS(2013)解密芬兰教师教育一体化的经验与启示[J]. 外国中小学教育,2016(5):44-48.
② Pasi Reinikainen. Amazing Pisa Results in Finnish Comprehensive Schools[J]. Miracle of Education,2012(3)18.

会议,成员在自愿基础上参加小组活动;小组内鼓励彼此交流及经验反思,讨论工作中遇到的困难和挑战,并且相互学习。①同时,96%的学员认为在教师职业生涯初期,PGM 很重要;在工作的后期,84%的人受访者认为他们感知到小组其他成员支持他们的专业发展。②

2. 小组指导模式(PGM)特点

1)人数适中、持续且平等关系的共同学习者

PGM 小组,每组成员 5~10 人,成员中既有新手教师,也有经验丰富的教师;成员来自相同教育行政区不同学校的老师。③一名经验丰富的老师作为本小组的指导教师,指导教师和其他成员是一种完全平等的关系。作为组织者,导师需要定期召集体会议,让新教师能够在一个安全的环境中讨论教学和工作,最终成为在专业发展过程中共同进步的伙伴。尽管指导教师更有经验,但指导教师的作用并不是传递"正确"的解决方案、信念或者知识,而是通过倾听和分享经验来赋予新教师力量,针对新教师的真正需求,帮助其解决工作中的实际问题,使其能够获得及时的反馈。因此,指导教师并不像专家一样对其他参与者的表现进行评价,而是负责讨论的流程,偶尔在适宜的时候提供一些建议。④

2)先行遴选和培养导师是小组指导模式持续产生效果的关键

PGM 模型的一个基本要素是,指导教师接受培训,以适应他们的促进者角色。培训包括五个为期两天的研讨会,通过网络组织完成培训工作。第一次 PGM 实验是在 2008—2010 年进行的,有 50 名导师。此后,该模型在芬兰得到了广泛的推广,PGM 小组在芬兰 120 多个城市开展工作。到

---

① 元英,刘文利,黄志军. 芬兰中小学新教师入职培训的背景、特点及启示[J]. 教学与管理,2019(4):80-83.
② Päivi Tynjälä, Matti Pennanen, Ilona Markkanen, and Hannu L. T. Heikkinen. Finnish model of peer-group mentoring: review of research[J]. ANNALS OF THE NEW YORK ACADEMY OF SCIENCES, 2019: 1-16.
③ Estola, E., H. Heikkinen, and L. Syrjälä. "Narrative Methodologies for Peer Groups." In: International Teacher Education: Promising Pedagogies (Part A) Advances in Research on Teaching[J]. edited by C. Craig and L. Orland-Barak, 2014(22): 159–176.
④ Kemmis S, Heikkinen H L T, Fransson G, et al. Mentoring of new teachers as a contested practice: Supervision, support and collaborative self-development[J]. Teaching & Teacher Education, 2014, 43, (1): 154-164.

目前为止，已培训了 446 名导师，至少 3000 名教师参加了辅导小组。[1]指导教师的遴选要求硕士学位以上，至少有两年教学经验、熟练的教学技能。[2]指导教师的遴选非常严格，对指导教师的角色定位、功能是该模式发挥重要作用的关键，其是小组的"核心"人物。

（三）对易地搬迁学校教师培训专业化发展的启示

1. 丹尼尔森教学框架为新教师入职培训提供培训"支架"，PGM 模式是实现"支架"的路径

丹尼尔森教学框架从总体上与我们课堂阶段的划分有相似的地方，其"计划与准备""课堂环境和课堂教学""专业职责"和我们通常所说的"课前准备""课堂教学"和"课后反思"相对应，无论是作为新手教师还是有经验的教师，教学准备、课堂教学以及课后反思需要考虑哪些因素，该框架给所有教师，尤其是新手教师提供了较为清晰的参考，为培训指导者在课程开发方面尤是实践课程领域提供了清晰的思路。

关于培训效果的有效性，除了在内容适切针对性以外，适宜于新教师专业发展的模式也是必须考虑的因素。根据对 2015—2019 年 G 省新教师培训的观察，省、县级层面主要采取大规模集中培训方式进行，对于新手教师迫切需要的实践知识却难以给予支持。新手教师到工作岗位之后，由于其所在学校大多处于乡镇学校及教学点，教学能力总体偏低，没有能力给新教师专业发展提供必要的指导。PGM 模式不涉及评估、标准化或强制性要素。[3]这模式一是可以采取线上远程方式，有效避免基于本地或者本校专家型教师的匮乏而获取远程专家资源的支持；二是规模小，以小组方式进行，主要围绕课堂实践，有定期讨论与同伴交流。基于丹尼尔森教学框

---

[1] Kendra Geeraerts, Päivi Tynjälä, Hannu L. T. Heikkinen, Ilona Markkanen, Matti Pennanen & David Gijbels. Peer-group mentoring as a tool for teacher development[J]. European Journal of Teacher Education, 2015, 38（3）: 358-377.

[2] Mervi A. Asikainen, Erkki Pehkonen, Pekka E. Hirvonen. Finnish Mentor Mathematics Teachers' Views of the Teacher Knowledge Required For Teaching Mathematics[J]. Higher Education Studies, 2013, 3（1）: 79-91.

[3] Jessica Aspfors M. Ed. ; Göran Fransson; Hannu L. T. Heikkinen. "Mentoring as Dialogue, Collaborations and/or Assessment?"[J]. In Transitions and Transformations in Learning and Education, 2012: 271-290.

架的内容，采取 PGM 模式的组织，可以有效避免当下培训规模大和效果不显著的问题。

2. 借鉴 PGM 模式，完善本土名师工作室制度

名师工作室作为一种以群体为基础的教师合作学习模式，国内诸多学者将其视为教师专业学习共同体。它不同于教师的个体学习，强调人与人之间合作与交往的学习过程，强调其是在某位名师领导下基于学科背景集教学、研究、培训为一体的跨校级学习共同体。[1]目前各省区在教师能力及荣誉的遴选中，有国家级名师名校长及工作室主持人。此外，还有省、市（州）、县（区）级名师工作室主持人以及在部分省区还设有省级乡村名师工作室主持人。与 PGM 模式相比，二者的共同点是在组织者方面，两者都是有经验的教师，或者专家型教师作为活动的组织和设计者，或者活动的召集者及推动者。不同点在于规模方面，中西部特岗教师省份，其名师（乡村名师）工作室主持人一般其团队规模为 40~50 人。而 PGM 模式往往控制在 10 人以内，活动组织往往相对比较灵活，围绕新手教师教学针对性更具适切性。当名师工作室主持人面对 40 人以上规模时，其活动组织形式往往呈现以"集体性"为主、"个体性"为辅，即培训或者教研活动的开展往往以讲座为主。即使进入课堂，往往也是极少部分教师授课，其他教师往往是观察者，而不是实质的"介入者"角色。中国的名师工作室主持人制度，在某种程度上可以借鉴芬兰小组指导模式（PGM）模式，规模适中、形式灵活，更加关注课堂，基于平等的关系与同伴交流等。

二、易地搬迁学校教师培训状况

（一）易地搬迁学校教师培训机会相对少

在被调查的教师中，仅有 30%的教师参加过县级集中培训，10%的教师参加过市级或省级培训。其中，参与培训的绝大部分是学校领导、骨干教师、班主任等，一般教师和业务能力较差需要提升的教师反而没有培训的机会，更没有可能参加传统意义上的省级培训。易地搬迁学校教师在

---

[1] 朱旭东，裴淼. 教师学习模式研究——中国的经验[M]. 北京，北京师范大学出版社，2017：131-161.

2018年、2019年、2020年三年参加过市级以上培训的次数（不包括远程培训），最多为5~6次，其次是3次，紧接着是2次，然后是1次，最后是没有参加过。由此可见，培训机会少仍是阻碍易地搬迁学校教师专业发展的原因之一。

（二）培训内容与教学实际的联系不够

教师认为培训内容与乡村教育实际联系不够是培训低效的最重要因素。其表现在：一是培训者没有深入易地搬迁学校学校进行实际考察，根本不了解实际情况，没有根据教师的需求和乡镇实际教学条件来设计教学内容，如心理健康知识、转化差生的方法、怎样与家长沟通等易地搬迁学校教师迫切需求的知识在培训中没有或很少得到体现。二是培训的理论很空，没有实质性的东西，可能培训的新理念、新方法好，但是不适合乡村大班额、教学设施落后等实际情况，培训内容很难在易地搬迁学校教育教学工作中应用。三是培训时觉得有用，但在实际课堂管理中却不知道怎么用，且理论性知识容易忘记，最终还是觉得题海战术好，省时又有效。因此，99.2%的被调查教师期待培训者能用理论结合实践的方式进行教学，使培训内容更具有针对性和实效性。

一方面培训者培训时结合实践太少，不能解决参训教师提出的实际问题；另一方面，培训者培训结束后就走人，没有与参训教师就教育教学中遇到的问题和困难进行深入的交流和沟通，不能深入一线课堂去示范教学和指导。因此，在访谈中，99%的教师希望培训者能经常到基层学校现场指导教学、示范教学，帮助教师解决实践中出现的问题和困难。

（三）培训者目标不明确

很多教师认为培训效果不佳的重要原因是培训机构的培训目标不明确，态度不端正，对教师培训不够重视，为了完成任务而走过场。主要表现在：对培训组织不善；对参训教师监督不力；培训内容过于笼统，缺乏系统性。

（四）培训缺乏跟踪考核和后续支持

教师培训缺乏跟踪考核和后续支持是现在很多培训存在的普遍问题。跟踪考核和后续支持是教师培训效果得以持续的关键因素。很多教师反映，培训的内容虽好，但在实际教学中不知道怎么用，由于学校领导的不支持和教师的保守，都不愿意接受新观念，最后教师想改变也改变不了，只有再次选择老方法，如题海战术。

（五）学工矛盾严重

参训时间短但任务重，很多内容都是走马观花；参训教师短时间不能消化和吸收太多知识，且易地搬迁学校教师数量不足，流于形式的培训严重耽误教师正常教学。教师认为，易地搬迁学校教师培训的机会本来就很少，但参加机会稍稍多一点的县级、乡级培训，基本上都流于形式。

（六）培训方式单一

很多教师认为现有培训方式单一，主要以讲授为主，缺乏灵活性。有教师提出，在新课改推广的今天，教师培训方式应结合新课改的要求，有针对性地选择培训方式，如教改倡导用参与式进行教学，那么培训者是否可以用参与式进行教师培训，使教师能亲身体验先进教学方式的优越性呢？如此，培训者可以及时指导参训教师的学习和使用新的教学方法，使新方法惠及更多乡镇教师。

现有的培训不能满足他们的需求和帮助他们解决教育教学中遇到的问题，他们期待在培训中得到专业方面的知识技术支持，在教学中得到上级行政部门、学校、领导、家长等多方面的支持。比如，知识技术支持——教师希望得到的知识帮助与技术支持，包括如何听课评课、新课程理念、学生心理健康、提高学生学习兴趣、管理和教育留守儿童、适合乡镇学生的教学方法、处理学生突发事件的能力等。上级行政部门的支持——多给教师提供外出培训机会，上级专家能亲自到学校走走看看和指导教学。学校的支持——教师希望学校领导多关心教师、少指责、尊重教师、多指导教师教学，认真听取教师的建议和意见；主管教学的领导要能上课，不能瞎指挥。教师希望学校创造一个合作、平等、公平的教育环境；人事上关注能力强的教师，特别是给年轻教师机会，不能搞地方主义，任人唯亲；建立中长期培训计划和制度，完善培训机制，多给年轻教师、业务水平差的教师提高业务水平的培训机会，多出去借鉴别人先进的经验；完善激励机制；开发图书馆，添置新书，方便师生查阅资料。

教师培训还有很长一段路要走，教师培训基本上是"脱域式"培训，即教师离开自己熟悉的工作和生活场域，离开自己的学校和学生，学习内容与教师自身的实际脱节，学习成果会发生"水土不服"现象，难以应用到自己的教育教学中。

三、应对策略

在探讨易地搬迁学校教师培训之前，需要理清其培训思路。易地搬迁学校教师培训，有其自身的特色。因此，本研究以"在地化、模型化"作为出发点，构建易地搬迁学校教师培训模型。

（一）在地化

讨论在地化概念之前，先了解一下本土化。对于本土化概念，有以下几种解释：从国外引进的先进技术或产品，根据国情进行改进或改造，使之适应本国的需要（《现代汉语新词语词典》）；使外来产品、技术等具有鲜明的本民族或本地区的特色（《100年汉语新词新语大辞典·中册》）。简单来说，就是把外在 A 变为本地的 A1 的过程，即 A1 是 A 的变体，它们的本质没发生改变。在地化，英文为 place-based[①]，通过中国知网工具书中（词典+百科）对在地化进行检索发现，当前尚未收录该词[②]，但其有哲学基础，比如杜威主张教育和生活不是分开的，教育是一个生活的过程，不仅要吸收现代科学实验精神，而且要关注个体生命生长，要与社会生活紧密结合。[③]有研究者把在地化与本土化进行对比，认为在地化与本土化一词对应时所表达的内涵存在明显的差异，在地化是一种互动的联结机制，这种互动联结不是由外向内的转化机制。[④]在地化，是基于易地搬迁学校教师发展需求，遵循教育教学规律和成人学习特点，以易地搬迁学校为基本单元，将易地搬迁学校教师的专业发展同教师发展需求和乡土文化联结起

[①] 汪明杰. 在地化教学：教育生态化转型的支点[J]. 世界教育信息，2018（12）：13-16，24.
[②] 在中国知网工具书中（词典+百科）对"在地化"一词的检索时间截止到2022年3月31日.
[③] 顾红亮. 杜威"教育即生活"观念的中国化诠释[J]. 教育研究，2019（4）：22-27.
[④] 王红. 乡村教育在地化研究[D]. 长春：东北师范大学学位论文，2019.

来，强调教师的工作和生活场域；以易地搬迁学校为培养基地，支持和引领易地搬迁学校教师职后发展。从愿景引导、本土认同、场域嵌入、文化互动、政策牵引、管理激励等方面构建易地搬迁学校教师在地化可持续发展机制，促进易地搬迁学校教师在地化融入环境，实现自身可持续发展与提升。具体方法与措施包括送培到校、在地研修、在地资源整合培训、在地教师共同体打造、在地化可持续发展内容引入培训、促进政策与激励优化等。

（二）模型化

吸取教师培训经验，将这些经验高度提炼和凝练，构建适合易地搬迁学校教师培训的模型，能够将易地搬迁学校教师专业发展的相关因素、过程、条件一体整合，实现模型化，从而解决易地搬迁学校教师专业成长体系残缺问题。具体方法包括核心要素提取、关键环节分析、理论思辨、关联组合、行动研究等。

第三节 易地搬迁学校教师培训模型构建

尽管对教师培训研究有很多理论成果，但构建适合教师培训的模型，仍具有很大的挑战性。每个区域、每所学校的教师和学生存在很大的差异，其他教师培训模式是否适合本地教师培训实际，需要认真考虑。尽管如此，教师培训仍有共性。比如，教师希望培训能够持续跟踪，能够有更多的实践指导等。基于当前教师培训存在的现状，本研究试着构建适合教师培训的模型。

一、教师培训模型相关研究

教师培训是备受关注的话题，国内外关于教师培训相关的研究成果也颇为丰富。①②③④⑤⑥从2010年启动国培计划到乡村教师支持计划，从特岗培训、强师工程到校本培训等，教师培训一路走来，为教师专业发展提供了很大的支持⑦⑧，也发现了一些不足。⑨⑩⑪⑫基于此，研究者在总结经验和吸收他人研究的基础上，提出教师培训模型。在中国知网输入"教师培训模型"一词，共检索到302篇。⑬研究者从不同角度对教师培训模型进行了研究，如从教师教育者角度，认为教师培训师应该是集"教学者（Teacher）""管理者（Manager）"和"研究者（Researcher）"三重角色于一身，即形成一种理想教师培训师角色之三维互动3x模式——"TMR模式"⑭；从教师需求角度，认为教师培训需求评价模型需考虑公共分析、发展分析、

---

① Valli, L. Listening to other voices: A description of teacher reflection in the United States[J]. Peabody journal of education, 1997（1）: 67-88.
② 张国胜. 校本培训——教师继续教育模式的创新[J]. 教育探索, 2001（11）: 51-52.
③ 吴民祥. 探究式培训：一种高效能的中小学教师培训模式[J]. 教育发展研究, 2004（5）: 62-65.
④ 贾红霞, 谭琳. 参与式教师培训存在的问题及对策研究[J]. 西北成人教育学报, 2010（5）: 18-19.
⑤ 于维涛, 杨乐英. "中小学教师国家级培训计划"政策的延续与变革[J]. 中小学教师培训, 2017（6）: 7-11.
⑥ 朱旭东. 论"国培计划"的价值重估——以构建区县教师教育新体系为目标[J]. 云南师范大学学报（哲学社会科学版）, 2019（3）: 93-99.
⑦ 教育部教师工作司负责人就《教育部财政部关于改革实施中小学幼儿园教师国家级培训计划的通知》答记者问[J]. 中小学教师培训, 2016（1）: 1-3.
⑧ 曹玲玲. 江西省"国培计划"教师培训成效 的现状调查研究[D]. 南昌：江西师范大学学位论文, 2021.
⑨ 薛滩. 中小学教师国家培训计划集中培训存在的问题及对策[J]. 河北大学成人教育学院学报, 2012（1）: 55-57.
⑩ 马丽娜. "国培计划"教师培训效果调查研究——以示范性综合改革项目为例[D]. 西安：陕西师范大学学位论文, 2018.
⑪ 陈志其. "国培计划"实施过程中存在的现实困境及其实践策略——基于中西部12个省"国培计划"承担院校的经验[J]. 中小学教师培训, 2014（3）: 12-14.
⑫ 孔盈懿. 教师培训评价研究——以"国培计划"河南省中西部农村骨干教师培训项目为例[D]. 开封：河南大学学位论文, 2016.
⑬ 在中国知网输入主题"教师培训模型"一词的检索时间截至2022年4月6日。
⑭ 李更生. 基于胜任力及其模型建构的教师培训师学习与培训[J]. 教育发展研究 2014（18）: 39-44.

组织分析、工作分析、人员分析、培训准备分析①，以及从理想行为、分析行为差距、定位培训需求三个阶段来构建模型②；从教师培训途径角度，以慕课平台结合翻转课堂教学形式，构建一个连接培训专家与受训者、集"学习—使用—研究"于一体的培训模型③；从教师培训评价角度，从培训情景、培训投入、培训实施和培训效果各环节及要素的质量评价指标体系构建框架。④

无论从哪个角度提出的教师培训模型，都给本研究构建在地化培训模型提供了理论基础，可以帮助本研究分析构建在地化培训模型所需考虑的教师需求，以及在地化培训模型主体元素、内容要素和培训路径等。但在教师培训模型中怎么发挥具有"造血"功能的教师队伍，还需要进行再探讨。因此，本书在构建在地化培训模型时把具有"造血"功能的在地化教师教育者作为教师培训模型的核心，发挥在地化教师教育者队伍的辐射作用，以带动、影响和支持易地搬迁学校教师专业发展。

构建适合易地搬迁学校教师专业发展的模型，要因地因时因人。吸取多年的实践经验，把对教师专业发展的培训凝练成"TRAILED"⑤模型。该模型对于教师专业发展有一定的指导作用，故在此呈现"TRAILED"模型发展阶段和相关经验，希望能够指导易地搬迁学校教师专业发展。

二、教师培训模型之"TRAILED"模型的发展历程

（一）第一阶段（2007—2011年）：发端期的"TILE"模型

1. 模型介绍

将中英西南基础教育项目（简称"中英项目"时期的教师教育者教学

---

① 宋萑，朱旭东. 论教师培训的需求评价要素：模型建构[J]. 教师教育研究，2017（1）：1-7.
② 申军红，王永祥，郝国强. 教师培训需求分析模型建构研究——以海淀区中小学新任班主任为例[J]. 2016（6）：75-82.
③ 赵福君，王党飞，孟召坤. 西部中小学教师"学用研一体"培训模型的构建研究[J]. 教学与管理，2016（5）：62-64.
④ 王超超. 教师培训质量评价指标体系框架的构建[J]. 教学与管理，2017（30）：55-57.
⑤ 为方便记忆，TRAILED，是以每个单词的首字母组成的。后面的"TILE"和"TRAIL"也采取同样的方式。

能力发展称为"TILE"模型。从两个方面来理解该模型：从能力维度阶段，"T"代表教师教育者的教学能力（Teaching），或者更为确切地说是参与式教学的（Participatory Teaching）的能力。"I"代表个别化指导（Individualized instruction），"L"代表培训讲授（Lecturing）。个别指导和讲授均有对他者进行专业支持之意，"个别指导"往往从小范围角度，表现出一对一或者一对N（一般情况下N小于5）的个别化交流指导。而集中讲授我们往往界定为采取较大规模的集中讲授行为，"E"代表评估评价能力（Evaluation），即培训者时刻保持对培训效果的"警觉"，任何时候都要以实现培训目标为前提。在能力发展阶段，中英项目时期的教师教育者能力提升分为三个阶段：模仿阶段（Imitate）、合作阶段（Team up）以及影响力发挥阶段（Influence），对应"Tile"模型的"I"和"T"所代表的发展阶段。见图5-2。

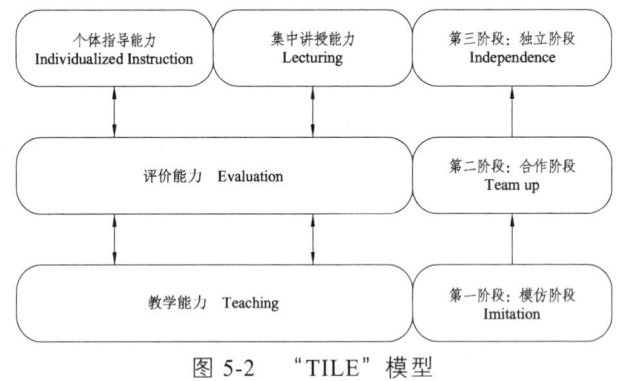

图5-2 "TILE"模型

2. 功能发挥

1）能力培养的专家"示范性"

中英项目中对于县级专家团队的培养培育（县级教师教育者）是项目的重要目标所在。国家级对省级专家①的培训以及省级专家对县级专家的

---

① 所谓国家级（国际）专家、省级专家、县级专家等称谓，由教育部主管此项目的司局邀请组成的专家团队称为国家级专家。英方所委托的相关机构所聘请或者组成的专家在当时称为国际专家，各个项目省省级层面的培训者所构成专家团队称为省级专家，县域范围内所组成的培训者队伍称为县级专家。此称呼在当时项目中既是一种约定俗成的称呼，也是官方文件中的称呼，虽然会出现专家水平不一，或者说无论哪一个层级，具有专家头衔的人未必具备"专家"的实力，但称呼就是如此，特此说明。

培训，一般都是采取"参与式"教学方式。"参与式教学"在当时的项目中，既是一种教学方式，也是一种工作方式，还是对项目县各学科教学方式的"范式"要求，更多体现出"参与、合作、探讨、分享"等。其外在形式表现为"问题设置—分组讨论—小组回应—培训者回应—培训者总结"流程化教学（培训）。对于此种方式，国家级专家会通过言传身教的方式进行示范，呈现此种教学或者培训模式如何来组织和实施，参与者自动"沉浸于"这样的活动设计。

2）能力提升的持续性

主要表现为国家级（国际）专家在对省级专家某个领域的知识与能力（诸如参与式培训的知识与能力、女性领导力领域的相关知识与能力）的培养上，往往都需要一个持续过程。以参与式教学培训能力为例，为使省级培训者队伍有能力胜任县级培训者的培养培训，国家级专家往往会设置2~3个子项目，这两三个项目均采取"参与式"教学与培训的方式，让省级专家团队完全"浸润于"这样的培训模式中。这样的项目或者子项目，往往都会持续2~3年，即通过连续2~3年的浸润式培训，省级专家团队有能力对县级培训者采取参与式培训方式，开展相应的培训工作。①

3）能力成长的阶段性

之所以构成国家级专家—省级专家—县级专家三级阶梯状培训，主要是区域专家的能力分为两个阶段：第一阶段的能力培养及第二阶段的他人培养阶段。通过国家级专家对省级专家的培养培训，四个项目省区的省级专家团队有能力承担本省区的县级培训者专家团队的培养培训工作。同样，省级专家针对县级专家的培养，也是通过对区域内所有老师开展全员培训工作实现的。

4）活动设计的"重复性"

重复指的是要想使学习得到进步并可靠地保持，需要重复练习。②"重

---

① 在国家—省级—县级—学校的培训层级中，一般情况下是国家级专家对各省省级专家进行培养培训，但有时候在项目设计中，国家级专家同时对省、县两级专家团队一起进行培养培训，但县级专家在针对县域内的全员培训中，一般是县级专家为主导，省级专家一般不直接开展县域内直接的全员培训工作。

② [美]R. M. 加涅, 等. 教学设计原理[M]. 王小明, 等, 译. 上海：华东师范大学出版社，2007：7.

复性"设计活动,从外在行为表现是"训练"学习者教学方式方法的过程;从内在来看,是将"公平和参与"等项目理念通过外在行为进行表达。上述持续性体现出时间上的连续性,重复性则体现出行为和动作的连续性,或者说,是一个行为和动作不断强化的过程。

3. 小结

1)成效

中英项目"Tile"模型为贵州省六个项目县培养培育了近300名能够胜任县级参与式培训及教育公平培训的县级教师教育者,为上述六县在义务教育阶段的教育教学改革以及教学质量提升提供了可参考的经验。项目重点解决了县级专家(县级教师教育者)培训能力提升问题,其经验突出体现在如下方面:一是遵循人的成长规律。项目一般都是通过2~4年对同一批(个)人进行持续跟进支持,而不是一次性活动。二是以任务驱动为抓手。县级专家同省级专家或者国际级专家,共同参与培训教材开发、与国家级省级专家合作开展培训以及独立培训他人等,在具体的任务中发展、反思和促进能力提升。三是对能力的重复"训练"。无论是参与式教学能力还是实现教育教学公平的能力等,都是通过不同的课程进行反复训练达成的。四是针对不同阶段能力培训者采用不同的方法。这实质上是能力水平的诊断评估问题。在低水平阶段,国家级和省级专家采取示范教学,县级培训者(教师教育者)主要是模仿和观察;在中等水平阶段,国家级和省级专家与县级专家一起共同完成任务,即"手拉手"阶段;在高水平阶段,县级专家开始发挥其专业影响力,在本区域独立开展培训指导工作。

2)反思

一是缺乏学科性,县级专家的教学培训能力更多停留于教学的方式方法上,忽略了学科属性。二是缺乏管理视角。当班级管理和纪律出现问题时,课堂中的很多目标都难以达成,课堂中对"失序者"个体或者群体熟视无睹,就无法体现学习者中心的课堂价值取向。三是缺乏对实践者研究能力的培养,从而导致二级传播中出现"依葫芦画瓢"的情况。四是缺乏对乡镇一级本地教师教育者的直接培养,从而导致经验或者模式乃至理念等随着项目的结束而结束。

（二）第二阶段（2011—2015 年）：发展期的"Trail"模型

1. 模型介绍

"Trail"模型是从"Tile"模型演变而来的，两者的主要区别如下。在培养对象上，"Tile"模型主要培养对象是县级专家（县级教师教育者），"Trail"模型主要培养乡村教师教育者及乡村教师。从乡村教师的专业发展和支持而言，"Trail"模型在培训对象上更为"下沉"，从中心校、村小乃至教学点遴选乡镇师教育者来进行培养。在能力维度上，"Trail"模型一是在教学能力上更强调学科教学能力，乡村教师教育者的培训胜任力一定要建立在较高水平的学科教学能力基础上。二是增加了研究能力（Research）和管理能力（Administration），我们将评价评估能力纳入教学能力之中，删减了评价评估能力，所以由"Tile"模型演变为"Trail"模型，见图 5-3。

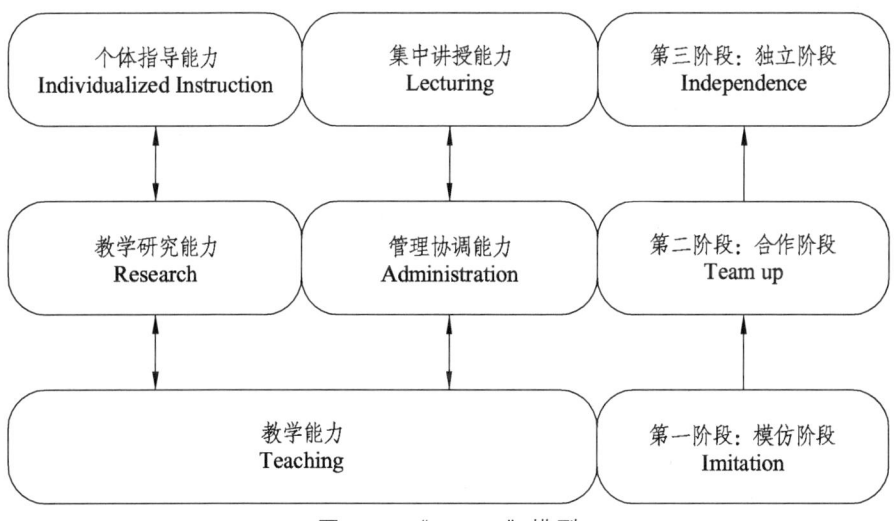

图 5-3 "TRAIL"模型

2. 功能发挥

1）"基础"能力"反复"培养

一是强调乡村教师教育者的教学能力相比管理协调能力、教学研究能力、个别指导能力以及集中讲授能力这四个能力的基础性，并对该能力进行重点培养。比如，针对教学能力，指导团队将"课堂观察与反馈表"作为抓手,以某个能力作为切入口,进行 6~12 个月的以真实课堂为载体的反复练习,进而提升其该能力。二是对教学能力以及其他四个能力基于不同阶段的内容进行多次重复"训练"。

2)强调"做中学"

2011—2015 年的项目省级活动处于逐年递减的状态。但与此同时,以乡镇教师教育者为主的或者以学校为主开展的活动的频率随着时间的推移逐年递增:2011 年 1 次,2012 年 3 次,2013 年 5 次,2014 年 6 次,2015 年 6 次。这个变化的过程,一是体现出乡村教师教育者的能力提升过程,项目活动设计初期以省级指导团队的活动开展为主,经过两年的培养培育,乡村教师教育者能力逐渐提升,有能力有信心开展本乡镇的指导活动,其自我活动开展频率显著增加。二是体现出能力的提升是"做中学"的过程,或者说是舍恩所指出的"反映的实践者"的行动。乡镇教师教育者自主活动增加的过程,也是对省级指导团队活动的"模仿"过程。

3)注重课程模块的借鉴、开发与设计

持续四年的培训项目,且培养对象为同一批人,这为省级团队提供适切于乡村教师教育者的培训内容是一个巨大的挑战。指导团队基于不同对象,在借鉴其他项目成功经验的基础上,开发设计针对教师教育者的培训模块、针对一线教师的培训模块、针对学生的培训模块、针对课堂的培训模块等,开发模块的过程也是对人的能力提升的过程。

4)注重培养阶段的融合性

Trail 模型同样将乡镇教师教育者能力分为三个阶段:模仿阶段(Imitate)、合作阶段(Team up)和影响发挥阶段(Influence),乡镇教师教育者的教学能力被作为最为重要的基础能力予以培养和提升,这个阶段的初期主要采取省级指导团队的示范教学,乡镇教师教育者则更多处于"模仿"状态。第二阶段是在学科教学能力提升的基础上,将知识教学与关注学生学习行为并重,即教师是在对教材、内容非常熟悉的基础上,开始游刃有余地将注意力转移到学生的学习方面,从秩序管理、学习状态的识别与支持等方面关注学生在班级的状态,教师基于学生状态有能力及时调整教学行为。第三阶段的个别指导和集中讲授,其与其他同行指导与讲授的内容主要集中在课堂教学、教学管理等与一线教师教育教学生活紧密相关的领域。第三阶段的能力是在第一和第二阶段能力扎实基础上的拓展,三个阶段在突出各自侧重点时又互相融通。

3. 小结

1）成效

在能力维度上，"Trail"模型对"Tile"模型进行了进一步的优化，将评估评价能力归入教学能力本身的范畴，基于对理论和实践的探索，增加教学研究能力以及管理协调能力两个维度。没有研究能力作为支撑，作为教师教育者身份对他者的指导往往很难对教育教学的实质性问题进行深入剖析和探讨；增加管理能力，发现班级秩序的"失序"已经成为一种较为普遍的现象，70%以上的授课者对上述情况置若罔闻乃至视而不见[①]，依然按照既定的"教学内容"程序化地完成教学。

在能力培养阶段，在教师培训整乡推动项目中，每个阶段对乡镇教师教育者能力的培养并没有截然分开，个体指导能力既可以作为第二阶段的能力，也是第三阶段乡镇教师教育者的重要能力，即通过对他者的独立个别指导，体现出乡镇教师教育者的专业领导能力和实质性发挥引领功能，甚至在第一阶段中，基于学科课堂观察而采取课堂改进的个别指导能力在第一阶段就开始实施；研究能力作为教师教育者的高阶能力，在问题的发现、诊断以及数据收集方面，我们也会在第一和第二阶段适时介入。

2）反思

"Trail"模型构建和实践，对教师的教学能力的理论界定不清晰，教学能力的维度构成方面还不明确。关于贯穿这些能力的属性是什么等问题尚未弄清楚。通过这个阶段的实践，对"Trail"模型进行再完善。

（三）第三阶段（2017—2022年）：成熟期的"Trailed"模型

1. 模型介绍

基于"Tile"模型和"Trail"模型以及在"乡村教育引领者项目""乡村振兴公办强校项目"以及"新建易地搬迁安置点学校标准化建设省级示

---

① 此数据来源于对当初4所学校（2所小学、1所初中、1个教学点）的观察数据。这样的情况根据2021年3—5月对全省10个市县（市、区）20余所学校开展的易地搬迁安置点学校教学质量提升路径的调研发现，上述的情况到目前为止依然没有明显的改观。

范项目"实践的基础上，完善和构建了适合乡村教师教学能力提升的"Trailed"模型，见图5-4。

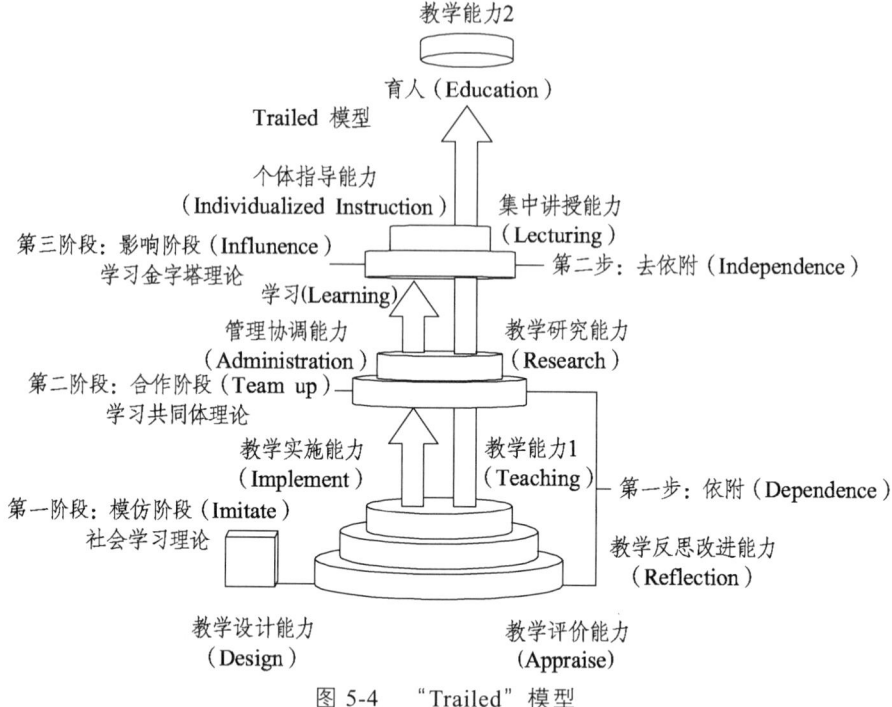

图 5-4 "Trailed"模型

与"Tile"和"Trail"模型相比，能力维度以及发展阶段方面没有变化，但在其他方面有明显的改进：一是增加两条能力提升的"线索"：一条是增加贯穿教学的育人属性的线索（Education），另外一条是增加贯穿能力发展三阶段的自我专业学习的线索（Learning）。二是以理论来指导能力发展的不同阶段。Trailed模型的模仿阶段、合作阶段以及影响力发挥阶段分别主要对应以下主要理论：社会学习理论、学习共同体理论以及学习金字塔理论。三是对教学能力维度进一步细化，将教学能力划分为教学设计能力、教学实施能力、教学评价能力以及教学反思改进能力四个维度，是对Trail模型学科教学能力的进一步具体化，使省级指导团队在实践指导以及乡村教师个体诊断中"有据可循"。四是基于乡村教师在专业发展中的自主意识薄弱问题，借用埃及经济学家萨米尔·阿明的"依附"理论，将教师的个体和群体的发展分为"依附"和"去依附"两步。依附（Dependence），即乡村教师个体和集体在专业发展的第一、第二阶段要依赖于县（区）、市及以上专家的支持；去依附（Independence），指乡村教师具备完全的自我发展及造血能力，其专业发展摆脱对外界依赖。同时，在完成教学能力1到集中讲授能力一个循环之后，该教师会在教学能力上达到新的高度，即教学能力2阶段，这是一个"能力提升—影响他人—反思改进—能力提升—影响他人"的循环往复的提升过程。

综上，可以把"Trailed"模型概括为"53322"，即5能力、3阶段、3理论、3线索和2步走。

"5能力"：学科教学能力（Teaching）、管理协调能力（Administration）、教学研究能力（Research）、个别指导能力（Individualized Instruction）、集中讲授能力（Lecturing）。学科教学能力重点围绕教学设计能力、教学实施能力、教学评估能力以及教学反思改进能力进行，在能力培养中采取"分解"方式，逐一开展水平诊断并"对症下药"。

"3阶段"：乡村教师发展的模仿阶段（Imitate）、合作阶段（Team up）和影响阶段（Influence）。模仿阶段是指在活动中以省级指导团队为主导，乡村教师更多地处于观察模仿阶段；合作阶段是在乡村教师能力得到一定程度发展的基础上，与省级指导团队共同完成培训任务。独立阶段是乡村教师能力得以充分发展，具备将自己所学所思所行与他人进行分享的阶段。

"3理论"：与每个阶段对应的社会学习理论、学习共同体理论以及学习金字塔理论。社会学习理论强调观察模仿以及对活动的重复，学习共同体理论强调在平等尊重理念之下教师之间的合作，并基于目标达成共识，并最大程度地实现乡村教师自我提升的空间和可能；学习金字塔理论主要是学习效果的接受度问题，即乡村教师在自我成长的基础上，或者在任务驱动之下，对其他老师开展个别指导或者集中讲授活动。这是对乡村教师能力培养要求的拔高，也是对培养路径的创新。

"2线索"：育人线索（Education）和自我专业学习（Learning）线索。育人线索主要是基于乡村教师课堂教学中注重知识的传递，而忽略对学生本身的关注，"全人教育"理念没有得到行动落实；自我专业学习的线索主要针对的是乡村教师专业发展依赖性强，缺乏发展的自我动力和自我意识，如果该群体未来专业能力提升主要依靠外界，自身动力没有激发，缺乏自我专业学习的意识和方法，未来乡村教师的能力提升依然存在巨大挑战。

"2步走"：一是依附，二是去依附。

2. 功能发挥

1）分阶段有效提升教师教育者能力

第一阶段：教学能力提升。

识别诊断：采用课堂录像、教案查阅等方式，与乡村教师共同分析教学问题。

提升干预：指导专家将教学能力分为教学设计、教学实施、教学评估、教学反思改进四类，将诊断发现的问题归入上述分类。

重复练习：进行8次以上的言传身教，示范教学，直至发现的问题解决。

再诊断评估：乡村教师再次上新授课，指导专家再次诊断原有问题是否再次出现，再重复5~8次。

第二阶段：管理协调能力与教学研究能力提升。

诊断识别：采用课堂录像回放方式，呈现课堂教学管理问题。

探讨改进：指导课教师对诊断识别中产生的问题进行改进，一般重复4~6次。

针对教学研究能力：发现问题，确定选题；聚焦问题，开展研究；追踪指导，形成成果；反复打磨，推广运用。

第三阶段：个别指导能力与集中讲授能力提升。

组建学习共同体，尝试指导他人：在教学能力、管理协调能力以及教学能力得到较好发展的基础上，指导校内校外同伴，指导团队跟进观察并提出改进建议，此活动一般重复5~6次。

独立指导他人：在无指导团队跟进情况下，独立开展个别化指导同伴专业成长活动。

县域内集中讲授：组建2~3人学习共同体或者"微团队"，首先在本县（区）开展规模50人及以上且超过90分钟的独立讲座。

县域外影响力拓展：到其他县区，或者受邀为国培省培等项目专家。

2）理论指导下的行为选择

一是社会认知理论对实践的启示。省级指导团队示范教学方式的采用

（对于学习者而言则是模仿）以及对同一批老师的持续支持的行为选择，主要是受社会认知理论中的参与性学习和替代性学习的影响。社会反应主要通过观察和模仿别人的行为学得。①班杜拉认为儿童通过观察他们生活中重要人物的行为学得社会性行为。那么成人通过对其他重要人物的行为的观察是否也可以学到相应的行为？社会认知理论把学习分为参与性学习和替代性学习（Bandura，1977）。参与性学习是通过做并体验行动后果进行的学习，实际上就是做中学。替代性学习是通过观察别人进行的学习。省级指导团队示范教学按照教学"四环节"（教学设计、教学实施、教学评价、教学反思与改进）开展，我们可以将其理解为替代性教学。在省级指导团队持续跟进的支持中，针对乡村老师不同环节出现的问题，省级指导团队在通过语言描述无法解决的情况下，往往采取示范方式开展指导。例如，对于教学设计中缺乏对教学效果的评估环节以及教学反思缺乏针对问题的回应等，省级指导团队在经过语言指导之后，对于不能完全理解的问题，采取"下水作文"方式，就如何在教学设计中增加评估环节，以及针对课堂上出现问题如何开展反思以及改进等，写一份"教案习作"，供一线教师参考；针对教学实施过程中方法单一等问题，省级指导团队成员专门就多种教学方式方法在课堂上进行示范教学，省级指导团队做的同时，一线教师跟着学习。省级指导团队的示范、一线教师的观察与改进的过程，我们可以理解为一种参与式学习，是一个一线教师"做中学"的过程。在示范性教学完成之后，三位老师基于观察示范者的行为对教学设计、课堂实施增加评价等环节，我们可以将其理解为参与性教学，是观察——行动——反思——行动的循环过程。

二是教师全专业属性理论的指导。"育人"是教育教学或者说学校生活的核心主题。在对10余所乡村学校的课堂观察中发现，课堂教学中的知识性、流程性显著，而基于知识的传播过程中的"育人"内涵却没有得到很好的发挥，呈现"半专业属性"。半专业属性是教师在课堂教学中只以其拥有的学科专业开展活动所表现出来的属性。主要表现为教师站在讲台上独自讲自己已经掌握的学科内容，而不去关注学生的学习。教师半专业属性表现可能带来对学生的"漠视"，忽视学生的多样性。对于上述"半

---

① 陈琦，刘儒德. 当代教育心理学[M]. 北京：北京师范大学出版社，2007：145.

专业属性"的课堂表现，在诸多乡村学校是一种较为普遍存在的现象（朱旭东，2017）。①在教师专业发展方面，可将专业发展内涵分为三个维度：教会学生学习、育人和服务三个方面。"育人"是教师专业必备的内涵，教育没有"育人"就不是真正意义上的教育。"育人"亦即认知与情感发展，道德与公民性发展，个性、社会性与人格发展，健康与安全发展以及审美发展（朱旭东，2014）。②要在课堂中体现出育人属性，需要在模型中呈现出"育人"的评价要求。因此，"育人"的隐性线索应运而生。

三是社会学习共同体理论的指导。专业学习共同体将教师专业发展模式"从传统学习过程转变为合作学习"③，更多教师参与专业学习共同体，学生在考试中取得的成绩越高（Bolman，2005）。④实践—总结—实践—总结循环过程再次证明，教师个体发展的自主性和群体合作性，是教师专业成长、教学能力提升的重要因素。在项目实践中，主要表现在"训练"乡村教师及乡村教师教育者合作完成培训模块的能力。采取共同开展教学设计、各自查阅资料又共同分享、共同上课但又体现出各自分工与独立，强大的教师共同体能够促进实践规范，提升教师专业能力（王晓芳，2014）。⑤

四是学习金字塔理论的启示。"学习金字塔"（Cone of Learning）是由美国学者埃德加·戴尔（Edgar Dale）1946年提出的，它用数字形式显示采用不同学习方式学习者在两周后还能记住的内容（平均学习保持率）有多少。研究表明，听讲的知识保留率为5%，视听结合方式保留率为20%，演示为30%，讨论为50%，实践练习为75%，将所学知识向别人讲授，知识保留率可以达到90%，见图5-5。

---

① 认为"半专业属性"中的"育人"属性是一种普遍现象，主要是基于2020年度贵州教育改革发展重大研究课题（课题编号ZD202013）中针对全省20余所"易搬学校"的调研得出，同时也是重点对LS易地搬迁学校课堂观察的结果。

② 朱旭东. 论教师专业发展的理论模型建构[J]. 教育研究，2014（6）：81-90.

③ 王晓芳. 什么样的"共同体"可以称作教师专业学习共同体——对教师专业学习共同体理论的审视与反思[J]. 教师教育研究，2014，26（4）：16-22.

④ Bolman. R. McMahon, A. Stoll, L. Thomas. S. & Wallace. M. Creating and sustaining professional learning communities[R]. London, UK: General Teaching Council for England, Department for Education and Skills. 2005.

⑤ 王晓芳. 什么样的"共同体"可以称作教师专业学习共同体——对教师专业学习共同体理论的审视与反思[J]. 教师教育研究，2014，26（4）：16-22.

图 5-5 学习金字塔理论

这个理论也回答了为什么在提升乡村教师教学能力时，同时还要提升乡村教师的其他能力。开展个别指导能力和集中讲授能力是较为典型的教师教育者的能力，为何要培养乡村教师的指导和讲授能力？这就需要回到问题的逻辑起点：个别指导能力以及集中讲授能力的内容载体是什么。一个乡村教师对其他同行开展指导或者讲座，其往往围绕教学能力之设计、实施、评价与反思四个维度进行，高水平教师往往会在内容中加入行为选择的依据，亦即理论的分析分享。从这个角度而言，要提升和巩固乡村教师教学能力，让他们去将自己所拥有的知识、技能等向他人传播是一种最为理想的方式。"Tile" "Trail" 到 "Trailed" 三个时期的模型在能力发展的第三阶段都是采取将所学知识教授给他人的策略。研究团队的实践表明，这种方式对促进乡村教师、乡村教师教育者、县级培训者的教学能力以及培训能力具有显著的作用。在实践中发现，"教授他人"的方式之所以效果明显，从动机角度而言，是因为唤醒了讲授者的内驱力和责任心，以及职业荣誉感。内驱力表现为需要为讲授行为负责，是自己要将这件事情做好，而非被动来自外界的压力。责任心是授课者要将最具实力的一面呈现在他者面前，授课之前自己会有较为充分的准备，包括文献资料的查阅、讲授逻辑的修订、内容适切性的反思、方式方法的选择等，是能力系统化过程。职业荣誉感也体现在授课过程中被尊重、认可以及授课的内容乃至个人风格等被他人接受的过程。

3. 实施效果

"Trailed"模型从县乡教师教育者的模型发展而来，是基于对县乡教师教育者专业成长显著成效的改进和进一步实践，是将不同理论运用于提升、指导和改进实践的尝试。以教师教育者的身份在教学设计能、教学实施能力、教学评价能力以及教学反思能力上对乡村开展重点培训，并基于上述能力明显薄弱而采取"重复练习"的方式进行，是对当下开展项目的短期性、活动非持续性、对象非稳定性的深度探索和实践，也为未来乡村教师专业发展提供了系统化的成长路径和理论指导。

1）培养一批专业队伍

"Trailed"模型在易地搬迁学校标准化建设项目、小学（语文、数学）省级骨干教师领航项目等中，培养培育了600余人规模的教师教育者队伍，在本区域乃至全省的教师专业发展产生了巨大的影响力。

2）培育一批研究成果

项目核心成员通过参与项目实践，产出了系列研究成果。著作方面，著有《走进学生——心理学视野下的教师培训系列教材》以及参编教师教育用书5部；发表《对教师培训质量监测评估的思考与建议——以省级培训机构为例》等论文16篇。课题研究方面：获得教育部国际交流合作司以及省级重大、重点以及横向委托等课题11项，获得教学及科研成果奖4项，获得国家级科研成果奖1项。研究主要观点被省教育厅采纳，并发布"省教育厅关于提高易地扶贫搬迁安置点学校管理水平和教育教学质量的指导意见"文件。

3）建立一套行之有效且可复制推广的乡村教师能力发展路径

从2007年的中英项目到2021年的易地搬迁安置点项目，是"Tile"模型到"Trail"模型再到"Trailed"模型的演化过程，是该模型不断完善和实践运用的过程。采用此种模式，能够达到对乡村教师教育者以及乡村教师群体总体教学能力提升的预期。项目影响力拓展到省内其他师范院校，在其承担的乡村教师引领者项目中采用了"Trailed"模型，培养了一批优秀的乡村教师及教师教育者。

4）提升单位在教师教育领域的品牌影响力

基于"Trailed"模型在培养乡村教师（包含但不限于）方面所起到的

积极作用，单位核心参与者受邀到北京师范大学、华南师范大学、国家教育行政学院、新疆维吾尔自治区教育厅、云南师范大学、石河子大学、合肥师范学院、江南大学等开展系列专题讲座。同时，部分项目核心成员还被新疆维吾尔自治区教育厅聘为"新疆维吾尔自治区中小学和幼儿园教师培训专家组成员"，被北师大教师教育研究中心聘为"国培项目指导专家（2020—2025）"，并受邀参加"教师教育学科服务国家教师队伍重大战略发展研讨会"。

5）促进了地方教师发展中心的成长

15年来，模型在贵州9个县区推广实践，并在西秀开展持续跟进活动。在项目实践推动下，该区教师发展中心一共孵化出了省级教学名师5名、省级骨干教师20名、省级乡村名师工作室32个、市级名师工作室5个、区级学科骨干教师27人。

4. 反思

1）项目周期较长，一般项目很难支撑

基于实践发现，无论是针对普通的乡村教师还是乡村教师教育者，或者两者的身份兼而有之，要使其教学能力得到切实提升，并能够有能力在本校开展校本研修活动，或者有能力对他人进行指导交流，一般至少需要2~3年的连续性培养培训。但当前不同类别级别的项目往往很难连续2~3年对同一对象进行持续不断且高频率的支持。

2）对项目组织者或者项目管理者，以及项目核心专家要求较高

乡村教师教学能力提升是以目标为导向的，与一般项目相比，不是以完成一定的量来衡量项目成效，而是采用证据表述。比如，培养了多少位乡村教师教育者。与此对应，具体的验证指标就会在数量上呈现该地区有多少位老师作为县、市、省级专家被邀请到其他学校、乡镇、县域或者项目去开展专题讲座或专项指导。从质量上来看，一是被邀请的作为专家身份的乡村教师，在培训指导交流中被认可的程度；二是省级指导团队在开展指导工作之前进行能力评估。项目管理者、组织者自身需对项目有顶层设计能力、过程指导纠偏能力以及项目评估指导能力，而不是领导项目之后，省内外聘请一部分专家，一个专家一个专题，然后再开展一些所谓跟进支持之类，这样的设计方式对于当下的教师专业发展没有实质意义。如

果说十年前的国培是从量上普及普惠，解决的是机会问题、眼界问题，现在的项目设计则已经进入"深水区"，强调精准发力，强调以证据来表达成效，强调教师专业能力基于证据化的提升。

3）省级指导团队能力边界问题

"Tile"模型、"Trail"模型以及"Trailed"模型的演变过程，也是对团队不断考验和挑战的过程。对于部分乡村教师能力存在的问题，即使我们能够识别、判断出来，但基于我们自身能力问题有时候依然没有能力去进行改变。这里涉及多种因素，既包括教师自身的动机、能力，也包括其所在的环境因素，同时也基于项目自身的时间和经济成本因素，对于特别难以改变的个体或者群体，我们目前为止还没有更好的解决途径。

第四节 易地搬迁学校教师科研现状研究

一、问题的提出

新一轮课程改革提出"让教师成为研究者""让教师走上研究的道路来"。可见，课程改革需要研究型的教师。面对课程培养目标、课程评价和管理等，有许多问题需要教师去研究。教育科研是中小学教师反思教育教学实践、发展专业素质、提高教育教学实效的重要途径[1]，是作为实践者的一线教师对课堂教学、班级管理、学生发展、学校管理等教育教学活动进行有意识、系统性的探究，反映了理论与实践、知与行、分析与行动、研究者和实践者之间的模糊性。[2]以教育科研为载体对中小学教师进行研究能力训练，是一个系统化和具有挑战性过程，更是一个需要他者力量支持的过程。教育科研中的课堂，从立项到研究，到最后的研究结果呈现，需要查阅大量的文献、寻求有效的理论支撑和使用工具方法等，在"输出"之前需要有充分的"输入"。如果教师缺乏相应的输入（大量的专业阅读），

---

[1] 钟建林.中小学教育科研选题价值提升路径研究[J].教育学术月刊,2019(4)：63-69.

[2] 王晓芳,黄丽锷.中小学教师如何理解"教师科研"：话语、身份与权力[J].教育学报.2015,11(2)：43-53.

不了解此领域别人的研究成果，中小学教育科研可能会流于形式。

要考虑当前易地搬迁学校教师的科研现状如何，如何提高易地搬迁学校教师的科研意识和水平。在此，易地搬迁学校教师的科研水平不是指达到的专业水平，而是促使教师能在教育教学中发现问题、分析问题并能解决问题的能力。

二、关于对中小学教师科研的理论基础研究

（一）中小学教师科研

中小学教师科研，是指针对教育教学中的现象和问题，运用教育学、心理学与其他学科知识，用科学研究的方法和手段进行理论探讨与实践，其中体现了教师所需要的知识、技能和心理品质。[1]中小学教育科研是教师对"教育、教学领域的对象、现象及规律的一种创造性认识活动"。一线教师兢兢业业教书育人，通过教育现象发现其背后的规律，琢磨行之有效的教学方法，运用最新的教育教学理念指导教学实践，从而不断提高教学质量，收获更高的教育效益。基础教育阶段的教育科研重在实践中研究，将研究成果迅速应用到教学实践中去，从而促进研究者专业知识的丰富、专业技能的发展，激励其树立专业理想。[2]

基于不同学者对中小学教师科研的不同界定，本研究所探讨的教师科研主要是指教师对教育教学实践中所遇到的问题，运用教育学、心理学与其他学科知识进行认知的活动。

（二）中小学教师科研现状相关研究

中小学教师科研培养与发展的主要问题表现在两方面：一方面是与日常教学实践脱节，无法激发教师的科研热情和意识；另一方面是培训课程未能满足教师日常教学工作和教育科研相协同的需求，也未能实现教师之

---

[1] 马勇军.教师教育科研素养及其培养[M]北京：教育科学出版社，2002：30.
[2] 申海燕.基于中小学教育科研的教师专业发展研究[D].石家庄：河北师范大学学位论文，2010.

间的互动学习和交流。①②有 70%~80%的教师认为学不学教学理论照样能搞好教学,而学校领导对教育科研的轻视,更加导致教师无积极性和主动性。同时,教育行政机构缺乏必要的培训和科研引领,使教师对教育科研无所适从③④,存在"说起来重要,忙起来次要,干起来不要"的现象。教师科研意识淡薄,教育理论和方法缺乏,为数不多的课题研究也流于形式。⑤教学环境艰苦,教学任务重,形式化任务过多;科研政策不明,科研经费缺乏,教师待遇不高;校长轻视科研,管理体制不健全,教师认知不深;职称制度限制教师发展,现有培训实用性不强;科研资料匮乏,科研成果得不到推广。⑥对科研意义没有正确的认识,对科研的目的还显示出功利性和被动性,申报课题时缺乏主动性,课题研究的过程中还存在诸多其他问题。⑦

国内学者对中小学教师科研培养与发展的主要问题进行了探讨。本研究对易地搬迁学校中小学教师科研现状进行了调研。

(五)中小学教师科研作用

2018 年 1 月,《中共中央国务院关于全面深化新时代教师队伍建设改革的意见》明确要求:"全面提高中小学教师质量,建设一支高素质专业化的教师队伍。"⑧2019 年 10 月,《教育部关于加强新时代教育科学研究工作的意见》指出:"进入新时代,加快推进教育现代化,建设教育强国,办好人民满意的教育,迫切需要教育科研更好地探索规律、破解难题、引

---

① 陈静勉,张向民. 回归实践取向的中小学教师科研能力培养[J]. 基础教育参考,2016(15):16-19.
② 韦芳. 农村中小学教师教育科研的调查分析[J]. 教师教育,2014(2):81-86.
③ 王新荣,杜世雄. 中小学教师教育科研能力欠缺之原因分析[J]. 青海教育论坛,2004(4):10-11.
④ 韩冰清. 论中小学教师教育科研素质的培养[J]. 湖北大学学报,2006(1):117-119.
⑤ 陈留明. 城镇化背景下农村中小学教师科研能力培养策略[J]. 中学政治教学参考,2017(7):91-93.
⑥ 祝世杰. JD-R 模型下的农村中小学教师科研能力提升策略研究——以河南省 W 县为例[D]. 郑州:郑州大学学位论文,2019.
⑦ 刘怀萍,姜德华. 中小学骨干教师科研能力与专业发展现状调查及对策[J]. 天津市教科院学报,2017(6):64-67.
⑧ 中共中央国务院关于全面深化新时代教师队伍建设改革的意见[N]. 人民日报,2018-02-01(1).

领创新。"①鼓励支持中小学教师增强科研意识，积极参与教育教学研究活动，不断深化对教育教学改革的规律性认识，探索适应新时代要求的教书育人有效方式和途径，推进素质教育发展。②这对中小学教师进行科学研究做出了方向指引。

苏霍姆林斯基曾指出："如果你想让教师的劳动能够给教师带来一些乐趣，使天天上课不至于变成一种单调乏味的义务，那你就应当引导每一位教师走上从事一些研究的这条幸福的道路上来。"③中小学教师科研是教师提升专业水平、增强科研能力、解决教育教学实践问题、为学校发展贡献智慧、为学生发展的必然要求。对于中小学教师来说，对教育教学中遇到的问题或困惑进行思考、分析、尝试解决的过程，其实就是科研的过程。④新时代中小学教师的专业发展和基础教育质量的提升,需要以科研为撬杠，在科研自觉中不断获取发展的动力，"实实在在地'做'教育，以教育的方式研究教育，在好的教育研究视域下反思自身存在的问题，追问存在的意义"⑤。中小学教师做科研，有助于提升教师的专业素养，解决教育教学中实践问题。教师科研在国内外的盛行是因为教师主持或参与科研活动是教师科研素质提升和专业发展的重要途径，也是落实新课程改革与实现学校改进的主要方式。⑥

---

① 教育部关于加强新时代教育科学研究工作的意见[EB/OL]（2019-10-24）. http://www.moe.gov.cn/srcsite/A02/s7049/201911/t20191107_407332.html.
② 教育部关于加强新时代教育科学研究工作的意见[EB/OL]（2019-10-24）. http://www.moe.gov.cn/srcsite/A02/s7049/201911/t20191107_407332.html.
③ [苏联]苏霍姆林斯基. 给教师的建议[M]. 杜殿坤，译. 北京：教育科学出版社，1984：494.
④ 周如俊. 追寻教科研的"自然"常态[J]. 中小学管理，2011（3）：48-49.
⑤ 王兆璟. 教育研究者的身份认同危机及学理建构[J]. 社会科学战线，2017（4）：229-236.
⑥ 郭兆峰. 课改背景下学校教育科研功能之导正[J]. 中国教育学刊，2010（1）：22-24.

三、易地搬迁学校教师科研现状与分析

(一) 教师科研现状

1. 教师对课题研究认识调查

1) 教师对从事课题研究的态度

对教师从事课题研究的态度调查（见表 5-3），主观上有 51.46% 的教师特别希望能从事课题研究，44.66% 的教师希望能从事课题研究，可有可无占比 2.91%。从此数据可以发现，教师从事课题研究的态度是积极的。

表 5-3 教师做课题研究态度情况

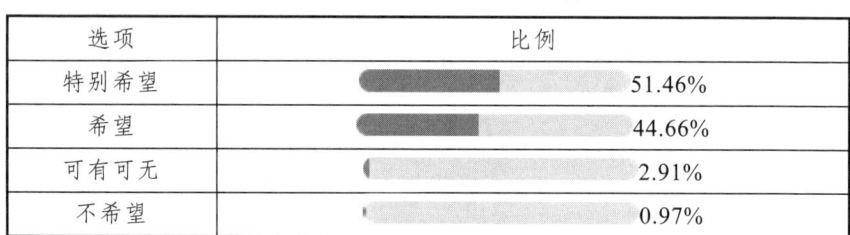

选项	比例
特别希望	51.46%
希望	44.66%
可有可无	2.91%
不希望	0.97%

2) 科研对促进教学的认识

从表 5-4 可以看出，在关于科研是否促进教学的认识上，有 62.62% 的教师认为教育科研对教学促进情况明显，36.89% 的教师认为科研对教学较有帮助。

表 5-4 教育科研促进教学情况

选项	比例
明显促进	62.62%
较有帮助	36.89%
没有作用	0.49%
负面影响	0%

3) 科研对教师专业发展的认识

从表 5-5 可以看出，关于科研是否有助于教师专业发展认识上，有 65.05% 的教师认为教育科研对教师专业发展帮助非常明显，33.98% 的教师认为科研教师专业发展较有帮助。

表 5-5　教育科研有助于教师专业发展

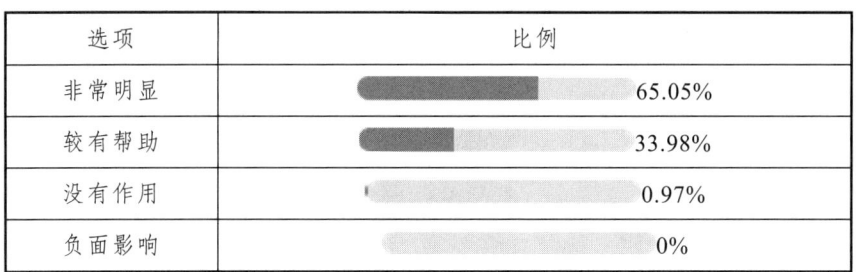

4）教师科研动力

从表 5-6 可以看出，对教师做科研的动力进行调查，有 95.15%的教师是为了调高教学质量，改进实践教学；82.52%的教师是为了加速教师的成长，39.32%的教师是为了发表文章、出版专著和评审职称，15.05%的教师是因为个人的兴趣，4.85%的教师是因服从领导的安排。

表 5-6　教师教育科研的动力情况

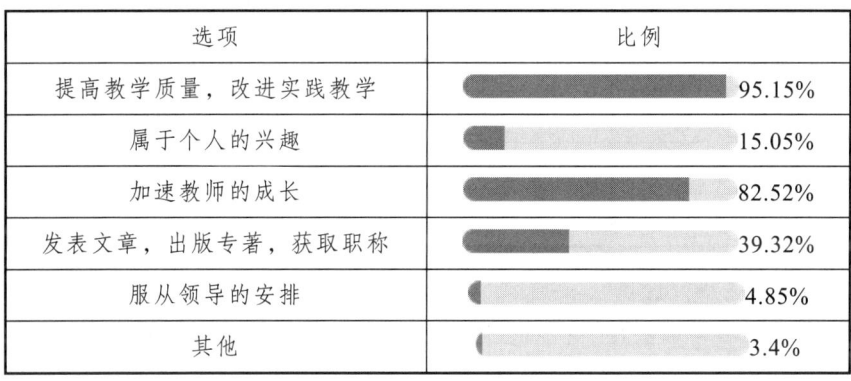

2. 教师对教育科研储备的知识现状调查

1）教师认为自身科研素质

从表 5-7 可以看出，对教师具备科研素质调查发现，有 52.43%的教师认为其科研素质比较低，35.92%的教师认为自身科研素质非常低。另外，4.85&的教师认为非常高，6.8%的教师认为比较高。总体上，教师自身的科研素质还需要进一步提高。

表 5-7　教师认为教育科研素质情况

选项	比例
非常高	4.85%
非常低	35.92%
比较低	52.43%
比较高	6.8%

2）问题意识

从表 5-8 可以看出，在问题意识对教育科研的帮助问题上，有 59.71% 的教师认为有明显帮助，有 38.83% 的教师认为问题意识对教育科研比较有帮助。

表 5-8　问题意识对教育科研的帮助情况

选项	比例
有明显帮助	59.71%
比较有帮助	38.83%
没有帮助	1.46%
负面影响	0%

3）课题研究经历

从表 5-9 可以看出，在对教师是否经历过教育科研问题上，有 40.75% 的教师没有主持过课题，有 21.84% 的教师是实实在在地参与过别人的课题，有 13.62% 的教师名义上参与过，有 5.83% 的教师主持过课题。

表 5-9　参与过教育科研课题研究情况

选项	比例
没有主持	40.75%
实实在在地参与过别人的课题	21.84%
名义上参与过	13.62%
没有参与，但发表过论文	17.96%
主持过课题	5.83%

4）阅读教育科研理论书籍

在对教师阅读教育科研相关理论书籍调查中（见表 5-10），发现有 75.24% 的教师偶尔读，说明教师在阅读相关教育科研理论书籍方面还很薄弱。

表 5-10　您读过相关的教育科研理论的书籍

选项	比例
经常	14.08%
偶尔	75.24%
从来没有	10.68%

5）对课题研究基本步骤

对教师课题研究基本步骤方面进行调查，有 61.65% 的教师知道一些，完全知道的有 16.02%。这些数据（见表 5-11）在一定程度上说明教师对课题研究步骤还需要进一步了解，如教师对课题研究基本步骤中哪些内容是特别了解的、哪些是完全不清楚的。

表 5-11　您知道课题研究的基本步骤

选项	比例
完全知道	16.02%
知道一些	61.65%
知道很少	16.99%
完全不知	5.34%

6）对课题研究题目确立

在表 5-12，关于课题选题怎么产生，有 86.89% 的教师认为应从工作中面临的问题找题目，有 59.71% 的教师围绕提升教学质量去设计，有 48.06% 的教师围绕课改新情况去设计。

表 5-12　您认为确定教育研究题目的主要依据

选项	比例
依据课题指南去设计	35.92%
根据领导布置去研究	6.8%

续表

选项	比例
从工作中面临的问题中找题目	86.89%
围绕课改新情况去设计	48.06%
围绕提升教学质量去设计	59.71%
通过观察去发现	14.08%
围绕成功经验去总结	10.19%
经过调查而提出	10.68%
通过看文献资料受启发而形成	7.28%

3. 对教师教育科研方面支持现状调查

1）教师教育科研支持现状

表 5-13　您参加过教育科研方面的培训

选项	比例
经常参加	7.77%
偶尔参加	56.8%
从来没有参加	35.44%

表 5-13 显示，对教师教育科研支持现状（培训）的调查发现，有 56.8% 的教师偶尔参加，有 35.44% 的教师从来没有参加，有 7.77% 的教师经常参加。

2）难以取得有特色的研究成果因素

针对中小学教师难以取得有一定影响和有特色研究成果的因素进行调查（见表 5-17）发现，有 79.13% 的教师认为缺少专家指导，有 72.82% 的教师认为开展教育科研能力不强。另外，有 63.59% 的教师认为缺少科研创新精神。

表 5-14　您觉得中小学教师难以取得有一定影响、有特色的研究成果其原因

选项	比例
缺少科研创新精神	63.59%
缺少专家指导	79.13%
上级对教研工作重视和指导不够	24.76%
缺少与相关高校的合作	13.59%
开展教育科研能力不强	72.82%
成果宣传推广力度不够	13.59%

3）开展教育科研存在的问题。

对中小学教师开展教育科研存在的主要问题进行的调查（见表 5-15）发现，有 71.36%的教师认为教育科研基础知识和技能欠缺，有 65.05%的教师认为教育理论知识不足，有 49.51%的教师认为在教育科研选题、论证，以及研究方法、研究过程和成果总结方面缺乏科学、有力的指导。通过对教师的课题申报书文本进行分析，发现教师的课题申报存在一些问题，如课题申报书在格式规范上欠缺，缺乏问题意识，研究内容和方法脱节等。

表 5-15　您认为中小学教师开展教育科研存在的主要问题

选项	比例
教育科研基础知识和技能欠缺	71.36%
教育理论知识不足	65.05%
缺少时间、精力不够	43.69%
没有良好的激励政策和管理制度，积极性低	18.45%
思想观念落后，缺乏教育科研创新精神	16.02%
在教育科研选题、论证，以及研究方法、研究过程和成果总结方面缺乏科学、有力的指导	49.51%

续表

选项	比例
已取得的教育研究成果实际价值不大,对教师专业水平提升和教育教学工作改进效果不明显	13.11%
教育科研工作量大影响教学,而且成果难以发表与认定,也没有科学的教育科研评价标准	6.31%

(二)对易地搬迁学校教师教育科研现状的分析

一是参与教育科研的教师数量总体不足。中小学教师承担的不同级别的课题是教师参与教育科研的重要表现形式。以 2020 年度为例,G 省省级课题立项 323 项,其中重点课题 53 项、一般课题 219 项、青年课题 51 项;以 G 省 L 市为例,2020 年共计立项市级课题 243 项,获得省、市课题占教师总数量的比例约为 0.08%和 0.91%,县级课题由于在评优评先以及职称评定中一般不作为学术成果,其对一线教师吸引力不足。中小学教师总体上参与教育科研的数量少、机会少、经历少。

二是中小学教师科研专业训练不足。学术研究本身就是一种专业训练,以质性研究论文研究设计写作框架为例,其涉及以下方面:确定研究问题、界定概念、构建框架(理论框架)、选择研究方法(研究对象、进入现场、资料收集、资料分析)、分析研究的可靠性以及研究伦理等,每一个环节都是一个"痛苦"的学习过程。现实中确实存在基于一线教师理论薄弱等实际情况降低学术标准的妥协政策,但妥协本身就已经脱离了"中小学学术研究"的本质:上述每一个环节掌握的过程就是严谨和规范学术训练的过程,不经历这样的学术历程,中小学教师就无法开展真正意义上的学术研究。教师是研究自己的情境、经验和知识最方便和最合适的主体,但实践中教师缺乏相应的研究技能:在形成研究问题、收集资料和获得结论方面,一线教师遇到的困难较多。实际上,教师的反思也需要借助研究工具,以支持他们对教育教学情况进行严谨而系统的分析。[1]对这些问题的探讨,将会回到教育目的、教育手段等具体教育问题上来。但从现实情况来看,

---

[1] 王晓芳,熊和妮. 构建中小学教师科研的多层次支持系统[J]. 中国教育学刊,2014(11):83-86.

第五章
易地搬迁学校优化管理之教师专业进步研究

各级各类课题评审结题中,我们不断在降低标准,最终可能导致区域中小学教师教育科研水平总体学术训练不足,质量低下。

三是县级教育科研指导能力不足。上述中小学教师教育科研专业训练不足,涉及谁来给中小学一线教师进行做专业学术训练的问题。一般而言,教育科研的指导由本区域的教研部门负责。在对 11 名教育局教研部门相关人员(教研负责人 5 名、教研员 6 名)的调查发现,他们自身虽然做过不同级别的课题研究,但其研究还处于经验总结的状态,其研究内容和研究方法在学术规范性上还需要进一步完善,尤其是在逻辑论证中还存在显著的不足。指导者如果本身教育科研能力处于"经验"状态,就不能对研究做系统和学理化的阐述分析,也就无法对一线中小学教师开展专业指导。

四是缺乏对教师科研能力提升的总体规划。专家学者特别提到,教师"必须具备开展教育科研的专业能力、选题论证能力、方案设计能力、研究操作能力和资料的整理和撰写报告能力"①。教师科研能力,实质就是研究者在从事教育工作研究过程中,以多学科理论为支撑,以科学的思维、适当的方法和高效的信息技术为手段,对所研究教育产业项目未知领域进行科学探索并取得研究成果的能力,是一个教师专业知识深度和广度的综合体现,可反映其发现问题、分析问题和解决问题的能力。中小学教师的科研能力包括捕捉问题的能力、理论思维能力、创造与创新能力、实际动手能力、分析评价能力、组织协调能力等六个方面。②中小学一线教师开展教育科研活动,教育科研本身不是目的,而是手段。从区域角度看,由"教书匠"朝向"专家型"教师的发展要在数量上有所突破,就要做好区域整体规划,科研能力的提升不是一朝一夕的事,是持续渐进和科学规划的过程,是对优秀教师群体系统化、学术化和流程化的培养过程,要通过对该群体进行严谨规范的学术训练,使其对课堂、对教学进行学理阐述与分析。

五是资源不足。此处所指的资源主要是指文本及数据文献资源以及专业指导者资源。从文本数据文献资源方面看,中小学教师面临着天然不足。首先,缺乏文本资源。大学的研究者有其天然的优势,一般大学图书馆藏书都比较丰富,每个学院也都有其自己的"专业图书馆"以及大量的专业杂志,中小学无论是图书的数量还是质量和大学都不可同日而语。③大学的

---

① 王清. 论高等师范院校学生教育科研素养的提高[J]. 教育探索, 2004(7): 11.
② 李倡平. 中小学教师应具备的科研素养与能力[EB/OL]. http://www.docin.com, 2009-07-17.
③ 中小学教师的工作重点中心和大学教师有很大的差异。

研究者有丰富的数据资源库，如中国知网、人大复印资料报刊资料系列数据库、万方数据、师范教育专题数据库、TWS台湾学术期刊在线数据库以及 Wiley Online Library 、Web of Science 等外文文献网站。中小学教师需个人支付一定的费用（部分是学校出钱，但由于所需费用较高，一般不可持续），否则难以下载和使用相关数据。其次，专业指导者资源不足。教育科研能力提升是一项系统化工程。绝大多数一线教师需要依靠外界的技术支持力量才能完成。对于大学而言，可以组建学习共同体，比如博士硕士读书会（组会）、内部学术交流会等，借以在团队内商讨学术疑难问题，或者同学之间针对某个问题专门问询研讨等。但对于中小学教师而言，同事之间可能水平差异不大，彼此很难有能力在教育科研领域给予支持和指导。县级教研部门教研科研人员能力总体不高，专业性不强、数量不够，科研指导者资源显著不足。

四、应对策略

针对易地搬迁学校教师科研培养，本章从两个方面进行阐述：一是外部力量的支持，二是学校内部的支持。

（一）外部力量支持

采取"集中研修＋持续跟踪＋成果交流"的线上线下相结合方式进行培养。在研修过程中，突出课题研究与教学改进相结合、指导与研究体验相结合、团队建设与研修交流相结合，使培养对象成为在本地本校具有较强引领指导作用的研究型优秀教师。

1. 集中研修

对中小学教师科研培养，首先采用集中研修的方式。集中研修主要是针对科研中的共性内容。这些内容更多的是基础理论方面的知识，调动和鼓励中小学教师主动参与科研，形成科研意识，能够从教育教学实践中去发现问题。集中研修的内容、时间安排可以对教师进行调研，以了解教师的实际需求。虽然集中培训有其弊端，但对于教师了解共性的知识内容很有帮助。集中研修以专题方式进行设计，如课题申报书的格式规范、文献查阅。

2. 持续跟踪

针对易地搬迁学校中小学教师科研状况，进行跟踪研修。这个阶段是非常重要的。教师对培训内容的理解和把握大部分停留在参训时的水平，教师因为时间、精力等原因，可能会把集中研修的相关内容忘掉，因而理解和应用中遇到问题时缺少明确的指导。教师对于学习内容的加工与再创造也会受到很大影响，难以进一步了解教师科研中出现的新问题。持续跟踪不仅能把集中研修的理论运用起来，使得参训后能消化，而且能对教师在科研过程中所出现的问题进行纠正并指导。教师的科研发展不是孤立的个体行为和事件，需要他人的参与和互助，是一个不断持续的过程，需要教育行政部门、学校、同伴等全方位的支持和帮助，需要外来专家的指导和支持，但主要还是靠当地的力量。

3. 成果交流

成果交流，就是教师将自己所学、所思、所行与他人进行分享的阶段。如果说之前的阶段是"输入"阶段，那么成果交流则是"输出"阶段。在成果交流阶段，教师不仅需要内化已有的理论或知识，还要把自己的经验上升到一定的理论高度，或者用相关的理论来解释自己的经验。合作并与他人分享、交流研究发现，是支持教师科研的重要条件，因为合作与交流能够对问题情境进行界定和再界定，从而将教师科研从个人和具体情境层面推移到更大范围。①

（二）学校内部支持

一是构建科研共同体。在之前阐述的"TRAILED"模型中，对易地搬迁学校教师科研培养，可以采用此模型。先遴选出一部分教师，作为科研培养的重点主体，形成科研共同体。此共同体具有引领、指导该学校其他教师科研的作用。同时构建科研共同体，也是给教师提供安全的环境。二是学校校长的领导力。在教师科研过程中，校长的领导力非常重要。校长应支持和保障教师的科研，将教师科研作为促进教师专业化和学校改革发展的手段。

---

① Snoer M, Moens E. The impact of teacher research on teacher learning in academic training schools in the Netherlands[J]. Professional Development in Education, 2011, 37（5）: 817-835.

第六章
易地搬迁学校优化管理之其他方面研究

易地搬迁学校优化管理包括学校和谐环境、学生现代制度和学生平等权益三个方面的内容。学校和谐美丽环境包括建设安全卫生的学校基础设施、开展以生活技能为基础的安全健康教育、营造健康向上的学校文化。学校现代制度包括依法科学管理能力、健全民主管理制度、家校社区合作关系三个方面。学生平等权益包括三个方面，即平等入学、控辍保学和学生需求。下面将对学校和谐环境、学校现代制度和学生平等权益进行阐述。

第一节 易地搬迁学校和谐环境营造研究

一、学校安全方面的可视化分析

引导学生掌握必要的生存知识与技能，树立正确的生命观、健康观、安全观，养成健康文明的行为习惯和积极向上的生活态度是学校教育的重要使命。[①]以"学校安全"为关键词进行检索[②]，检索结果见图6-1。对学校安全的相关研究，可简单分成三个阶段。第一阶段从1956年到1996年，对学校安全研究趋于平缓状态；第二阶段从1996年到2000年，对学校安全方面的研究虽然有上下波动情况，但总体上研究趋势呈增长状态；第三阶段是2000年后，对学校安全方面的研究开始呈下降趋势。

[①] 贾彦琪. 中韩生命安全与健康教育的实践探索与未来展望——第十六届中韩教科书研讨会会议综述[J]. 全球教育展望，2022，51（12）：119-128.

[②] 检索实践为2023年1月14日。

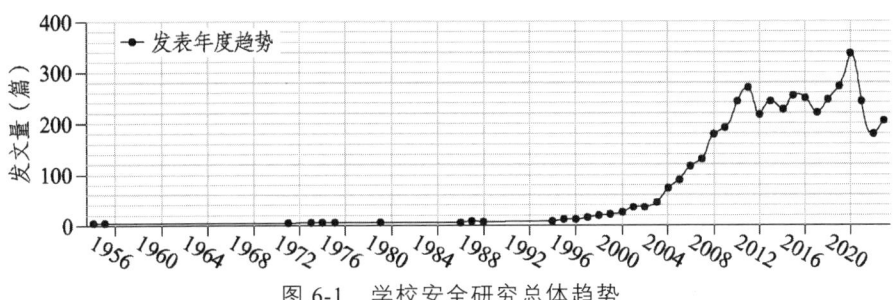

图 6-1 学校安全研究总体趋势

另外,从主题分布来看,以"school safety"为主题的,占据文献数 263 篇;随后是"安全教育",占据文献数 139 篇;紧接着是"学校安全",占据文献数 136 篇。具体情况见图 6-2。

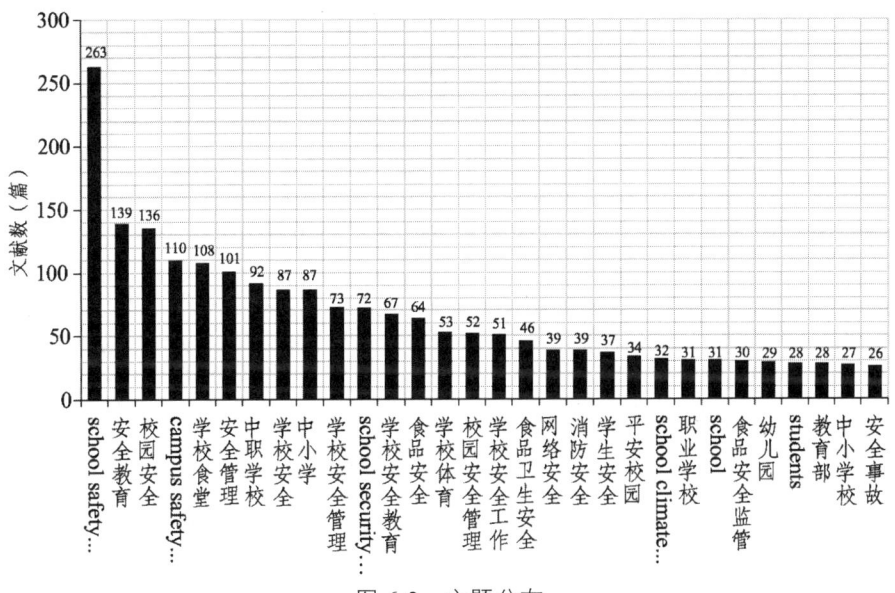

图 6-2 主题分布

以上呈现了学校安全总体研究趋势。下面将从国外(以韩国和日本为例)国内来了解学校安全教育情况。

在韩国,学校安全教育目标可分为四个层次。首先,最为基本的,就是确保学生掌握维护个体生命安全所需的知识和技能。其次,让学生通过知识和技能的学习,形成重视生命安全的态度和生活方式。再次,引导学生在"安全知识""安全技能"和"安全态度"三个因素的互动下,形成预防安全事故、维护生命安全的综合能力。最后,促使学生在综合能力的引领下,自觉产生有益于生命安全的一系列行动。①日本生命安全教育基于"自助·共助·公助"的理念,强调国家层面的统一领导部署,在内容上以生活安全、交通安全、灾害安全为三大基本领域,纵向贯穿从幼儿园至高中的各个教育阶段,重视系统、连贯、实用性强,各环节可评估生命安全教育的科学展开,同时充分调动学校、地区、家庭、研究机构等多方资源,努力推进体系化的高质量生命安全教育建设。②每个国家在学校安全研究上有差异。

国内学者对学校安全也有一些相关研究,在此列举一部分。针对学校安全,有研究者认为应坚持总体国家安全观视域下的学校安全教育一体化,坚持"一体"与"多面"相结合,整体构建从"各管一段"到"幼小中大一体化"的学校安全教育体系。③农村小学生具备基本的安全自护能力,但在不同安全领域的能力发展不均衡,学生应急自救能力的发展水平明显滞后于其安全预防能力;农村小学生的安全自护能力随年级增长而缓慢提高,但提高速度逐年加快,5～6年级是学生安全自护能力发展最快的阶段,农村女生的安全自护水平明显高于男生;九年一贯制学校学生的安全自护能力明显高于完全小学和教学点学生,留守学生的安全自护能力明显低于非留守学生。④

二、学校文化方面的相关研究

学校文化是一所学校在长期教育教学实践中积累、积淀而成的,全体成员所共同遵循的价值观念、行为准则等。这些元素的组合共同呈现出一

---

① [韩]柳炳烈. 小学安全教育的理论基础研究[J]. 韩国初等教育,2016(4):457-478.
② 谈苏欣,范国睿. 日本生命安全教育的建构逻辑论析[J]. 比较教育学报,2022(2):75-88.
③ 董新良,桑晓鑫,李县慧. 总体国家安全观视域下学校安全教育一体化:理念、目标与体系构建[J]. 中国教育学刊,2021(11):50-54,92.
④ 陈琴,陈如平. 西部农村小学生安全自护能力的现状与对策——基于贵州、云南和四川三地的数据分析[J]. 教育科学研究,2021(6):47-53,65.

所学校的精神风貌[①]，是学校全体成员共同创造和经营的文明、和谐、美好的教育生活方式，是学校核心价值观及其指导下的行为方式和物质形式的总和，包括学校精神文化、制度文化、行为文化和物质文化。[②]其是教师、学生、学校管理人员等在长时间的教育教学活动中逐渐形成的，是学校内各成员之间相互作用、共同创造的一种文化，是学校与学生、教师、社区相互作用形成的文化小环境，是实现全员育人、全过程育人、全方位育人的基本途径。[③]

在知网以关键词方式输入"学校文化"[④]，发现对学校文化研究呈现以下研究趋势，见图6-3。

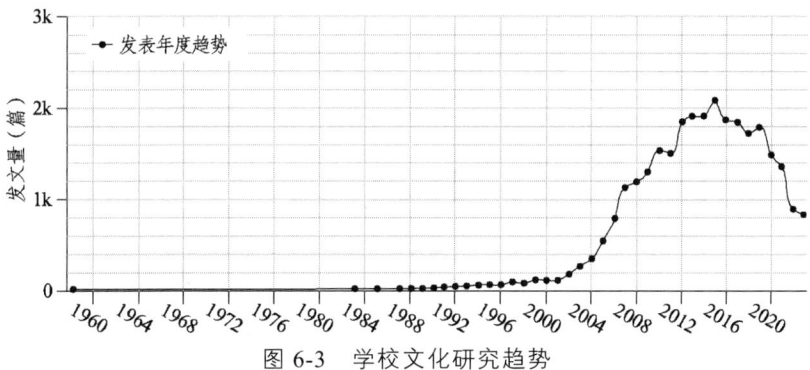

图6-3　学校文化研究趋势

根据图6-3，本研究把关于学校文化研究趋势粗略地分为三个时间段。第一个时间段为1960—2000年，对学校文化的研究呈现平缓的研究趋势；2000—2015年，对学校文化的研究呈上升趋势；2016—2022年，对学校文化的相关研究呈下降状态。

从2012年开始，有些教育行政部门以学校文化建设为抓手，规范学校管理。[⑤]在学校文化建设过程中，各式各样的学校文化命名开始出现。那些

[①] 徐洁，张燕，钱晓敏. 论学校文化建设的三重逻辑[J]. 中国教育学刊，2022（12）：65-69.
[②] 张东娇. 学校文化建设："穿越概念丛林"之后我们去哪儿?[J]. 清华大学教育研究，2021，42（2）：41-47.
[③] 薛二勇，刘淼，栾少波. 新形势下中小学学校文化建设的新路径[J]. 中国教育学刊，2018（7）：37-42.
[④] 检索时间为2023年1月8日。
[⑤] 张东娇. 学校文化建设："穿越概念丛林"之后我们去哪儿?[J]. 清华大学教育研究，2021，42（2）：41-47.

管理标杆学校以模仿为耻辱，因为自己一直被模仿，从未被超越。可处于平均管理水平和能力之下的学校多半靠模仿，因为他们一直在模仿，从未想超越。①

通过图 6-4 可以看出，以"学校文化建设"为主题发文量最多，其次是"学校文化"，紧接着是"校园文化建设"。

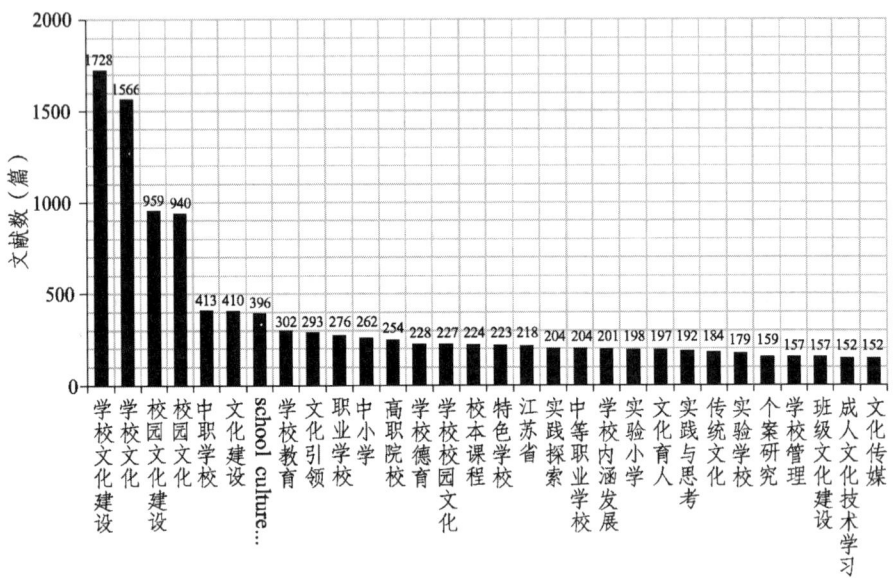

图 6-4　主题分布

学校文化建设可被视作学校主体在回溯学校历史、遵循学校特点、研判学校未来发展可能性的基础上，朝向共同的愿景与目标，经由师生共同体坚持不懈的努力，促进课程、教学、活动、仪式、环境及制度等诸多方面有意义、有成效、有特色地动态发展。②

从图 6-5 可以发现，以"学校文化建设"为次要主题发文量最多，其次是"学校文化"。对学校文化的研究，主要集中在学校文化建设上。学校需要文化建设，从宏观背景来说，是学校在长长的"文化弧"（即整个社会系统中）进行自我定位与自我调整的需要，也是在"我们"与"他们"

---

① 张东娇. 学校文化建设："穿越概念丛林"之后我们去哪儿?[J]. 清华大学教育研究，2021, 42（2）：41-47.

② 宗锦莲. 学校文化建设的可能与限度[J]. 教育研究与实验，2021（4）：20-26.

之间划定适度界线的必然。究其本质，学校文化建设就是在"大系统"与"他系统"中实现自我生成的基本路径，能够帮助学校确立高远的发展方向，形成卓越的办学特色，从而促进学校内部凝聚力、同化力与完善力的提升。①

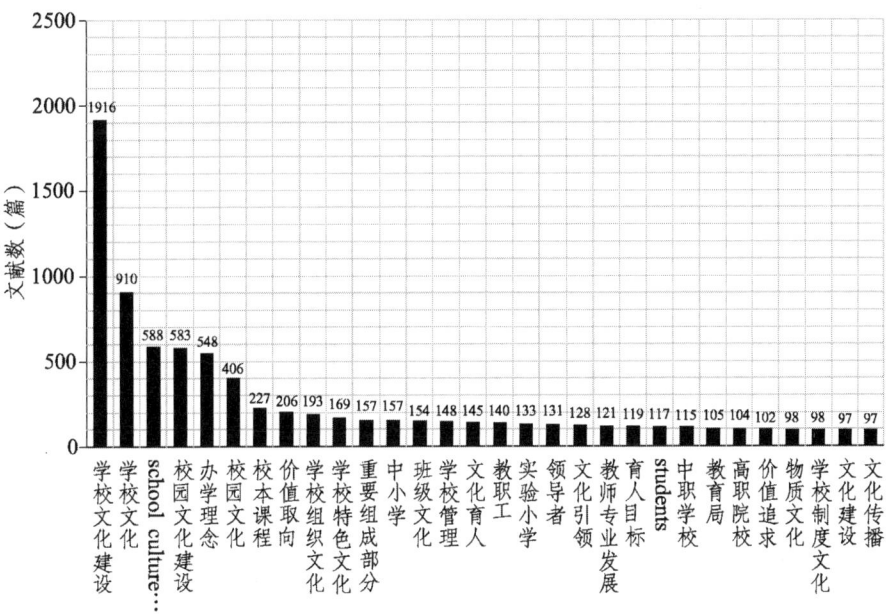

图 6-5 次要主题分布

三、易地搬迁学校和谐环境营造现状与分析

（一）易地搬迁学校和谐环境描述统计

表 6-1 易地搬迁学校营造和谐环境情况

维度 5	指标	$\overline{X}$	SD
维度 51	安全与健康管理制度	3.87	0.779
维度 52	安全卫生的学校基础设施	3.56	0.615
维度 53	安全健康教育	3.78	0.785
维度 54	健康向上的学校文化	3.39	0.723

---

① 宗锦莲. 学校文化建设的可能与限度[J]. 教育研究与实验，2021（4）：20-26.

对易地搬迁学校在营造和谐美丽环境管理方面进行调查，从表6-1可以看出，均值从高到低为：学校安全与健康管理制度（$\bar{X}$=3.87）安全健康教育（$\bar{X}$=3.78）、安全卫生的学校设施（$\bar{X}$=3.56）、健康向上的学校文化（$\bar{X}\bar{X}$=3.39）。总体上，学校在安全管理上比较理想。

在安全这方面，教师是这样描述的：

从安全这个角度来说，每个老师一岗双责就是不仅有教学任务，还有安全职责。所以我们也用上钉钉这个信息管理工具，还有智慧教育、智慧校园的排查管理，把网格任务完全分到每一个老师手里，在手机上进行安全排查。

（二）易地搬迁学校校园文化的营造状况

在图6-6中，营造健康向上的学校文化"非常同意""同意"的比例还是不高，累计应答百分比仅占三成多一点，说明易地搬迁学校的校园文化建设还需要再深入思考。在现场调研中，发现学校几乎没有自己的文化，更多的是简单移植，很难得到师生的认同。理念、特色和文化引领学校内涵发展问题中，"非常不同意""不同意""不确定"的累计应答比例占70.06%。在校园净化、美化、绿化及生态校园、书香校园等环境育人功能问题中，"非常不同意""不同意""不确定"的累计应答比例占63.32%。每年开展科技节、艺术节、体育节等丰富多彩的学校活动，"非常不同意""不同意""不确定"的累计应答比例占61.03%。

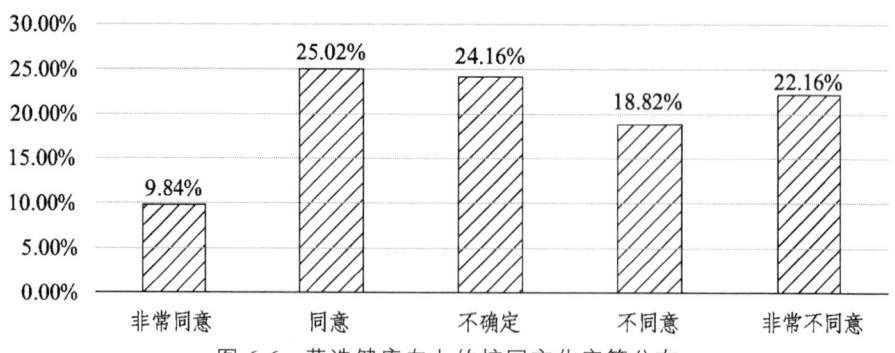

图6-6 营造健康向上的校园文化应答分布

（三）对易地搬迁学校和谐环境状况讨论分析

在营造和谐美丽环境方面，学校安全领域总体上落实比较好。比如，"建立切实可行的安全与健康管理制度""建设安全卫生的学校基础设施"以及"开展以生活技能为基础的安全健康教育"整体比较理性。其原因如下：一是安全教育深得人心，在不断强化中已经成为学校管理者和教师心中的"自觉"。二是安全管理与学校及教师个人职业生涯安全息息相关。尤其是涉及校内安全领域，安全问题不出则以，一出问题往往都是大问题，特别是涉及师生生命健康安全问题，如果责任判定在学校，无论对于管理者还是教师个人，都面临着较大的职业风险，故个人往往从外在规则制定到集体或者个体的行为表达往往都会比较重视。三是安全管理及落实操作性、流程性较强。在安全意识到位的前提下，学校管理者和教师个人可以依据有关安全管理的规章制度，按照其条条框框、对标对本去逐一落实，本质就是"思想高度重视+行动坚决落实"。

在落实"营造健康向上的学校文化"管理方面还比较薄弱。学校文化总体落实难以到位，这可能是因为：一是学校成立时间短，校园文化是一种"岁月"的沉淀。对校园文化内涵的阐释中，有学者首先从"文化"概念对其加以界定："是一定区域内由人类长期从事活动时所创造形成的一切产物，包括物质、精神及社会生活条件等等。"文化"又是一种历史现象，是人类社会与历史的积淀物"①。也有学者将校园文化理解为"一所学校的校园文化包括学校各种建筑物的风格、各类校园景观的形态展示、校园的个性色彩和学校的发展历史、校风、校训、学风、教风、标识、师生关系、集体观念和团队意识以及学校教育教学中制定实施的育人制度和各种教育教学标准等"②。二是学校文化建设与教育管理者、教师群体和个体的专业能力紧密相关，同时与经济投入有关。如何合理设计和布置校园、如何有效利用空间和墙面、布局什么、空间和墙面需要设计和"安排"哪些内容，需要学校管理者和教师具有一定的美育基础。另外，在校园文化的"物化"方面，如在某些学校参观所看到的看似普通的树木、石头、草

---

① 杨宝元.校园文化建设研究综述——兼议对校园文化建设关键问题的认识[J].宁夏师范学院学报，2020，41（5）：55-61.
② 唐生德.对校园文化建设的认识与反思[J].中国教师，2019（8）：109-110.

坪等，以及由此呈现学校可以述说的"故事"，这些也需要一定的经济基础去支撑。当然，对于"易搬学校"而言，我们可以因地制宜、因时制宜，与当地的人文与自然相结合，创设一所具有"地方美"的学校。但是，回到前面的分析，这需要我们的学校管理者和教师具有发现美和实现美的能力。这一点，从目前来看，还是比较缺乏的。我们对美的理解和行动，往往与我们生存的环境有关，我们自身就是本地环境的产物，也就是说，有可能我们生活的环境决定了我们对美的理解水平。三是学校文化中诸如艺术节、体育节、读书节、科技节等的"强专业性"与现实评价中对音体美等学科中"弱专业性"的矛盾。无论是音乐、美术还是体育技能，举办这类活动需要教师有相应的专业素养，以专业性来让师生感受到活动的魅力，并以活动产生潜移默化的教育作用。以音乐舞台剧为例，从学科使用而言，诸如语文、道法与法治等学科都可以在课堂教学中使用，但如果冠以"艺术节"名称，可能就要涉及布景、音乐、编剧、动作、神情等一系列因素，这本身就需要专业训练。再以读书节为例，这是一个非常有魅力相对也不复杂的活动，但也最容易做成形式主义。活动需要组织者有大量的阅读量，以单本书为主，往往以系列书籍作为补充，涉及读书的形式、类别、内容以及阅读的深度和广度，同时还要对读书节可能产生的影响进行评估：期待通过读书节在师生群体间达到一种什么样的目标以及目标的实现程度等，但对G省部分易地搬迁学校（也包含对乡村非移民学校的调研）而言，教师群体缺乏非专业阅读是一种相对普遍的情况，在读书领域，很大部分教师很难给学生做出表率。在专业教师缺乏以及依然以分数为主导的评价之下，艺术类教师在专业发展中提升空间有限，管理者对艺术、科技类课程缺乏重视，都是活动有效开展面临的挑战。①

四、应对策略

（一）学校文化的积累和凝练

有部分新建易地搬迁学校成立于2019—2020年，时间短，学校文化还需要进一步积累和提炼。无论怎么理解学校文化，都涉及时间的累积问题。

---

① 对12所学校的社团活动开展情况实地调研结果也印证了这个观点。

需要学校管理者和教师对物化的、精神的文化进行梳理、归纳、小结与反思。基于所在学校的民族、风俗等，学校管理者、教师、学生需要共同努力，一起向前，培育适合于自己学校的文化。

（二）充分利用环境资源建构学校文化

对于易地搬迁学校来说，在学校创建之初，首先映入眼帘的是学校的物质文化，精神文化还需要时间的积累和沉淀。以校园景观设计为例（学校建筑、校园雕塑、植物造型、彩绘墙等），其既需要体现出学校的特色，又要蕴含体验性，还要彰显教育性，在某种程度上可以利用学校环境资源构建学校文化。对于民族地区的易地搬迁学校，可以将民族的历史、习俗、审美等融入学校文化。结合学校特色课程，除突出学校文化之外，可以把传统文化、民俗文化等作为课程内容，突出具有学校文化的课程群，增强民族自豪感和文化自信力。

第二节 易地搬迁学校现代学校制度建设研究

现代学校制度概念中"现代"不具有时间含义，是一种教育制度安排和教育规则体系。学校制度也不仅仅是指学校内部的治理结构，也涉及学校与教育行政部门、与社会的关系。可见，"学校制度"已超出了学校的范围。[1]现代学校制度建设以实现学校治理能力现代化为出发点，强调改革传统科层制管理来促进学校管理的民主化。[2]在本研究中，将易地搬迁学校现代学校制度分为依法科学管理能力、健全民主管理制度、家校社区合作关系三个方面。

---

[1] 褚宏启. 我们需要什么样的现代学校制度[J]. 教育研究，2004（12）：32-38.
[2] 冯晓敏. 学校管理为什么这么难——基于 F 校教师人际互动样态的个案分析[J]. 中国教育学刊，2021（4）：69-74.

一、现代学校制度相关研究

中共中央、国务院《关于分类推进事业单位改革的指导意见》（中发〔2011〕5号）指出："实行政事分开，理顺政府和事业单位的关系。行政主管部门要加快职能转变，创新管理方式，减少对事业单位的微观管理和直接管理，强化制定政策法规、行业规划、标准规范和监督指导等职责，进一步落实事业单位法人自主权。对面向社会提供公益服务的事业单位，积极探索管办分离的有效实现形式，逐步取消行政级别。"建立现代学校制度需注意解决好学校利益相关方的合作问题，建立现代学校治理机制。教育治理的优越性在于多元主体的民主参与。学校相关主体（包括校长、教师、家长、学生乃至社区有关人员），如果置身决策过程之外，缺乏参与权和话语权，那势必导致现代学校制度的政策实践大打折扣，很难得到基层工作者的一致认同，因为各利益相关者的政策诉求在其中难以得到合理体现和表达。[①]所以，在现代学校制度建设中，需要调动社会力量，注重社会参与。同时，要引导学校校长把主要精力放在教学环节上，放在激励教职工和学生共同提高教学质量上，公关、筹集经费等事务不应当成为校长的首要事务。[②]现代学校制度以学校法人制度和新型的政校关系为基础，依法治校，实现专家管理、民主参与、社会合作，促进学校可持续发展。[③]《关于分类推进事业单位改革的指导意见》对建设现代学校制度有很强的指导意义。在现代学校制度建设中，通过简政放权，可以落实学校办学自主权，提升学校主体地位和自主性；制定章程，加强学校制度建设；激活校长队伍，实行自主管理；完善治理结构，健全民主管理机制；注重社会参与，让学校融通社会。[④]

---

① 许杰. 现代学校制度建设的实践逻辑[J]. 教育研究，2016, 37（09）：32-39.
② 李继星. 基础教育阶段现代学校制度建设论纲[J]. 教育理论与实践，2005，（2）：18-23.
③ 李继星. 现代学校制度初论[J]. 教育研究，2003，（12）：83-86.
④ 许杰. 现代学校制度建设的实践逻辑[J]. 教育研究，2016（9）：32-39.

二、易地搬迁学校现代制度建设状况

(一)易地搬迁学校现代制度描述统计

表 6-2　易地搬迁学校现代制度描述统计

维度 6　　指标	$\bar{X}$	SD
维度 61：依法科学管理能力	3.14	0.590
维度 62：健全民主管理制度	2.70	0.581
维度 63：家校社区合作关系	3.22	0.612

从表 6-2 可以看出，按照均值低到高顺序排列，依次为健全民主管理制度（$\bar{X}$=2.70）、依法科学管理能力（$\bar{X}$=3.14）、家校社区合作关系（$\bar{X}$=3.22）。在现代学生制度管理上还比较偏弱。

另外，在家校社区合作关系方面，有教师这样描述：

老师 1：与社区有联系，比如学生在外面有什么啊，他们（社区）发现有不好的情况，都会给我们讲，会给学校的领导反映，就是和德育处这边取得联系。

老师 2：与社区也有联系，我们要做工作。比如保学，也和社区那边联系。然后我们会谈到家长这一块内容，希望能够引起他们对孩子教育的重视，或者提出要求。

(二)依法科学管理能力状况

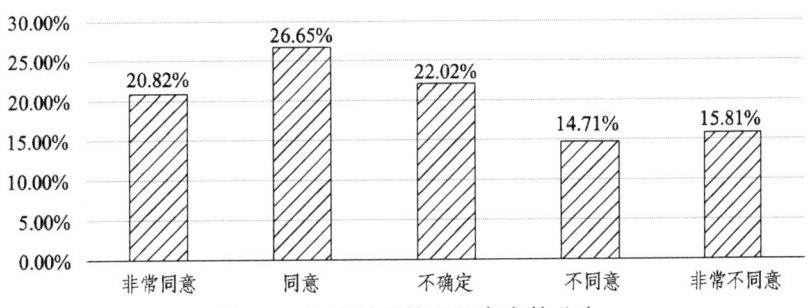

图 6-7　依法科学管理能力应答分布

从图 6-7 可以看出，在依法科学管理能力"非常同意""同意"应答累计百分比 47.47%，不足五成的比例表明依法科学管理能力不足。在结构上，特别是运用法律手段维护学校合法权益的能力最弱，"非常同意""同意"应答累计百分比 27.79%；其次是运用法律依法治校的能力，"非常同意""同意"应答累计百分比 45.85%。

（三）民主管理制度状况

总体上，校长民主管理学校制度存在不足，"非常同意""同意"应答累计百分比 37.30%，不足四成的数据表明内部治理结构存在问题（见图 6-8）。结构上，党建工作不扎实，"非常同意""同意"应答累计百分比 29.23%；意见建议提交职工代表大会通过，"非常同意""同意"应答累计百分比 38.39%；职工、学生、社会公众对于学校信息知情权较弱，"非常同意""同意"应答累计百分比 37.54%；引导学生自我管理或参与学校治理弱化，"非常同意""同意"应答累计百分比 39.26%。在内部结构上，"非常同意""同意"应答累计百分比均不超过 40%。

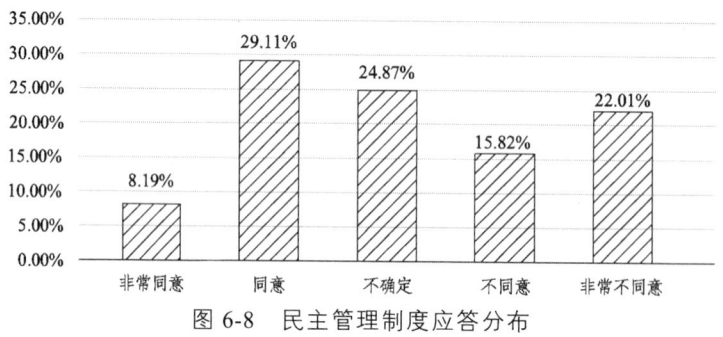

图 6-8 民主管理制度应答分布

（四）家校合作社区

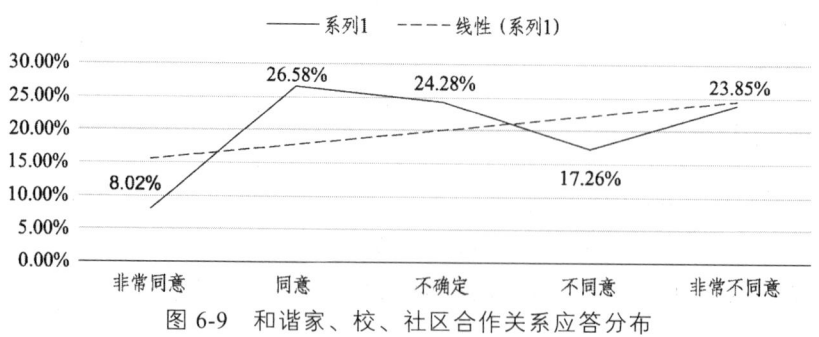

图 6-9 和谐家、校、社区合作关系应答分布

总体上,在构建家庭、学校、社区共同治理的合作关系方面并未形成合力,学校单打独斗的局面非常明显,"非常不同意""不同意""不确定"的应答累计百分比达到65.39%(见图6-9)。在结构上,家长在学校治理的参与度上,"非常同意""同意"应答累计百分比31.81%;社会利益相关者,促进社区代表参与学校治理,"非常同意""同意"应答累计百分比36.10%;主动争取社会资源支持学校改革,"非常同意""同意"应答累计百分比37.54%;学校设施在节假日向家长、社区开放,"非常同意""同意"应答累计百分比32.95%。

三、对易地搬迁学校现代学校制度建设状况的讨论分析

易地搬迁学校在现代学校制度建设上稍显薄弱。第一,主管部门较多地注重权威和效率的理性管理模式,实际工作中校长僵硬地执行上级决定,难以发挥自主性,特别是制定学校发展规划上发言权较弱。现阶段易地搬迁学校在内部制度建设上,规范办学行为的法治治理水平、法治观念,以及依法治教、依法治校的法治领导力等存在明显不足。调查中发现,易地搬迁学校并没有专人负责学校的法治事务,更不用说建立学校法律顾问制度以维护学校的合法权益,教职工对《义务教育法》《未成年人保护法》等具体内容并不是很清楚,大多表示只是听说过上述法律。第二,学校校长领导力发展不均衡。就学校内部教学而言,德育领导力、教学领导力、课程领导力、教管领导力、教研领导力等是学校制度建设必备的要素。从外部资源整合而言,需要沟通领导力、法治领导力、共育领导力、资源整合领导力等关键支持要素。现阶段易地搬迁学校校长承担多重角色,外部角色呈现明显多于内部,主要精力是保证学校先开展正常的教学任务,民主集中制管理、年轻党员的发展、职代会讨论、家校协商机制、学生参与治校等方面资源整合能力还是比较欠缺的。第三,家校共育尚未有效开展。学生教育是一个系统复杂的过程,学校主体责任离不开家庭的强力配合,易地搬迁学校学生、教师和家长都是从不同的地方聚集在一个地方的,双方需要不断在生活、学习、工作等方面经历自我调节的磨合期、相互适应的完善期和家校同频共振的奋进期。现阶段生生沟通、师生沟通、家校沟通存在明显的堵点、盲点,大多数学生家庭虽然摆脱了绝对贫困,然而其

父母忙于生计，无暇顾及，家庭教育、家校共育仍然处于自我调节的磨合期。第四，社会合作能力弱，教育生态系统更新慢。易地搬迁学校有的是东西协作或东部对口支援帮助建设的，学校的硬件设施基本上满足学校正常的教学需要，但是学校在社会、社区孤立地位比较明显，乡镇或周围的社区支持弱，与学校的联系不是很密切。与对口援建学校在师资、课程、学校文化等内涵建设方面的资源整合能力不强，主动争取社会资源和社会力量支持学校发展变革的能力更弱。学校发展的生态支持系统尚未有效建立，信息和能量的畅通存在一些亟待疏通的堵点。教育内部纵向的自我发展特征突出，教育发展横向的生态整合效果不佳，这些会致使易地搬迁学校发展内卷化。

第三节 易地搬迁学校学生平等权益保障研究

一、学生平等权益

关注学生平等权益，分为三个方面，即平等入学、控辍保学和学生需求。平等入学，在此从保证适龄儿童少年平等接受义务教育的权利角度进行探讨。平等权思想最早可以追溯至古希腊时期。在古希腊时期，平等观念有两种形式：一种被视为"现代意义上人格平等观念的先声"，是伴随着智者运动以及自然和习俗的二分出现的。智者们鼓吹希腊人和野蛮人、男人和女人、奴隶和自由人就自然或天性而言是平等的，人们之间的不平等只是习俗的结果。[1]另一种是政治上的平等，指的是人基于公民身份而不是出生获得的政治参与的资格。罗马时期的平等观念真正为现代意义上的平等打下了现实基础："民族个体性消亡在一种万神庙的统一中，一切单个人降格为私人，他们一律平等，并且都具有形式的权利。"[2]现代意义上的平等权常常表述为同等情形同等对待，不同情形不同对待。这一表述

---

[1] 付子堂主编.法理学进阶[M].北京：法律出版社，2016：97.
[2] [德] 黑格尔.法理学进阶[M].范扬，章企泰，译.北京：商务印书馆，1961：359.

体现了平等权的两个方面，即形式平等和实质平等。形式平等旨在禁止不合理的差别，而实质平等在于承认合理差别，追求比例平等。①

适龄儿童少年入学平等是受教育权的一部分，至少包括适龄儿童享有平等的入学机会，禁止歧视行为。《义务教育法》第二章第十二条规定："适龄儿童、少年免试入学。地方各级人民政府应当保障适龄儿童、少年在户籍所在地学校'就近入学'。"这一条在法律上保障每一个适龄儿童、少年有平等受教育权。《义务教育法》第九条规定："公民不分民族、种族、性别、职业、财产状况、宗教信仰等，依法享有平等的受教育机会。"第三十七条规定"受教育者在入学、升学、就业等方面依法享有平等权利"。

控辍保学是指控制学生辍学失学，保证其入学接受基础教育，目的是增加基础教育的入学率、减少辍学率，让人人都享有公平优质的教育。②新中国成立以来，控辍保学相关政策经历了几个阶段。第一阶段，保证有学可上。在此阶段通过扫盲教育，发展小学教育，实施"两条腿走路"政策。这些政策有效减少了学生失学辍学。第二阶段，制定专项政策，确立"两基"目标，再到全面普及城乡义务教育，控辍保学政策迅速发展。比如，2017年印发的《关于进一步加强控辍保学提高义务教育巩固水平的通知》倡导依法、质量、扶贫、保障控辍等新办法。③2020年，国家进一步加强控辍保学工作，要求健全精准控辍长效机制，倾斜支持未脱贫地区。④

马斯洛的需要层次理论中，把人的需要分为五种，即生理需要、安全需要、尊重需要、爱和归属的需要、自我实现的需要。要以学生的需求可以作为学校管理的切入点。一般情况下，他们的身心处于发育过程中，他们在学习与生活中也就会表现出各种需求，我们可以借助马斯洛的需要层次理论来分析学生的需求状况，以帮助学校更好地进行教育管理。

---

① 欧阳月红. 论高等教育入学平等权的保障[D]. 苏州：苏州大学学位论文, 2019.
② 浦昆华，褚远辉，尹可丽. 我国基础教育控辍保学政策的发展历程、经验与意义[J]. 教育科学研究. 2022, (4)：19-25.
③ 国务院办公厅关于进一步加强控辍保学提高义务教育巩固水平的通知[EB/OL]（2017-09-05）. http://www.gov.cn/zhengce/content/2017-09/05/content_5222718.htm.
④ 教育部等十部门关于进一步加强控辍保学工作健全义务教育有保障长效机制的若干意见[EB/OL]（2020-06-29）. http://www.gov.cn/zhengce/zhengceku/2020-06/29/content_5522512.htm.

二、易地搬迁学校学生平等权益现状

把一级指标6个维度划分为22个二级指标进行分析,即维度11"学生平等入学",维度12"控辍保学机制",维度13"关注学生需求"。从表6-3可以看出,易地搬迁学校在保障学生平等权益总体比较理想。

表6-3 学校管理保障学生平等权益描述统计

维度1 指标	$\overline{X}$	SD
维度11:学生平等入学	4.63	0.548
维度12:控辍保学机制	4.37	0.639
维度13:关注学生需求	4.13	0.572

在关注平等权益方面,有老师这样描述:

老师3:由于家庭环境和教育因素的影响,针对学习基础薄弱的孩子,我们采取的第一种方式是,我们中午抽一个小时的时间给孩子们进行辅导,在十三点十分到十四点十分,一个小时的时间基本上就能够把孩子们在早上学的以及布置的作业消化掉。在下午的时候,老师们有针对性地对一些特殊群体的孩子进行辅导。孩子们离我们学校比较近,后门一出去就是他们的家。主要针对留守儿童,和一些特殊家庭的孩子,我们每天都要求一部分老师对他们进行走访,进行生活上的管理。有些孩子是自己上五六年级还要照顾二三年级的弟弟妹妹,父母没在家。指导他们的生活,培养他们一些习惯。不管是给他们做饭也好,照料生活上也好,随时会去问一问,就是对生活上进行关心。

三、对易地搬迁学校学生平等权益确保现状的讨论分析

研究发现,G省易地搬迁学校在保障学生平等权益管理方面比较理想,在维护学生平等入学权利、建立控辍保学工作机制以及满足需求关注学生需求方面,全省各易地搬迁学校都交出了一份满意的答卷。

一是国家、省级层面高度重视,高位推动。2015年10月16日,习近平总书记在减贫与发展高层论坛上首次提出"五个一批"(发展生产脱贫一批、易地搬迁脱贫一批、生态补偿脱贫一批、发展教育脱贫一批、社会

保障兜底一批）的脱贫措施，为打通脱贫"最后一公里"开出了破题药方。随后，"五个一批"的脱贫措施被写入《中共中央国务院关于打赢脱贫攻坚战的决定》，经中共中央政治局会议审议通过。2017年，中共贵州省委在《关于精准实施易地扶贫搬迁若干政策意见》（黔党发〔2017〕6号）、2019年《关于加强和完善易地扶贫搬迁后续工作的意见》《关于加强和完善易地扶贫搬迁安置点基本公共服务体系的实施意见》（黔党发〔2019〕8号）等文件中对安置点教育保障提出要求。2020年年初，时任省委书记的孙志刚同志、省长谌贻琴同志专门批示部署将易地扶贫搬迁集中安置点配套学校建设纳入脱贫攻坚挂牌督战重要内容，要求所有挂牌督战项目必须在6月底全部建成。按照省委、省政府主要领导同志批示指示要求，省教育厅会同省生态易地局组成7个联合核查组，对全省各地易地扶贫搬迁集中安置点配套学校建设项目逐一核查，形成核查情况并报告省领导，核实核定全省纳入挂牌督战易地扶贫搬迁集中安置点配套学校建设项目96所，涉及8个市（州）46个县（市、区），相关县（市、区）党委或政府主要负责同志签订了项目建设承诺书，承诺2020年6月底前完成建设任务，保障易地扶贫搬迁户适龄子女入园入学。其余没有项目建设任务的县（市、区）党委或政府主要负责同志也签订了易地扶贫搬迁户适龄子女教育保障承诺书，承诺统筹安置点周边原有教育资源和2019年年底以前已建成的安置点配套学校满足易地扶贫搬迁户适龄子女就学需求。省委、省政府主要领导、分管领导每次在全省重要会议上和实地调研督战中，均要对挂牌督战易地扶贫搬迁集中安置点配套学校建设工作进行安排部署和提出明确要求，亲自指挥、亲自部署、亲自推动、亲自督战。省政协也将挂牌督战易地扶贫搬迁集中安置点配套学校建设列为2020年视察重点工作内容，并由1位省政协副主席率队，于5月中旬组织开展了专门视察。

二是省教育厅督战落实有力。省教育厅通过联合制订印发挂牌督战方案、组建工作专班、召开挂牌督战视频调度会和现场推进会、统筹相关教育项目资金倾斜支持、争取东西部扶贫协作帮扶资金投入、指导优化建设方案倒排工期、建立厅级处级干部包保挂帮督导机制（厅级干部包保建设任务艰巨县区、处级干部"一对一"包保项目）、实行"日报告、周调度、半月研判"督战制度、开展一个月的冲刺90天打赢脱贫攻坚教育保障歼灭战专项调研督战、支持建设任务艰巨的市县级党委和政府及其主要负责同志、聚焦全省"9+3"县（区）决战窗口期调研督战等举措，由13名厅级干部和100余名处级干部下沉到工地一线督战，既督又战、真督实战，心贴心培训、面对面走访，点对点核查、肩并肩作战，主动聚焦发现问题，精准研判风险压力，实化细化攻坚措施，强力督导推进易地扶贫搬迁集中安置点配套学校建设。此外，G省教育厅启动义务教育阶段疑似辍学预警班主任直报系统，建立班主任预警直报专用办公室，进行专人管理、专人培训、专人汇总。

三是县教育局工作扎实给力。以C县为例，在控辍保学方面，一是加强部署。组织全县中心学校、中学负责人，教育专班、包保领导等80余人召开贯彻落实省领导督战C县脱贫攻坚教育保障工作部署会。截至2020年4月29日，县教育保障专班召开专题会议13次，安排部署下一步工作，对上级督战和全县大排查存在的问题进行梳理，组织8个包保组下乡督导教育保障和问题整改工作。召开省州县督战研讨会7次，向县脱贫攻坚指挥部汇报工作5次。二是完善台账。县教育保障专班加强统筹，再次将全县学籍、扶贫、残疾、资助系统数据信息与公安人口信息进行比对，精准掌握全县6~16周岁学生信息。三是再次核查。在省教育厅的指导下制定《C县苦战三十天、确保教育保障问题全面清零，全力冲刺、夺取脱贫攻坚全面胜利工作方案》，再次组织3280名教师、包保责任人、网格员进行全覆盖、拉网式逐村逐户逐人逐项开展大排查工作，做到不漏一户、不落一人，核查信息精确无误。四是落实机制。利用义务教育阶段疑似辍学预警班主任直报系统，班主任通过系统分类直报县教育局，确保早发现、早预警、早处置，使义务教育阶段学生及时返校，确保控辍保学实时动态清零。五是压实责任。县教育局联合县人民法院、县人民检察院、县公安局、县人社局、县司法局制定下发《关于敦促义务教育阶段辍学学生返校就读的通告》，发挥部门联动作用，强化制度保障。同时，紧紧围绕"控辍保学"核心指标，逐级签订县、乡、村和县教育局、中心学校、各学校控辍保学责任书，压实工作责任，明确工作任务。六是强化督导。省州县督战组针对排查出的问题，深入村组户逐一核实，对问题是否找准、数据是否摸清、整改是否落实有针对性地开展督战，确保控辍保学动态清零。

第七章
易地搬迁学校优化管理之个案研究

前面对易地搬迁学校管理具体状况进行了阐释,根据研究目的和内容,本章将从个案的角度来探讨易地搬迁学校管理的状况。更确切地说,本章主要是针对个案的教学日常管理进行探讨。众所周知,教学在学校发展中占据重要的地位。因此,本研究就易地搬迁学校管理的教学管理进行探讨,对于其他管理维度没有涉及,不是说其他各维度管理不重要,而是因为研究的精力和时间有限,没有对这些具体管理维度进行分析。

第一节 研究背景及问题的提出

一、研究背景

C县,户籍人口34.68万人,建档立卡贫困人口28428户、124680人,在校学生80411人,建档立卡在校学生35755人。[①]C县共投资2.509亿元建设6所易地搬迁学校,其中初中1所、小学2所、幼儿园3所。6所学校中,有4所位于县城。LS学校以及其中一所幼儿园位于S镇。2019年秋季开学,6所易地搬迁学校共有学生(幼儿)3161名,其中初中807名、小学1866名、幼儿园488名。按照规划及编制标准,C县易地搬迁学校已配备教师321名,并且在上岗前利用假期全员参与县级培训。

对于上述数据,笔者印象深刻。因为在2020年脱贫攻坚教育扶贫工作中,笔者在C县前后待了快一年,控辍保学和易地搬迁安置点配套学校建设是当初工作的重点之一。全县15个乡镇(街道)22所中学,每个乡镇

[①] 上述数据来源于2020年3月26日该县县委县政府对教育部有关领导的汇报材料。

每所学校都去过 2 次及以上（脱贫攻坚教育扶贫"控辍保学"是重点工作之一，小学基本不存在辍学情况，初中情况较为严峻，故督战组对初中学校尤为关注），远距离的乡镇单程时间在 3 小时以上，甚至为求证辍学数据的真伪，有些学校和家庭要去 4~5 次，现场清点学生数量，了解应该到校人数和实际到校人数是否有差异。同时，督战组非常关注辍学生的辍学缘由，也关注学生的学业成绩。

（一）LS 学校概况

LS 小学作为三所易地搬迁学校之一，距离县城 20 分钟左右路程，占地面积 60 亩，目前有学生 777 人（可容纳 1620 名学生就读），有 13 个教学班、教师 40 人（其中 9 人为临时借调，期限为 1 年），主要服务对象为易地搬迁安置点的居民娃站孩子。从 2018 年开工建设到 2019 年 9 月正式开学，省（部）领导、省教育厅及州、县主要领导均给予较多关注，现场了解学校办学情况，提出打造并培育让老百姓满意的、家门口有质量的学校，上级政府对教育质量提出了明确的要求。考虑到原先的校长年龄偏大，业务工作也不是其强项，Q 县教育局更换了一位更为年轻的懂业务的校长作为学校负责人。

在 2021 年寒假期末 13 个班级的测试中，语文数学平均等级达到 C 等级的班级共计 6 个，7 个班级的语文数学学业水平测试在 D 等级以下。从全年级平均分和及格率来看，全校只有一年级平均分和及格率达到 D 等级，二至六年级各测评学科均处于较低水平。参与英语学科测试的 9 个班级中，不及格率为 97%以上，平均位于 D 等级之间[①]，离办老百姓满意的有质量的教育还有较大的距离，与期待通过教育"扶智""扶志"的目标也还有很大的差距。

LS 学校作为一所易地搬迁学校，由于工作原因，从学校建设到现在，研究者去过这所学校 6 次。印象深刻的一次调研在 2020 年 11 月，学校有 9 位老师参加。在问及学生的分数情况时，他们给我们介绍了最近的一次测试，9 位老师所任教的学科，班级的平均等级偏低。全部说完分数之后气氛有些沉重，接着犹如聊家常一样谈起易地搬迁安置点老百姓的生活，

---

① 以上数据由 S 学校 L 副校长提供。

以及一个简单、朴实,细细思考又显得深刻的问题:易地搬迁群体本身生活就不易,如果其下一代依然接受这样"低质量"的教育,如何"摆脱"现有的生活状态?这个群体在未来的生活是否有可能重新沦为贫困的群体?我们建设这样漂亮的学校的价值和意义在哪里呢?如果一个学生从小学到初中阶段都处于"听不懂课"(学业水平低是听不懂课的重要表现之一)的状态,无所畏惧的表面是否隐藏着他们脆弱的心?这部分学生是否又成为未来初中辍学的"后备军"?所有参与者表情都非常凝重,有两个老师哭了。也许是我们的聊天触动了他们内心中的柔软之处,或者是他们确实心疼这些孩子。

(二)研究问题

带着这些思考,笔者关注这所学校的办学情况,每次过去都会到教室里听老师上课,了解教师的备课、教学以及专业阅读情况,总体感觉老师在教学领域钻研力度不够。越关注和思考教师教学的状况,就越关注学生学业水平,越关注学校社团活动开展情况以及图书室建设情况。[①]基于上述缘由,本研究主要研究如下问题:学校教学管理如何?教师教学水平如何?学生学业水平如何?

第二节 文献回顾

学校教学管理效果,一是可以从学生学业水平上体现出来,二是可以

---

① 关注社团,是因为在对义务教育阶段的学业成绩收集分析中,看到相当一部分小学三年级及以上的学生不及格率已经达到50%以上,这些学生如果没有相应的社团活动来吸引他们,增强他们对学校的归属感,将来在中学阶段新的辍学情况将不可避免地发生(狭义理解的社团功能。当然,防止辍学也许只是社团的功能之一:社团活动让成绩薄弱的学生看到学校生活的吸引力,经常听不懂老师讲的知识,坐在教室里应该是一件很痛苦的事情)。关注图书室建设,是因为农村孩子阅读量太小,学校教育要通过一定的途径和方式尽量弥补这方面的不足。关注学业成绩,是因为"虽不能唯分数,但真不能没有分数",好的大学并不会因为你身在农村而会降低标准。同时,教育依然是社会底层老百姓改变命运的最为重要的路径,不是之一。

从教师教学如备课、课堂教学等表现出来。回顾学生的学业水平和教师教学水平的相关研究，有助于本研究更好地对本易地搬迁学校的学生学业水平状况和教师教学水平进行分析。

一、学生学业水平相关研究

相关研究表明，影响学生学业成绩有多个因素，包括家庭地址（城乡等）、父母的受教育水平（尤其是母亲的受教育水平）、是否是独生子女、父母的教育期待、家庭关系、家庭规模和结构、父母的教育方式和态度以及家校沟通等。①

从学生角度看，主要是智力因素和非智力因素。智力因素可归结为五个因素，即注意力、观察力、想象力、思维力与记忆力；非智力因素也包括五个因素，即动机、兴趣、情感、意志与性格。②小学数学成绩受智力因素和学习兴趣共同影响，智力因素作用显著高于学习兴趣；中学生数学学业成绩受智力因素和学习兴趣共同影响，但数学学习态度的发展水平以及学习态度结构中的数学乐趣、数学学习动机和对数学的恐惧等因素高于智力因素的影响。③学生智商与数学成绩的相关系数为 0.47，与语文成绩的相关系数为 0.36。④在非智力因素中，有研究证明，非智力因素对学生学业成就有显著影响，如美国心理学家曾对 800 名男性进行 30 多年的跟踪研究，得出的结论是：成就最大与最小的人之间，最明显的差异不在于智力水平，而在于是否有自信心、进取心、坚持心，是否有不屈不挠、不自卑等良好的意志性格。我国曾对 115 名在市级各类竞赛中获奖的同学进行过一次详细的调查，发现他们中间智力超群者并不多，家庭的物质文化条件也并不优越，但大多数人兴趣广泛，知识面宽，意志坚强，有正确的学习动机，

---

① 高翔，薛海平. 家庭背景、家长参与和初中生影子教育参与——来自 CEPS2015 数据的实证研究[J]. 教育学术月刊，2020（9）：3-11，71.
② 燕国材. 我在智力和非智力因素领域的探索与追求[J]. 中国教育科学（中英文），2019，2（3）：3-8.
③ 赵红霞. 影响初中生学业成绩差异的机制研究[D]. 上海：华东师范大学学位论文，2011.
④ 李洪玉，阴国恩. 中小学生学业成就与非智力因素的相关研究[J]. 心理科学，1997（5）：423-427，480.

有强烈的求知欲和自信心。①此外，非智力因素中的学习态度（听讲状态、作业完成量）和课后学习量密切相关，同伴关系对学业成绩也有显著影响。②

从学校角度看，总体而言，基于城乡教师所处环境不同，特别是学校的硬件设施与软件环境建设的不均衡，他们在教学方式、知识表征、教学评价等方面上也存在着较大的差异，进而会对课堂教学方式、学生学习习惯等方面产生较大影响，这种差异最终将会影响到学生的发展。③

从校长角度看，有关研究表明，农村校长领导力的各要素对学生学业成绩都有显著的影响，解释力都在30%以上。但是，从农村学校的不同特征可以看出，校长的战略领导力起到优势作用的情况比较多，然后是校长教学领导力，最后是校长行政领导力。④在校长领导力是如何影响学生学业成绩这一问题上，大多数学者认为校长通过他们特定的行为或态度直接影响学校运行过程中的某一环节，进而影响到学生学业成绩。具体可将这些间接影响的中介因素分为六个方面：教师专业发展、教师自我效能与集体归属、教师领导力、教师工作满意度、教师评价以及学校文化氛围。

从教师角度看，教师是影响学生学业成绩的关键因素之一。⑤一项对小学三年级学业成绩影响因素的研究表明，教师的背景因素，诸如教师的性别、教师教龄有一定的影响，专业化程度对学生成绩有显著影响；从教师兼课角度，如是否兼教方面，非兼教老师的班级学生成绩显著高于兼教老师的班级。⑥从教师专业与所教学科匹配程度方面，国内外研究结果均显示，数学和科学成绩与从教学科一致性对学生成绩有正向显著影响，且学历越

---

① 赵红霞. 影响初中生学业成绩差异的机制研究[D]. 上海：华东师范大学学位论文，2011.
② 高翔，薛海平. 家庭背景、家长参与和初中生影子教育参与来自CEPS2015数据的实证研究[J]. 教育学术月刊，2020（9）：3-11，71.
③ 綦春霞，张新颜，王瑞霖. 八年级学生数学学业水平的现状及其影响因素研究 ——以三地测试为例[J]. 教育学报，2015（4）：87-92.
④ 于海英，关天宇，刘陶唐. 农村校长领导力是如何影响学生学业成绩的？——基于教师集体效能、学校文化的多重中介效应研究[J]. 当代教育论坛，2021（1）：111-117.
⑤ 洪松舟. 中小学教师人力资本特征对学生学业成绩的影响：基于20年实证文献的分析[J]. 全球教育展望，2021（2）：80.
⑥ 张咏梅，郝懿，李美娟. 教师因素、学生因素对学生学业成绩影响的实证研究——基于大规模测验数据的多层线性模型分析[J]. 教师教育研究，2012，24（4）：56-62.

高越有益于学生的学业成就。①一项对北京高中学生学业成绩影响因素的分析表明,教师参与区级常规教研的参与程度、专题教研活动的参与程度、具备有效专业发展要素的教研活动的参与程度与学生成绩增值有显著的正向关系,区级常规教研活动的学科课程整合开发、学科核心知识和思想方法的理解、学科关键问题的确定与解决以及单元整体教学等学科教研活动对学生学习成绩的增值作用尤其显著。②教研活动的价值取向主要是提升教师教育教学水平和能力,学生学业成绩基于教师专业能力、水平的提升而提高,教研活动在某种程度上是教师能力、水平提升与学生学业水平提升的重要介质,起到重要的桥梁和纽带作用。周超在对顾泠沅的访谈中谈到:"联合国的研究'我们无论怎样强调教学 质量亦即教师质量的重要性都不会过分',美国的 TIMSS 报告、美国法案《不让一个孩子掉队》都无一例外地形成了对教师的关注。美国 TIMSS 报告中指出,教学质量的差距主要是学生学习的差距,学习的差距是教学的差距。"③

综上,学生学业水平受家庭、学生自身、学校三个方面的影响。学校层面,学生学业水平与教师紧密相关,教师参加有效的教研活动对学生学业成绩也起到积极的作用,同时也与校长紧密相关。家庭层面,学生学业水平受家庭结构、家庭教育方式等影响;学生层面,学生自身的学习态度、学习方法、个性特征、非智力等因素影响着学生学业水平。本研究对影响学生学业水平构建了一个模型图,具体见图 7-1。总之,研究者从不同角度对学生学业成绩影响因素进行了探讨。在这方面,以易地搬迁学校为研究对象的相关研究还可以进行深入探讨。鉴于此,下面以易地搬迁学校的 LS 学校为例,从质性研究中学校角度探讨学生学业成绩的影响因素,分析学校、教师各自扮演的角色,以及学校在管理中所承担的功能。

---

① 洪松舟. 中小学教师人力资本特征对学生学业成绩的影响:基于20年实证文献的分析[J]. 全球教育展望,2021(2):80.
② 魏易. 教师参与专业发展活动对学生学业成绩影响的实证研究——基于北京市高中学生的分析[J]. 教育与经济,2021,37(1):74-82,96.
③ 顾泠沅,周超. 教师专业化的实践与反思——顾泠沅教授专访[J]. 苏州大学学报(教育科学版),2017,5(2):86-93.

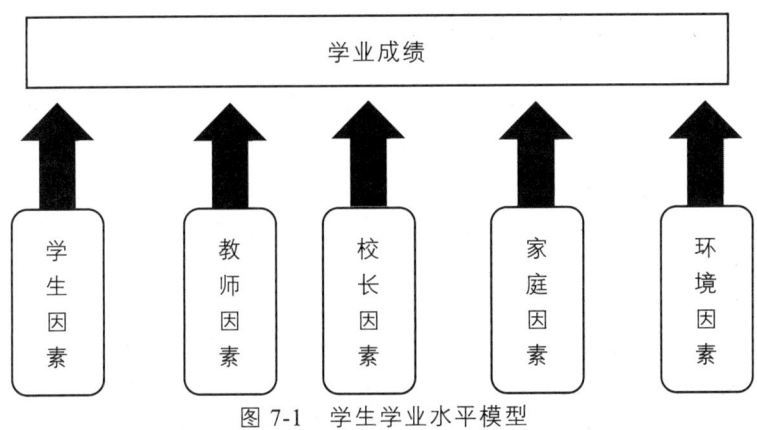

图 7-1　学生学业水平模型

二、教师教学水平相关研究

教学是学校的中心工作，教师的教学水平与学校的办学水平有很大关系，教学水平影响学校办学质量。如前面所述，学生的学习成效与教师的教学水平息息相关。影响教师教学水平的因素很多，如教师自身的因素，即教师的知识、能力、素质等；外在因素，如学校环境、校长、学校管理等。有研究者认为，教学水平受到多方面因素的影响，包括教师的学历、职称、学校驻地、教龄等。学历越高对教学水平的影响越大；相应地，职称越高对教师教学水平的影响越大；教师所在学校为城市的比教师所在学校为乡镇或农村的对教师教学水平的影响要大；教龄越高对教师教学水平的影响越大。也有人把教师教学水平影响因素归纳为五个方面，即教师自身素质，如教师的教育理论知识、教学方法、教学技能等；教师的心理环境，如融洽的师生关系、教师间的合作气氛、教师的满意度；教学条件，涉及教学设备和技术、教师的负担；学生环境，如班额；教师的社会地位。[①]

---

① 孙荣耀. 影响教师教学水平提高因素的研究[J]. 安徽广播电视大学学报，2001（2）：44-48.

三、学校教学管理相关研究

教学管理是学校管理的重要组成部分，是重要环节。做好教学管理工作对学校发展有巨大的推动作用。我国大部分中小学的教学模式都采用直线型的教学管理模式，即由校长—教导主任—教研组长—教师组成的四级管理模式。①教学管理可以分为宏观和微观两个层次。宏观教学管理是各级教育行政机关对各类学校和教育机构的组织、领导和管理。微观层面的教学管理是指学校内部的教学管理。因此，影响学校教学管理的因素就比较复杂，如校长的管理理念。学校教学质量的提高不仅要靠校长正确的指导思想，还要求校长有先进的教学管理理念。校长是教学管理的决策者，校长的教学思想、管理思想，决定了学校工作的状况和发展趋势。

对学生学业水平、教师教学水平、学校教学管理的相关文献梳理，为探讨LS学校的教学管理、教师教学水平和学生学业水平提供了理论基础。由于LS学校是易地搬迁新建学校，在图书馆（室）建设、劳动教育等处于探索阶段，因此本研究针对该校的学生学业水平、教师教学水平、学校教学管理三个方面进行探讨。对LS学校的学生学业水平，本研究界定为2020—2021学年度春季学期期末等级情况；教师教学水平界定为教师的课堂教学，包括备课、教学内容、教学方式、教学目标、作业；学校教学管理主要是教学常规工作情况以及教学管理制度。

第三节 研究结果

一、学生学业成绩总体偏低②

2019年，中共中央、国务院出台了《关于深化教育教学改革全面提高义务教育质量的意见》，提出"坚持五育并举"，强调"突出德育实效"

---

① 葛金国. 学校管理学[M]. 北京：中国科学技术出版社，1996：1.
② 研究中所指的"学业水平总体不高""学业水平总体偏低"，基于不同的区域学校（城乡）和不同群体的学生，其实并没有一个定论，本书以通常意义上的"及格率""平均分"来呈现，且及格率和平均分也会和本区域及其他区域相同年级的学业成绩进行比较，但依然面临不同区域、不同试卷的差异性问题。

"提升智育水平""强化体育锻炼""增强美育熏陶"以及"加强劳动教育"。随后，由之前极为关注智育转向对德育、美育、体育和劳动教育的共同关注。学生学业成绩作为衡量智育发展水平的重要维度一直备受重视，在理想的评价状态中，既不能因为过度重视智育而忽视德育、体育、美育和劳动教育；反之，也不能忽视智育的发展。但通过对 LS 学校一至六年级的学业水平分析，除一年级语文和数学平均分达到及格水平之外，其他各年级各学科平均分均处于不及格水平。从年级来看，三年级的语文、数学平均等级总体偏低；从学科来看，三至六年级英语共计 5 人及格，平均分也显著偏低（202105K）。见表 7-1、表 7-2、表 7-3。

表 7-1 LS 学校 2020—2021 学年度春季学期 1~6 年级语文等级情况

年级	实考人数	平均等级
一年级	126	C
二年级	122	D
三年级	128	D
四年级	132	D
五年级	138	D
六年级	141	D

表 7-2 LS 学校 2020—2021 学年度春季学期 1~6 年级数学平均等级情况

年级	实考人数	平均等级
一年级	126	B
二年级	122	D
三年级	128	D
四年级	132	D
五年级	138	D
六年级	141	D

表 7-3　LS 学校 2020—2021 学年度春季学期 3~6 年级英语平均等级情况

年级	实考人数	平均等级
三年级	128	D
四年级	132	D
五年级	138	D
六年级	141	D

相关研究表明，影响学生学业成绩包括家庭、教师、学生、学校等综合因素。在与六位老师谈及学生学业成绩状况时，了解到他们主要归结于学生自身原因，如基础薄弱、不努力、家庭不重视，没有任何人归因于教师层面或者学校层面。学生学业成绩偏低的归因中，被访谈的老师认为主要是学生自己以及家庭的原因。

D 老师：（来的学生中）很多都是后进生，在 S 学校这边，学生是从四面八方来的，所以水平参差不齐。他们的成绩差，尤其是乡村学校那个村级完小来的，当然难免。

Y 老师：我们这些学生基础都比较偏差，大部分基础都比较差。有时候，课堂上他也学，跟着你读，但是他就是记不住这些东西。还有，回到家里，孩子在学校表现怎么样，家长也不太关注这个问题。

X 老师：有些你上课的话他（学生）根本不听的。不听就算了，他下去也不完成作业。还有的是留守儿童，回去了爷爷奶奶或者外公外婆根本就不管的。不要说叫他读书了，叫他写作业他都不会写的。

二、LS 学校教师教学能力水平状况

教师的课堂教学能力、水平通过哪些维度来体现，这也是本研究需要探讨的问题。其中，教师的学科知识在中小学学科教学中的重要性已经引起政府和研究者的注意。英国剑桥大学研究团队的研究人员经过长期调查研究，归纳得到有关数学教学知识的"知识四维度"（Knowledge Quartet，基础知识、转化技能、衔接能力和应变能力）（鲁小莉　梁贯成，2015）[①]，

[①] 鲁小莉，梁贯成．"知识四维度"：分析教师课堂教学知识的框架[J]．全球教育展望，2015，44（8）：63-73．

提出关注教学过程，主要没有学生错误的识别、目标意识、例子的选择、教学工具的使用、对学生的回应等。从观察者视角看，对教师维度的关注中，涉及教学行为方式、教学风格、教学计划、教学组织形式、教学工具的使用，以及对学生维度中的行为方式及分组方式等（彭杰，2018）。①美国"语言教师效能"研究项目（TELL）研制的课堂观察量表中，学生单个参与和双人参与小组活动（丁安琪，2014）②是观察的主要维度。在课堂观察的 LICC（Learning Instruction Curriculum Culture）范式中，学生学习和教师教学是两个主要维度（崔允漷，2012）。③研究者团队开发的课堂观察与反馈表中，将课堂观察反馈分为课前准备、教师的教、学生的学以及作业辅导与反馈等四个环节。④综合上述研究及实践，研究者从课前准备（备课）、授课能力（教学内容设定、教学方式选择、教学教育性体现）、课后反思、作业批改指导能力几方面来研究，以期从局部来探讨 S 学校教师的课堂教学情况。⑤

（一）课前准备不充分

上好一节课，备好课是关键。结合备课的主要要素（陈建新，2014；苍晶，1994；北京八中，1994；北京十二中，1992）：备课程标准、备教材教参、备学生、备作业、备教学方法等，对六位老师的教案情况进行分析，发现四位老师没有写教案，另外两位老师的教案从网上下载，缺乏基于本班学生实际水平的二次内化与设计,学校教师在课前都没有充分准备。

---

① 彭杰. 现象学教育学视频分析：教师课堂教学分析的别样视角[J]. 中小学管理，2018（6）：8-10.
② 丁安琪. 指向语言教师专业发展的课堂观察——美国"语言教师效能反馈工具"述评[J]. 外语界，2014（6）：66-73.
③ 崔允漷. 论课堂观察 LICC 范式：一种专业的听评课[J]. 教育研究，2012，33（5）：79-83.
④ 研究者所用的课堂观察表，主要是基于 2007—2011 年中英西南基础教育项目（SBEP）中，由北京、云南、贵州、四川和广西四省（区）项目专家针对 26 个项目县开发的课堂观察工具表。此工具表在项目结束后，又基于各省区学校的实际情况，不断修订和本土化，以期在听评课中达到用"证据"来表达观点的要求，从 2012 年至 2020 年，此工具表在云南、新疆、河北以及安徽等省区学员均有尝试使用。但相关数据的收集和效果还需要进一步验证。
⑤ 除采用研究中的描述之外，研究团队还对课堂观察表进行量化处理，对每位授课教师用 28 个指标来全面分析其教学能力和水平，具体见附录。

Y 老师，小学二年级语文老师，上课没有教案，当我们向她要本次授课的教案时，她就将第一课时的教案给了我们。后来得知，这节课已经是第三课时。

Y 老师："我就上课前一个小时看一下的。"（202105Y1）

L 老师："说实在话，我没有写教案，但是我是认真备课了的，我是在书上写了的，只是没有写在本子上。而且我是采用的别人的电子教案，也加了一些自己的想法和看法。"（202105L1）

在对 L 老师教学 PPT 的分析中，发现 90%的内容和原版（网络版）相似，在授课中所举事例为原创，但内容不合适小学生。

X 老师："（备课）大概需要一个小时吧！一般来说我们备课的话，基本上都要看一下重点难点。"（202105X1）

X 老师提供了教案文本资料打印版本，经过我们和网络上比对，属于直接下载的教案。基于听课判断，对本班学生实际水平和能力的二次转化不足，即缺乏学生视角的备课。Z 老师与 X 老师一样，为他者教案和 PPT，没有任何二次备课的痕迹。D、M 和 T 老师没有写教案（202105Z3）。

M 老师："我大概花半小时备课吧，不过，我知道农村的孩子哪些地方能懂，哪些地方不懂。"（202105M1）

一节课达到什么样的目标，此目标与自己学生现有的水平是否匹配，围绕目标设计哪些教学内容，如何对"他者"的内容进行适合于自己学生实际的调整，采用什么样的方式来进行，尤其是如何激发那些成绩偏弱或者学习兴趣不强烈的学生的学习积极性和参与度，都是需要教学者在授课之前进行深度思考并以文本的形式呈现出来的。备课本身是"授课逻辑"文本化、外显化的过程，是不断进行课前预设和再授课验证的过程。备课是教学过程的精心预设，包含教师对课程教学内容的理解水平，也包含教师的创造性劳动，是教师再学习的过程。[①]教学准备是否充分，既体现出教师的专业能力，也体现出教师的工作态度。

---

① 陈建新. 对备课重要性的再认识[J]. 科学大众（科学教育），2014（5）：29-30.

（二）教学容量和教学方式急需改进

1. 课堂容量：一种"他者"的安排

一节课教学容量的大小，教师往往要参考课程标准、教材教参，以及结合本班学生能力进行综合评估设定。六位老师的课堂，D、Y 和 M 老师课堂容量显著偏少。比如，Y 老师 40 分钟的课堂，在第三课时时，授课内容仅为 9 个"生字词"的读与讲，且在课堂中并没有体现出学生练习写的过程。而且，上述生字词在第一节课已经讲过。X 和 M 老师的则过多，超过大多数学生的接受能力，如 D 老师课堂中的内容在研究者随机评估时，有四分之三的学生没有掌握。T 老师的课堂容量较为适中。①

对于上课内容的安排，他们这样说：

X 老师："我就是参考别人的教案啊！"（202105X1）

Y 老师："上课讲什么，教材上安排有的啊，我觉得他们东西既然能出书，应该就是经得住考验的。"（202105Y1）

M 老师："我就是按照教案来安排进度的，还参考了别人的东西。"（202105M1）

L 老师："主要就是依据课本，然后也看别人讲什么。"（202105L1）

教材作为实现课程标准的主要文本载体，为所有授课者提供了授课内容参考和依据，但内容进度如何安排、容量如何确定，除依据课标、教材及教参之外，学生能力水平也是课堂容量和进度的重要参考因素。教参往往是一线教师授课教学进度安排的重要参考依据，如果教参的编写者属于教学的实践者，具有教参编写能力，也可以推断出其所教学生群体和易地搬迁学校学生群体在学习能力及水平方面可能存在的差异。如果教参编写者为理论工作者，其教学容量及进度设计就更需要依据当地学生的实际接受能力进行二次加工设计。

---

① 课堂容量是否合适，理论层面需要以课程标准、教材及教参进度建议等作为参考。但在实践中，重点需要根据学生的掌握水平来进行判断，如 Y 老师第三课时仅仅讲授 9 个第一节课已讲授的生字词，我们可以作出内容安排不当或者容量显著偏少等判断。X 老师按照教参或者他者 PPT 进度，基于研究者对学生掌握能力的判断，属于课堂容量过大，可能导致相当部分学生无法掌握其授课主要内容，达不到"预期目标"。

2. 教学方式：照本宣科的"讲授式"课堂

六位老师基本采取讲授式教学，其他诸如合作学习模式、价值观学习模式、非指导性教学模式、模拟训练模式等（布鲁斯·乔伊斯等，2014）在其课堂教学中表现不明显或者没有表现。当其他教育理论家和社会舆论家忙于批评讲授法教学（讲解和阅读）的有效性、寻找讲授法的缺陷时，奥苏贝尔却坚决认为应当通过讲授法来掌握技术性材料[①]，并提出接受式教学并不一定是被动的。即使是最为常用的讲授式教学，也没有很好地掌握。

X 老师主要采取讲授法，其间提问总计 14 次，100%是让同学读字音或者读句子，没有一次提问是让学生思考后再来回答问题的。没有讨论，没有给学生留有思考的空间。X 老师在授课中出现知识性错误，"家"的笔画顺序不对，先写了"平宝盖"，然后再写"点"（202105X）。

D 老师讲授上周考过的试卷，采用逐题讲解的方式，其间会让同学回答问题，共有 11 次提问，主要是机械式提问。比如，这个字怎么读、哪位同学来给大家读一下等类似问题，40 分钟讲解了试卷三分之一的内容，没有知识的引申，没有讨论，犹如流水线作业一般依次讲解。Z 老师与 D 老师授课过程及方式基本相似（202105D，202105Z）。

（三）缺乏对学生"成长"的关注

个体成长的过程不能简单地还原成个体知识学习与能力发展的过程，而要在人与人彼此交流、共同存在的背景中激发个体对知识与真理追求的过程，即通过人与人富于爱心的对话带出个体持续地追求知识的生命姿态。一旦把知识的学习降格为现成知识的记诵，个体反过来便不再欲求知识，转而成了知识的容器。一旦把学习还原成孤立个体的理智活动，教学的教育性旨趣就大大降低。[②]正如佐藤学所言："在教室里并不存在'大家'，存在的只是有自己名字和容貌的一个一个的学生。即使在以教室中的全体学生为对象讲话时，也必须从心底里意识到，存在的是与每个学生个体的

---

① 布鲁斯·乔伊斯，玛莎·韦尔，艾米莉·卡尔霍恩. 教学模式[M]. 兰英，等，译. 北京：中国人民大学出版社，2014：189.

② 刘铁芳，罗明. 作为教学方的对话：意蕴及其可能性[J]. 课程. 教材. 教法，2020，40（3）：89-94.

关系，教师和学生在同一视线上相互交换目光的关系是教育的基本。"①教学不仅是知识的传播与传递，更是与学生的对话，是一个在知识的分享中促进学生整体发展与成长的过程。要把握学生身心发展规律，实现全员全过程全方位育人，增强育人的主动性、针对性、实效性，避免重教书轻育人倾向。②

X 老师的课堂共计提问 14 次，其中四次提到"我来找不会的同学回答问题"，这可能是研究者在面前体现出对所谓后进生的关注。14 次提问中，三位同学占了 8 次，6 位同学各回答一次。通过进一步观察，分布在后面三排的学生中，6 位同学双手交叉搭在课桌上，下巴放在手面上，目光盯着桌子。4 位学生在桌子下面做小动作。从 8:40 开始，已经有 10 多位学生（估算）开始坐不住了，X 老师分别在 8:43 分、8:52 分两次整顿班级纪律。一节课中，站在讲台的时间为 34 分钟，走下讲台的时间为 6 分钟。整个教学过程中，以教材（或者他者的教案）知识为逻辑进行单向度传递，缺乏师生有意义的、生成性的对话。

教师对学生的关注并不完全表现在提问环节，但可以通过活动设计来让每个学生都参与到课堂中来。比如，小鸭子游泳、小蚂蚁搬家，可以采取分组讨论方式，然后进行动作演示，而不仅仅是通过教师和学生之间的个别提问来完成。

D 老师 40 分钟问学生 27 个问题，有 5 次是对学生个体提问，有 22 次是对应学生集体回答。按照试卷题目顺序，加入师生对题目的问与答，完成整节课堂，既没有提供给学生分组讨论的话题，也没有给学生个体提供具有挑战性、需要深度思考的问题，更没有对试卷开展综合性评述。比如，错题主要集中在哪里？基于错题，课文中哪些知识点还没有掌握？哪些内容总体掌握比较好？不同群体的学生分别出现什么样的问题？上述问题在课堂中没有任何反映（202105D）。

Y 老师一节课共计问询学生 48 次，6 次是向个别提问，42 次是向集体

---

① 佐藤学. 静悄悄的革命：课堂改变，学校就会改变[M]. 李季湄. 译. 北京：教育科学出版社，2014：4.
② 教育部等七部门印发《关于加强和改进新时代师德师风建设的意见》的通知[EB/OL]. http：//www. moe. gov. cn/srcsite/A10/s7002/201912/t20191213_411946. Html.

提问；事实性问题居多，如"户"是什么结构？户怎么组词？什么时候的空气很清新啊？雷雨后是不是？"新"的反义词是什么？（202105Y）主要从九个字词（已经不能称为生字词）中练习拼读、字体结构和组词等。与D老师相似，采取"流水线"模式授课，既没有表现出对不同群体（比如成绩好的或者不好的，遵守纪律的或者不遵守纪律的等）的关注，也没有表现出对特定个体的关注，是一种比较典型的"流水线"课堂。

六位老师均以知识为主线，以被动掌握知识为目的。从教师的视角，是知识的传递过程；从学生视角，是知识的接受过程。缺乏"教学的教育性"，体现了典型的学科知识中心的教学本质观。教学过程不能忽略"默会知识"的存在和作用（廖哲勋，2005），要通过教学使学生的情感、态度和价值观得到主动发展。以学科知识为中心的教学本质观也强调学生从学习知识中获取思想情感，但忽视了学生对知识采取什么态度的问题：是让学生成为知识的旁观者，还是要学生成为知识的主人，这是两种对立的情感、态度和价值观。学习活动是学生的精神生活，而不是知识学习，包括对待自己、对待他人的教育，包括怎样做人、做什么人的教育。①简言之，知识很重要，但不能唯知识。

（四）缺乏设计与多样化的作业

贵州省教育厅等九部门印发的《贵州省中小学生减负实施方案》通知规定，要规范作业教辅。统筹控制作业总量，中小学校要加强对各科作业的统筹管理，严格控制每天的作业总量和时间，小学一二年级不得留书面家庭作业，小学中高年级每天书面作业总量控制在1小时以内，增强作业实效、重视作业质量，教师应科学设计作业内容，提倡分层布置作业，不布置机械重复……教师要做到有布置必批改、有批改必讲评（黔教发〔2019〕139号）。②

X老师没有布置家庭作业，但也没有布置课堂作业，在8:55—9:10的"标点符号运用"知识点的教学中，对坐在研究者周边的四位同学随机抽查

---

① 廖哲勋. 我的教学本质观[J]. 课程. 教材. 教法，2005（7）：20-27.
② 省教育厅等九部门关于印发《贵州省中小学生减负实施方案》的通知[EB/OL]. http：//jyt.guizhou.gov.cn/zwgk/gzhgfxwjsjk/gfxwjsjk/202012/t20201228_65781338.html.

第七章
易地搬迁学校优化管理之个案研究

任务完成情况，有三个同学出现错误，一个是空格不对，一个是写错字，一个是标点符号运用得不对。D 老师的试卷还有三分之二没有讲完，也没有布置作业；Y 老师也没有布置作业，在课后研究者随机抽查的 6 个同学中，上述 9 个字词无一人写正确，错 4 个以上的有 3 个同学，错 2 个的为 2 个同学，错 1 个的有 1 个同学。

研究者收集每位老师的 20 次作业，每个学生随机抽取两次，共计 60 次作业进行初步评估。X 老师的作业批改总体比较粗糙，主要表现为作业只有对号和叉号及日期表示，学生出现写错字的情况以及写字不规范（田字格中偏旁部首所占的位置不合理等）没有给学生指出，比如"斗"的三声组词，可以是"墨斗"，但学生组成"战斗"，教师依然打的是对号（202105TBX）。Y 老师的作业修改比较多样化，作业好的学生老师会在当天的作业上画一朵小红花，对于学生出现的错字、错句等在作业本上进行修订；或者指出了，但作业本上没有体现出作业订正的痕迹（202105TBY）。通常意义上，作业错误部分被识别出来之后，学生需要将写错的字句重新订正，写在专门的"改错本，或者订正本"上，或者写在课堂作业本上。这既是对知识点的巩固，也是一种学习习惯的养成。

作为学生有效利用课余时间的一种途径，作业的质量在很大程度上影响学生的发展。①作业一般包括作业设计、布置、批改、讲评以及反思等五个环节。作业设计属于课前准备环节（当然基于教学的实际情况，也可以在课堂中基于教师的经验和智慧进行作业设计），作业布置一般属于课堂行为，虽然相关部门三令五申不得加重中小学生学业负担，并规定小学一二年级不留家庭作业，高质量的课堂作业就成为学生知识巩固的一种重要途径。就学习任务而言，四位语文老师中，X、L、Z 和 Y 老师的课堂按照访谈中教师对目标的设定，无论从学生群体还是个体，未完成率依然很高。这时候可以通过分层作业的方式，或者采取"表演型"模式来完成作业（比如，让学生课后表演"小蚂蚁搬家"的游戏来完成扩句的作业），但四位语文老师没有一位老师布置作业。

---

① 杨伊，夏惠贤，王晶莹. 我国学生作业设计研究 70 年：回顾与展望[J]. 教育科学研究，2020（1）：25-30，54.

（五）教学目标与效果评估的迷失

课堂教学目标对教师教学活动具有全局性引导、调控和激励作用，需要教师用心琢磨和研究才能发挥作用，因此课堂教学目标也蕴含着教师专业发展的契机。课堂教学这个看似简单的任务以及"习惯化"目标，忽略了对自己日常化行为的反思和追问。课堂教学目标的设计与实施是一个动静交叉的过程，其背后有一系列诸如教育目的、课程目标、学生发展等相对静止的因素产生影响。而设计和实施本身又是一个动态过程，是对目的、目标和发展的不断反思与改进。在实践中，如果教师对每节课、每个单元以及每本书结束之后达成什么目标能够了然于胸，其授课过程就很难偏离方向，其效果评估也就自然能够和目标对应。[1]

通过对 X 老师文本中五个目标的分析（1.认识"棍、汤"等八个生字；2.结合生字词，感受四组词所呈现的夏天美好惬意的画面；3.能正确朗读每组句子，并能把例句说具体；4.能够给句子加上正确的标点符号，学会使用逗号、句号、感叹号和问号；5.学习抄写句子，做到格式正确，书写端正），结合课堂观察以及对学生的随机"测试"，可以判断出本节课目标没有达成，但 X 老师并没有意识到这一点。下面是一段与 X 老师的对话。

X：就是通过讲习题，让 90%的孩子们都会做，能够知道我讲的是什么、是什么意思（202105X）。

R（研究者，下同）：你通过什么来判断是否达到 90%的预期呢？

X：我就下去检查一下，从作业本上啊，还有平常的测试，测试卷子上面会出现我今天讲的类似题目。如果说这类似题目他不会做,他做得不好，那么我就知道他这方面欠缺。

R：最后一题就是让孩子们要抄一遍对不对？你知不知道这些孩子抄

---

[1] 2017—2021 年，在对 G 省 K 县和 X 县开展的"乡村教育引领者项目"的培训中，严格按照目标管理导向，采取"目标—内容—方式—总结—反馈"路径模式，即首先让授课者这节课达到什么样的目标，且能用最简洁和清晰的语言进行目标描述；其次，让授课者说明以什么样的内容来支撑目标的实现，采用什么样的方式来呈现内容；再次，对内容进行小结和总结（回到目标中）；最后，效果反馈，及目标是否达成（再次回到目标）。这种模式以目标为依据，以内容为载体，以评估为抓手，以内容与方式为目标服务，通过项目实践能够证明此种方式的有效性。

的时候正确率大概多少？

X：抄下来的话，正确率一般来说是百分之九十几吧。

R：那我给您说一下，我看了4个孩子，3个孩子都没有正确完成，其中一个是把字写错了，那个"爸爸笑了的'了'"，写成了"子"；第二个孩子写的时候没有加标点符号，我问他为什么不加标点符号，他说老师没有说；第三个孩子，就是您说的那个坐在后面的孩子，抄的时候前面空了两格；第四个孩子写对了。我周边的几个孩子，我看了4个孩子，就有3个没有掌握。如果从随机概率来讲，它就是25%，没有达到你说的90%的预期。

除了 X 老师有教案之外，L 老师、D 老师和 Y 老师均没有文本材料，其教学 PPT 也是他者的成果，无法通过其文字材料获取其目标达成情况。但通过对其课前准备、课堂观察以及作业布置等情况，也可推断其目标的非精确化。主要表现为 D、Y 两位老师在内容安排上显著偏少，在方式方法上显著单一，未能调动学生学习的积极性（202105X3，202105XD3，202105Y3，202105X4，202105XD4，202105Y4）。

三、教学常规管理：知道问题而无力改变

常规的"常"字，一般理解为经常，在此的意思为普遍习惯。"规"字，在此词语里意为规律、规矩。常规一般意指经常实行的规矩或规定。教学常规意为在教学工作中所要遵循的一般规矩和流程，是教学规律的体现，是对教学过程的最基本要求。北京八中在 1994 年给《中小学管理》杂志的一篇文章中提出教学工作常规主要包括备课、上课、作业、检查、总结、课外活动和教学研究活动等七环节[1]，北京十二中的教学常规工作包括计划、上课、作业和辅导、考核以及其他等五环节。[2]研究者基本采用上述两所学校对教学常规的理解，并增加质量分析环节，从备课、上课、作业、教学反思以及质量分析角度来探讨 S 学校的常规管理工作。

---

[1] 北京八中. 中小学管理[J]. 1994（1）：26-27.
[2] 北京十二中. 教学工作常规[J]. 中小学管理，1992（6）：38-39.

（一）教师备课："走形式"

教师备课情况方面，访谈情况如下：

H校长：就备课这一块，从内心上来讲，我也知道老师们很多情况下是走形式的，也就是没有认真备课；老师们备课如果说手写的话，基本上都是抄；电子版的话，我们学校有严格要求，如果出现这种情况，我们会进行扣分。但是很多老师的修改不大（202105H1，202105T1）。

T副校长：老师们可能每节课备课的时间不足40分钟的人要占80%左右。以前的时候要求手写，90%的老师会写，但主要是抄。后面要求电子教案，包括我们学校也是这样规定的。但是你去看，真真正正去写的人很少，事实上也可能流于形式。

（二）上课："随意性大"

"随意"可以理解为"任凭自己的意思，随着自己的意愿"。随意性大，也就意味着老师没有遵守既有的上课规范或者要求，如缺乏课前的严谨准备、授课中没有呈现较为清晰的阶段性、授课目标不清晰等，处于"想怎么上就怎么上课"的状态。

R：你们学校老师上课的情况，比如准备是否充分、态度是否认真、上课的能力水平等，您是怎么看的？

H校长：我认为我们学校的老师应该有50%上课还是算认真的，还有50%的人随意性太大，随意性太大（连说两遍"随意性太大"）。然后，即使这50%认真的老师，他们也存在着一些缺陷，如他们写出来的教案和他们上课的那个模式不同，都有这种可能。

（三）作业批改："走马观花"

关于学生的作业情况，访谈情况如下：

H校长：我们学校的所有老师，我认为有60%左右的人，当然是以我的标准，还是算认真的。但是有40%的老师，他们批改作业，量这方面还不够。对于批改的标准，他们也是走马观花，不太认真仔细（202105H1）。

R：但是，检查作业布置、老师批改的情况，比如有些学生作业做得不好，老师有没有根据学生的情况，有针对性地对学生进行辅导呢？像你们学校的话，学校的领导有没有掌握这种情况呢？

T副校长：检查作业，只是起到"我布置作业了，改作业"这么一个作用，像作业有针对性辅导啊等，没有起到这方面作用。有的老师，你不（例行）检查的话，他们连作业都不改的，检查下来有这样的情况（202105T1）。

（四）教学反思的不足

六位老师没有一位老师有上一周的教学反思，也就是说，授课结束后依据一定的标准（比如听评课的维度参考往往也可以作为授课者自我反思的参照）来判断上课效果如何，在教学方法选择、教学内容的安排、教学的教育性等是否有需要改进之处以及如何改进等。这一方面既可以是集体反思，也可以是基于课堂录像回放的个体反思等。六位老师都没有去做，课结束就真的"结束"了。正如S学校H校长和T副校长所言：

他们都知道是月底来检查（教学反思）是否有，所以有些反思可能是后面补的，补的反思的质量可能会受到影响，因为只是单纯地完成任务（202105T1）。

H校长：我们要求老师们要做质量分析的。只不过在这个质量分析做出来之后，他们写得很粗略，可能是因为不知道如何写这个质量分析，所以他们就只是简简单单地分析了一下这次考试出现的重难点，也就是验证上课之后重难点有多少、基础分大概有多少、读得怎么样。孩子们解决难题的能力、难题大概比重等，分析得非常肤浅。

教学反思是教师为了实现有效的教育教学，对已经发生或正在发生的教育、教学活动以及这些活动背后的理论、假设，进行积极、持续、周密、深入、自我调节性思考，在思考过程中，能够发现、清晰表征的教育、教学问题，并积极寻求多种方法来解决问题的过程。[①]

---

① 申继亮，刘加霞. 论教师的教学反思[J]. 华东师范大学学报（教育科学版），2004（3）：44-49.

（五）学校教学常规管理制度

每一所学校理应都有其成形的管理制度，或者以学校文本形式呈现，或者以规章制度形式张贴在墙上，或者形成一种隐性的文化。通过对学校管理文本的查阅（202105P），学校设计了非常规范的教学常规管理制度文本。《LS 学校 2021 学年度工作常规管理实施建议》"教学管理及质量"一节规定："严格教师认真备课、上课、试卷作业批改等要求，定期或不定期开展教育教学质量研讨交流会；教学过程管理规范、严格，教学检查要有效落实；认真完成深入课堂不少于 30 节，校长中层班子其他老师不少于 20 节等。"（202105P）

《LS 学校班子分工安排》中对"校级领导分工"有规定。"S 学校职责督查领导小组"中规定：全面督导学校各项规章制度的贯彻、执行和落实情况；在督查中发现任何问题，必须一查到底，有查必报，有查必清，有违必办（202105GZ）。

在制度层面，学校有完善的规章制度；在责任人层面，有专门的分管领导负责制度的落实，责任到人已经明确；在监督层面，有过程性考核，有奖惩措施。T 副校长充满工作热情，对话中能够感受到其对孩子满满的爱，以及对学校办学质量的焦虑和担心。

LS 学校部分老师的课前准备不充分、上课目标不明确、作业设计缺乏多样化等情况依然存在，为什么会发生这样的情况？H 校长的一句话也许能说明：

学校存在的问题，我们也会开展校本研修，但说实话，根本算不上校本研修，我们只是针对一些问题，利用开会的时候，或用讲座的方式给老师们剖析一下、讲一讲。如果说深入去研修，说实话吧，我们也没有能力去做（202105H1）。

第四节 讨论与建议

一、讨论与分析

（一）教学之痛：教师专业自觉不足

何谓教师专业自觉呢？自觉可以理解为一种自我意识，对于自己能做什么、不能做什么、自己应该做什么、不应该做什么，行为主体都能够根据自己的身份角色有清醒的认识。"专业自觉"指的是行为主体根据自己"专业"的一种关于何为何不为的自我意识，并以此自我意识指导专业实践。[①]教师对自己所从事的教育工作的专业性要有清晰体认，要主动维护教师专业的声誉。

作为教师，充分的课前准备、用心上好每一节课、基于教学目标与课堂反馈安排作业，基于作业反馈对学生有针对性辅导等，以及基于某个教学点、整节课、整个章节（单元）而进行的教学反思，既是教学环节的逻辑闭环，也是教师专业发展的逻辑路径，同时也是作为教师专业自觉的身份认知：知道在教学中务必要做什么、不能做什么等。从 S 学校部分教师自身来看，课前缺乏充分准备、上课直接采用"拿来主义"、课后缺乏有效反思等，在某种程度上是教师专业性不足的表现，即使经过 10 年或 20 年的教学实践，专业发展水平也可能处于较低水平。之所以如此，主要原因是部分教师没有做到专业自觉。

教师是影响学生学业成绩的关键因素之一，教师的特定行为能有效影响学生的成绩。基于美国标准的 TMSS2003 数据显示了美国和瑞典的教师课堂教学行为对学生成绩产生积极的作用。澳大利亚墨尔本大学哈蒂教授（John Hattie）2009 年出版了《可见的学习》（visible learning）一书，历时 15 年时间，从大量研究变量中提取出 138 个影响学业成就因素的效应量，并将其归入学生、家庭、学校、教师、课程和教学等 6 大类别之中分别加以比较、阐释和总结，结果发现对学业成就影响最大的因素是教师。[②]在实

[①] 蔡连玉. 教师专业自觉：一种素质教育资源[J]. 中国教育学刊，2011（4）：70-72.

[②] 李树培，魏非. 中小学校本研修的问题、缘由与路径[J]. 教师教育研究，2019，31（2）：37-41.

践中，"择校"的本质是对教师群体的选择，即名校效应的背后，是利益相关者对教师群体的责任和能力的信任。从 LS 学校样本教师课堂教学总体上难以调动学生学习积极性和学习兴趣，课堂教学中常识性错误非个案的发生以及教师个体缺乏改进的意愿等综合判断，学生学业水平总体偏低与其教学水平显著相关。如果缺乏外界的干预，这样的状况可能会一直存在下去。①

（二）管理之痛：校长领导力不足

教学常规管理存在的主要问题为：注重检查上的形式，缺乏内容上的引导；标准过于细致统一，缺乏学科差异化管理，最终导致教学常规流于形式；教育部门上有政策，学校教师下有对策。H 校长、T 副校长对教师教学中存在的状况有清晰的判断和掌握，LS 学校也制定了相应的教学常规管理、落实、督查完善的系列制度，但这些文本最终沦为"挂在墙上的制度"。从现象判断，学校管理者清楚知道学校存在的问题，但与此相对应，学校日常开展的所谓校本研修之"集体备课"、常规课堂管理（校长教师听课制度）、作业及反思检查评估制度，可能只是"应付差事"。在某种程度上，教师上课中存在的问题（含课前准备及课后作业及反思等）本身就是学校管理的折射——上行下效。

有研究表明，校长可以通过营造积极的学校氛围来影响学生成绩，但营造积极氛围需要以教师专业发展、教师自我效能与集体归属、教师领导力、学校文化氛围等为中介。②具体见图 7-2 学校氛围中介效应模型。

图 7-2 学校氛围中介效应模型

学校管理者对工作的态度，直接或者间接影响教师对学校管理者能力与态度的判断，进而形成独有的学校文化氛围。学校管理者在常规教学管

---

① 研究小组计划在 2021 年下半年将继续跟进此学校，其教师水平和学生成绩的关系将展开进一步研究，以及将研究对象扩展到学生本人以及家长群体。
② Elaine Allensworth and Holly Hart. How do principals influence student achievement？[R]. Chicago：University of Chicago Consortium on School Research, 2018：1.

理中如果处于应付的状态，教师也自然不会认真对待。犹如 LS 学校对教师教学常规中出现的问题没有及时纠偏，在某种程度上也是对教学不认真的纵容，容易产生"应付"思想与"形式主义"。

校长领导力是指校长统率、带领团队实现学校发展目标的能力。校长领导力与教师专业发展关系密切，教师专业发展是校长领导力发挥的沃土，而校长领导力是教师专业发展的动力。校长领导力的有效发挥不仅能够促进教师专业知识的增长和专业技能的提高，而且能够促进教师专业道德的升华和专业情感的深化。①H 校长教龄 19 年，今年刚满 40 岁，年富力强，来到 S 学校后充满激情期待要对学校做一番改革。虽然刚来学校没有多久，但话语流露出对学校和学生的真挚情感，有一种个人无论付出多大代价都要把学校办好的决心。但通过对学校各项规章制度的落实、指导教师专业发展水平情况以及学校教学常规管理中存在的问题解决程度，可以看出 H 校长的领导力还需进一步提升。

校长对教师在"了解教学目标、指导课堂教学以及引领教研"活动中占据非常重要的角色，其重要性超过业务副校长（李刚，2015）。在专业发展的影响中，没有教师的充分发展，就难以有学生的主动发展和全面发展，学校的发展也就成了无源之水。②教师质量是提升学生学习成绩的中坚力量，校长对教师质量可以产生直接、显著的影响。③学校管理者对教学各环节缺乏专业影响力，一学期无论听多少节课本质都没有意义，犹如实践中发现不懂教学的校长在教师课堂中出现，即使老师在授课过程中无论出现多大或者多少问题，校长都没有识别、判断及反馈的能力，被听课者依然可以按照自己的授课方式、风格等继续"低质量"地讲授。④

---

① 马焕灵. 校长领导力促进教师专业发展的机理与策略[J]. 中国教育学刊，2011（3）：41-43.
② 马焕灵. 校长领导力促进教师专业发展的机理与策略[J]. 中国教育学刊，2011（3）：41-43.
③ 李华，程晋宽. 校长领导力是如何影响学生成绩的？——基于国外校长领导力实证研究五大理论模型的分析[J]. 外国教育研究，2020，47（4）：71-89.
④ 上述结论基于对 2019—2021 年 15 节课的观察，教学不专业的校长无法对课堂作出专业判读及回应；同样，教师对其也缺乏相应的专业认同，校长听课机制也就无从发挥教学改进、指导功能。

（三）学生之痛：理想与现实的可能鸿沟

G 省是全国搬迁规模最大、人数最多、任务最重的省份，共实施易地扶贫搬迁群众 188 万人，新建或改扩建安置点学校 669 所，解决搬迁户子女就学数共计 19.29 万人①，占全省学前和义务教育在校生总人数的十分之一，有效解决了搬迁群众子女"难上学"问题。但在全面建设高质量教育体系的时代背景下，安置点学校整体教育质量相对薄弱，部分学生学业水平未能达到国家课程标准要求，学生发展受限，"上好学难"问题突出，严重影响搬迁户"稳得住"以及可能产生新一代贫困问题。习近平总书记提出："扶贫必先扶志"②"……脱贫致富不仅要注意'富口袋'，更要注意'富脑袋'"③。但现有的教学质量，从总体而言，难以让学生接受有质量的教育。从教育对阶层跨越的可能性而言，该群体从入学时起，起点就可能就不公平。教育对贫困的摆脱作用在不同层面已经基本形成共识，王嘉毅等（2007）提出教育既是摆脱贫困的关键途径，也是家庭和个人提升幸福感的重要通道，还是促进经济增长的核心因素。④詹久阿（Janjua，2011）对 40 个发展中国家近 20 年截面数据的分析表明，在促进减贫的所有因素中，教育对减贫的贡献最大。⑤欧莫尼伊（Omoniyi，2013）也认为教育不仅能从宏观水平上促进经济发展、提高生产力，也能从微观层面增加家庭的人均收入，减少贫困。⑥阿万（Awan，2011）对巴基斯坦家庭的分析发现，教育与贫困发生率呈负相关，而且接受更高层次的教育会减少人们陷入贫困的概率。⑦韦奇伍德（Wedgwood，2007）研究了坦桑尼亚的教育与

---

① 数据来源：省教育厅规划处，2020.
② 中共中央文献研究室. 习近平总书记重要讲话文章选编[M]. 北京：中央文献出版社. 党建读物出版社. 2016：300.
③ 中共中央文献研究室. 习近平关于社会主义经济建设论述摘编[M]. 北京：中央文献出版社. 2017. 232.
④ 王嘉毅，封清云，张金. 教育在扶贫脱贫中的作用及其机制[J]. 当代教育与文化，2017，9（1）：1-4.
⑤ Janjua P. Z., Kamal U. A. . The Role of Education and In-come in Poverty Alleviation：A Cross- Country Analysis[J]. LahoreJournal of Economics，2011，16（5）：448-452.
⑥ Omoniyi M. B. I. . The role of education in poverty alleviation and Economic development：a theoretical perspective and coun-selling implications[J]. British Journal of Arts & Social Sciences，2013，15（11）：176-185.
⑦ Awan M. S., Malik N., SarwarH., etal. Impact of educationon poverty reduction[J]. International Journal of Academic Research，2011，3（1）：659-664.

贫困问题，指出仅仅增加教育"量"的供给对脱贫并没有太大作用，关键在于教育"质"的提升。[1]

LS 学校的建设，解决了当地易地搬迁安置点居民适龄儿童"难上学"的问题，但距离"上好学"还有一定的差距，尤其是 LS 学校学生学业水平显著偏低的情况，可能导致绝大部分学生期待通过教育改变自身和家庭命运的愿望很难实现。从学生的当下判断学生的未来，理想和现实还是有较大的距离。

（四）专业支持之痛：教师与管理者的双重困境

1. 培训力度不够，培训质量不高

我国《教师法》明确规定："教师具有参加进修或者其他方式的培训的权利。"教师培训是其专业发展中不可或缺的重要环节，是教师专业成长的助推器，是解决教育教学难题的重要路径，也是激发教师职业活动的重要方式。全球知名的学习公司培生集团发布的《国家/地区教育绩效启示》报告指出："优秀的教师对高品质教育至关重要。发掘并留住他们并不是薪水高低的问题。相反，教师需要被当作有价值的专业人士，而不是教育大机器中的一个技术人员来对待。"[2]教师在教学生涯阶段面临各种各样的压力。如在妥善处理师生关系、教学内容和进度、理论与实践相结合、有效教学管理、与其他教师合作等方面急需科学合理的引导。[3]

H 校长到 LS 学校一年多，T 副校长也来了快两年，共计参加过两次培训，全校其他老师基本参加的是 2019—2020 年市（州）、县教育行政部门举办的专门针对易地搬迁安置点配套学校的 2~3 天的全员培训项目（部分项目最长为一周时间），其他老师偶尔参加其他学校的名师工作室的活动。至于效果，H 校长提到：

> 培训的实效性不是很大，听的都是别人的故事，不接我们的地气，而且培训的时间也特别短。2020 年之后，学校很少有老师参加培训

---

[1] Wedgwood R. . Education and poverty reduction in Tanzania[J]. International Journal of Educational Development，2007，27（4）：383-396.

[2] 王冬凌. 科学与人文：区域教师培训项目设计的价值取向——兼论教师培训机构专业化的路径[J]. 大连教育学院学报，2010，26（4）：16-19.

[3] 翁伟斌. 教师培训走向何方——对教师培训的审视[J]. 上海师范大学学报（哲学社会科学版），2020，49（3）：73-82.

（202105T1）。

形式上以讲座为主，此种形式已经不能适应当下校长及教师对培训的需求。内容设计上以设计者意图为导向，缺乏对易地搬迁学校实际情况的诊断和识别。就 LS 学校整体而言，教师存在教育教学能力不高、教学质量偏低的情况。具体而言，存在备课、上课、作业、课后反思以及质量分析与改进等问题，而且属于教育教学中的基础性、基本性问题，但培训中这些基础性问题依然没有解决。

另外，教师的专业发展是一个持续的过程，对教师的专业支持一般需要 2~3 年才能促进其有效变化，这就需要从课程设置、支持方式等全方位系统化地设计。现有的短期集中培训已经很难有效促进教师的专业发展。当官方要求超过学校管理者和教师能力，很多文件可能最终会成为一纸空文。C 县教育局已经认识到，抓好教学常规管理是提升教育教学质量的重要条件之一。2021 年 4 月 6 日，C 县教育局发布《关于进一步加强教学常规管理 努力提升教学质量的通知》，但两个月过去，学校没有任何实质性变化。

2. 校内没有能力开展校本研修，活动缺乏实效

校本研修是一种以学校为本、以教师为本、以解决问题为主要目标的研修方式[①]，是以学校为基地、以学校内教育教学实际问题为逻辑起点、以校内教师为主体，在专业引领者的指导下，并在教师自我反思的基础上，以促进师生共同发展为研究目的教学行动研究活动。从开展校本研修的路径而言，应遵循"发现问题—分析问题—解决问题"的思路。但是，从校本研修的起点之"问题发现"角度看，其本身就是专业能力的体现。以"备课"为例，首先，当学校以"备课"为主题开展校本研修活动，就意味着学校部分教师在备课方面存在一定的问题，否则以备课作为校本研修的内容就没有意义。其次，"备课"中存在什么样的问题、哪些教师存在备课的问题、为什么这些问题是"问题"，需要学校其他教师能够具有"权威性"的话语表达，即给"备课"问题定性。再次，组建团队，对"备课"存在的问题进行研讨，针对备课存在问题的老师进行指导和干预。最后，

---

① 周剑波. 校本研修：源于实践的专业发展之路[J]. 教学与管理，2011（32）：6-7.

"备课"存在的问题是否解决等，要完成一个逻辑循环。特别需要指出的是，在以"备课"为主题的校本研修中，问题的解决对教师专业发展提出了挑战。比如，备课中目标的确定是否合适、目标来自哪里、仅仅参考教参是否合适。另外，备课中授课内容的量，如何基于自己学生能力来进行合适的设置，确定内容之后采用何种方式、内容如何与方式以及目标进行匹配等，都需要校本研修指导者（往往是本校的所谓优秀教师）进行判断，同时能够提供令大家信服的实践经验以及基于经验做出理论阐述。更为关键的是，校本研修往往是解决真问题，在存在问题的教师通过讲解方式不能解决的时候，需要指导者亲自现场示范，这都对主导校本研修活动的组织者、指导者提出了巨大的挑战——在自身能力不足的情况下，是无法带领团队开展所谓校本研修活动的。

通过对 LS 学校随机抽取六位老师的课堂，以及 H 校长所表达的"我们也没有能力去做"可以看出，发现问题，也知道问题存在，但外界的支持力量有限，尤其是县级层面的教研和培训活动相对比较薄弱，而且可能讲授"别人的故事"，对解决本校的作用不大，校内又无能为力解决，所以只能让"问题"继续停留在原地。魏易（2021）在教师参加专业发展活动对学生学业成绩的影响中谈到，校本教研活动的频率与程度、教师之间正式和非正式的交流与学生的成绩增值有显著的正向关系。从对校本教研活动的研究结果来看，校本课程教辅材料开发、与同事研讨教学问题、与同事讨论学生学业发展问题、与同事分享教学经验与资源都不同程度地起到了积极的作用。校本研修的有效开展与学生学业成绩也紧密相关。

二、建议

在前几章，本研究提出了相关建议。在此，本研究针对教学常规管理再提出一点建议，即全力推进教学常规管理系统化、规范化、精细化。推进易地搬迁学校建立完善教师研读课标教材、有效集体备课、课堂教学、听评课、作业布置批阅、学生辅导、命题考试、质量分析等一系列教学常规管理制度，探索建立可操作易实施的系统化、规范化、开放化的教学常规检查指标体系或内容要点，切实解决学校教学常规随意、混乱、无章法，检查落实粗放、不到位、不严谨等问题，将行政检查督查与业务指导相结合，以解决学校发展和教师发展中的问题为导向，有诊断、有支持、有回访、有检查、有问责，避免单一的行政指令。

对易地搬迁学校教学常规"抓落实"，将教学常规的落实作为学校发展的起点，并采取形成性考核和终结性考核相结合的方式进行持续跟进。

三、结语

对 LS 学校的个案研究，教师教学能力总体偏低，具体表现课前准备不充分，备课"走形式"，上课"随意性大"，授课内容没有根据学生实际情况设置等。这与该校教师教学态度与能力紧密相关，与学校常规管理没有得到落实也紧密相关。教师能力偏低，与校长领导力不足也紧密联系，也可以解释为校长领导力不足可能导致学校常规管理及其他系列管理出现问题，进而影响教师专业水平，影响学生发展，尤其是学生的学业成绩。

LS 学校存在的上述"事实"或者问题，依靠自身能力基本无法解决，尤其是校长自我能力提升和教师能力提升，以及行为背后态度的改变等。同时，上级教育行政部门的一纸文件，也无法解决学校存在的有关教育教学等专业问题。比如，该县下发的《关于进一步加强教学常规管理、努力提升教学质量的通知》在该校就没有得到落实，不是校长态度问题，而是没有能力去有效落实。教育行政部门的文件可以为学校发展提供明确的努力方向及工作边界，但并不能从根本上解决学校管理者、教师和学生发展的技术性问题。此外，外界现有对 LS 学校的现有支持（培训等）缺乏针对性和实效性，所起的作用有限，或者说如果没有强有力且针对性强的项目介入，LS 学校当下及未来都很难发生实质性的变化。也就是说，教学质量偏低将会是持续的状态，而不仅是现在的情况。

附录1

义务教育阶段易地搬迁学校优化管理问卷

一、基本情况

1. 您的性别_____，年龄_____，教龄_____，最终学历_____

2. 您的学校教段_____①小学 ②初中 ③幼小一体 ④小初一体

3. 您的职称类别_____①三级/无②二级/初级/助理③一级/中级/讲师④高级/副高讲师⑤正高级讲师

4. 您有_____所校（园）长管理经历，您有_____年中层管理经验（本题由校长填写）

二、具体问题（每个问题均指您所在学校开展的情况，请在下表中您认为符合的相应选项下画"√"号）

	A类：保障学生平等权益	非常同意	同意	不确定	不同意	非常不同意
1	落实招生政策，保证适龄儿童少年平等接受义务教育的权利					
2	未举办入学升学考试/以各类考级及证书作为入学依据/提前招生录取					
3	编班过程接受相关方监督，未分重点班、非重点班					
4	执行义务教育免费规定，实行收费公示制度					
5	执行学籍注册制度，防止空挂学籍和中途辍学					
6	严格实行学生考勤，辍学学生劝返复学、登记等书面制度完善					

续表

A类：保障学生平等权益	非常同意	同意	不确定	不同意	非常不同意
7	把学习困难学生帮扶作为控辍保学重点，有学习帮扶制度					
8	通过各种途径广泛宣传，不让一名学生受到歧视或欺凌					
9	为随班就读残疾儿童提供学习、生活帮助					
10	为需要帮助的儿童提供情感关怀，寄宿服务人员按政府规定购买服务					
B类：促进学生全面发展	非常同意	同意	不确定	不同意	非常不同意
1	推动习近平新时代中国特色社会主义思想进校园/课堂，落实《中小学德育工作指南》《中小学学生守则》，坚持立德树人，促进学生核心素养提升和全面发展					
2	教育学生爱国爱党爱人民，开展理想信念、核心价值观、优秀传统文化、生态文明、心理健康教育					
3	统筹德育资源、创新德育形式、探索课程、文化、实践、管理育人，努力形成全员、全程、全方位育人的德育工作格局					
4	把思想品德发展状况纳入综合素质考评并认真开展评价工作					
5	建立党组织主导/校长负责、群团组织参与、家校社会联动的德育工作机制，德育经费纳入年度经费预算，优化德育队伍结构，提供必要的德育场所设施					

续表

	B类：促进学生全面发展	非常同意	同意	不确定	不同意	非常不同意
6	根据《青少年法制教育大纲》，落实多科协同开展法治教育，培养法治精神，树立法治信仰					
7	营造良好的学习环境和氛围，激发和保护学生学习兴趣，培养学生的学习自信心					
8	尊重教育规律和身心发展规律，帮助学生掌握科学的学习方法，养成良好的学习习惯					
9	落实学生主体地位，引导学生独立思考和主动探究，培养良好的思维品质					
10	尊重差异，因材施教，采用灵活教法，培养自主和终身学习能力					
11	建立心理辅导室，配备专兼职心理健康教育教师，科学开展心理辅导					
12	配齐体育教师、场地器材，确保每天锻炼1小时，开足上好体育课，养成锻炼习惯					
13	经常开展班级或年级体育比赛，每年举办全员参与的运动会，建立常态化校园体育竞赛机制					
14	落实《国家学生体质健康标准》，定期开展体检和体质监测，并纳入学生综合素质评价					
15	科学安排学校作息时间，整体控制学生作业量，家校配合保证每天10小时/小学，9小时（中学）睡眠时间					
16	保障教室物理环境、课桌椅、黑板等达到规定标准，端正坐姿，做好眼保健操，降低近视发生率					

续表

	B类：促进学生全面发展	非常同意	同意	不确定	不同意	非常不同意
17	开足开齐音美书法课，开发民族地域特色艺术选修课程，每个学生至少学习掌握一项艺术特长					
18	艺术课时和教师配备符合课程要求，艺术课程教学和活动器材满足艺术教育要求					
19	面向全体学生开展艺术活动，因地制宜建立学生艺术社团或兴趣小组					
20	利用当地文化艺术场地资源开展艺术教学和实践活动					
21	为学生提供劳动机会，养成教务劳动习惯，掌握基本生活技能，培养吃苦耐劳精神					
22	开启开足综合实践课，多渠道多形式开展综合实践活动，布置寒暑假作业与劳动或社会实践作业					
23	指导学生利用学校资源、乡村社区和地方资源完成个性化的作业和实践性作业					
	C类：引领教师专业进步	非常同意	同意	不确定	不同意	非常不同意
1	坚持以习近平新时代中国特色社会主义思想为指导，严格遵守《中小学教师职业道德规范》，加强教师思想政治教育和师德建设，做"四有三者"好老师					
2	教师语言规范健康，举止文明礼貌，衣着整洁得体					

附录1

续表

	C类：引领教师专业进步	非常同意	同意	不确定	不同意	非常不同意
3	尊重学生人格，不讽刺、挖苦、歧视学生，不体罚、变相体罚学生，不收礼品，不从事有偿补课					
4	健全教师管理制度，完善岗位设置，职称评聘，考核评价，保障教师待遇，激发教师积极性					
5	关心教师生活和健康状况，丰富精神生活，减缓从教压力，定期安排教师体检					
6	组织教师认真学习课标，熟练掌握学科教学基本要求					
7	针对教学问题开展校本教研，定期开展听评课，备课说课活动，提升专业水平和教学能力					
8	落实《中小学班主任工作规定》，班主任学习交流，培训和基本功比赛，提高管理、教育能力					
9	推动教师阅读，引导教师学习经典，加强基础技能和教学基本功训练，增强学科教学能力					
10	提高教师现代信息技术和装备的应用，强化实验教学，促进现代科技和教育的深度融合					
11	完善教师培训制度，制定培训规划和专业发展规划，建立教师专业发展档案袋					
12	将培训经费列入学校预算，支持教师参加必要培训，落实5年不少于360学时培训要求					

续表

	C类：引领教师专业进步	非常同意	同意	不确定	不同意	非常不同意
13	定期开展专题培训，促进教研、科研与培训有机结合，发挥校本研修基础作用					
14	鼓励教师利用网络平台开展教研活动，建立教师学习共同体					
	D类：提升教育教学水平	非常同意	同意	不确定	不同意	非常不同意
1	落实国家课程方案和标准，遵守国家关于教材教辅规定，不拔高教学要求，不加快教学进度					
2	因地制宜，科学规范开展地方课程和校本课程，编制课程纲要，加强课程实施和管理					
3	通过考察探究、社会服务、设计制作、职业体验等方式培养创新精神和实践能力，每学期组织一次综合实践交流活动					
4	创新学科课程实施方式，强化实践育人环节，引导学生动手解决实际问题					
5	定期开展学生学习心理研究，研究学习兴趣、动机和个性化需要，采取针对性措施改进教学效果					
6	定期开展教学质量分析，统筹课程、教材、教学、评价等环节，收集意见，及时改进教学					
7	采取启发式、讨论式、合作式、探究式等教学方式，提高学生参与课堂的积极性和主动性					

续表

D类：提升教育教学水平		非常同意	同意	不确定	不同意	非常不同意
8	创新作业方式，避免机械重复，不得布置超越学习能力作业，不得以增加作业量方式惩罚学生					
9	对照中小学教育质量综合评价改革指标体系，进行监测，改进教育教学					
10	实施综合评价，重点考查思想品德、学业、身心、社会、艺术等发展情况，建好成长综合素养档案					
11	控制考试次数，探索等级加评语评价方式，成绩不进行公开排名，不以分数作为评价唯一标准					
12	按规定配备教学资源和设施设备，指定专人负责，建立资产台账，定期维护保养					
13	落实《中小学图书馆（室）规程》，建立图书馆、功能室、实验室使用管理制度，提高使用效益					
E类：营造和谐美丽环境		非常同意	同意	不确定	不同意	非常不同意
1	借助多方力量，构建安全风险管理体系，落实《中小学校岗位安全工作指南》					
2	建立健全学校安全卫生管理制度，确保人身、食品饮水、设施等安全					
3	制订突发事件应急预案，预防不法分子入侵和公共卫生事件，落实校园欺凌和暴力的有关要求					
4	学校教育教学设备场所设施要经部门检测，符合标准后方可使用，配备安全与健康的设施和设备					

续表

	E 类：营造和谐美丽环境	非常同意	同意	不确定	不同意	非常不同意
5	定期检查安全隐患，发现安全隐患要及时向主管部门书面报告					
6	设立卫生室或保健室，按要求配备专兼职卫生技术人员，落实日常卫生保健制度					
7	设置安全警示标志和安全、卫生教育宣传橱窗，定期更换宣传内容					
8	落实《中小学生公共安全教师指导纲要》，了解保障安全的方法并掌握一定的技能					
9	普及疾病预防，营养与食品安全生长发育，青春期保健知识和技能，提升健康素养					
10	落实《中小学幼儿园应急疏散演练指南》定期开展应急演练，提升师生应对突发事件和自救自护能力					
11	立足学校实际和文化积淀，建设体现学校办学理念和思想的文化，引领学校内涵发展					
12	做好校园绿化美化，合理利用空间布局，建设生态、文化、书香校园，发挥环境育人功能					
13	每年通过科技、艺术、体育、读书节等形式，立足实际组织丰富多彩的学校活动					

续表

F类：建设现代学校制度		非常同意	同意	不确定	不同意	非常不同意
1	每年组织教职工学习宪法、义务教育法、教师法等法律，提升依法治教，依法治校的能力					
2	健全完善章程执行和监督机制，规范学校办学行为，提升学校治理水平					
3	制定学校发展规划，确定年度实施方案，客观评估办学绩效					
4	健全管理制度，建立便捷规范的办事程序，完善内部机构组织规则、议事规则等					
5	认真落实《中小学财务制度》，做好财务管理和内审工作					
6	专人负责学校法治事务，建立学校法律顾问制度，充分运用法律手段维护学校合法权益					
7	贯彻《关于中小学校党的建设工作意见》，充分发挥党员教师的先锋模范作用					
8	坚持民主集中制，定期召开校务会，健全学校职代会制度，涉及学校和教职工利益提交职代会					
9	设置信息公告栏，保障教职工、学生和社会公众对学校重大事项和制度的知情权					
10	建立问题协商机制，听取学生、教职工和家长的意见，有效化解相关矛盾					
11	发挥少先队、共青团、学生会、学生社团作用，引导学生自我管理或参与学校治理					

续表

	F类：建设现代学校制度	非常同意	同意	不确定	不同意	非常不同意
12	健全家长委员会制度，设立家长开放日，提高家长在学校治理中的参与度，形成教育合力					
13	引入社会和利益相关者监督，密切学校与社区联系，促进社区代表参与学校治理					
14	主动争取社会资源和社会力量支持学校改革发展					
15	体育文化设施在节假日向师生和辖区居民有序开放					

附录 2

义务教育阶段易地搬迁安置点配套学校优化管理状况
访谈及观察提纲

第一部分：访谈提纲

一、前置性问题

1. 请简单谈谈学校的基本情况（学生数、教师数、学生来源、家长情况等等）

2. 对教育部 2017 年颁布的《教育部关于印发〈义务教育学校管理标准〉的通知》了解吗？学校是否以《管理标准》为依据或者抓手开展相关的管理工作？

3. 您现在的学校管理主要是从哪些方面着手呢？请举一些例子。

4. 您是如何理解"学生全面发展"的？基于学生的全面发展，在学校管理方面采取了哪些措施？（备注：《管理标准》中的全面发展维度主要指：2.1 提升学生道德品质；2.2 帮助学生学会学习；2.3 增进学生身心健康；2.4 提高学生艺术素养；2.5 培养学生生活本领）。

可以就上述某个细节问题进行进一步追问。

二、教师专业进步方面

1. 您是如何理解教师专业进步的？

2. 您了解学校老师的教育教学水平处于什么样的水平或者状态吗？比如，从整体而言，如果按照 100 分制，可以给学校老师打多少平均分？如果要分层，80~100 分的老师有多少？60~80 分的老师有多少？60 分以下的呢？

3. 您是如何来提升教师教育教学能力的（比如根据上述对教师能力的判断）？是否有相应的管理措施？

4. 是否制订了教师培训的规划？

5. 每年大概有多少钱用于教师培训？

6. 学校有能力开展校本研修工作吗？或者说校本研修工作开展的效果如何？

三、提升教育教学水平方面

1. 学生的学业水平情况如何？请提供 2020—2021 学年度学业水平测试成绩，或者提供近期期中测试的成绩（如 2021 年 5 月份）。

2. 学校是否建设适合学生发展的课程（校本课程）？具体是什么样的课程？是否有专任教师？教师能够胜任校本课程教学吗？

3. 综合实践活动课程落实情况怎样？

4. 学校在引导学生动手解决实际问题方面采取哪些措施？

5. 学校是否定期开展教学质量分析？采用什么样的方式分析？

6. 质量分析中主要发现哪些问题？这些问题解决了吗？采取什么样的方式解决的？如果没有解决，是什么原因导致的呢？

7. 教育教学中主要采取什么样的方式教学？（讲授式、启发式、讨论式、合作式、探究式等）

8. 老师一般采取什么样的方式布置作业？是否有分层作业？

9. 除了采用分数评价学生之外，还从哪些方面来评价学生？是否给学生建立成长"档案袋"？如果有，请提供一部分学生的成长档案袋。

（提示：思想品德、学业水平、身心健康、艺术修养、社会实践等）

10. 每学期我们大概有多少次考试？（学校统考，以及县教育局组织的统考）

11. 学生到图书室（阅览室）借阅量如何？哪些书学生最喜欢，你们是否做过相关的统计？图书的更新情况如何？老师和学生参与图书种类的建议吗？

12. 是否有专门给教师提供的阅读空间以及是否给教师提供专门的阅读书目？您本人近三年看了多少本专业书籍？老师们呢？

（备注：观察图书室、阅览室环境以及图书种类，并做好拍照工作）

四、营造和谐美丽环境

1. 学校开展了以生活技能为基础的安全健康教育了吗？你们是怎么做的？

（备注：以《中小学公共安全教育指导纲要》《中小学健康教育指导纲要》《中小学幼儿园应急疏散演练指南》等为蓝本和依据）

2. 文化校园、书香校园你们是怎么做的？为什么呢？

3. 学校是否开展艺术节、科技节、体育节以及读书节等活动？是否有相关的材料？

五、提升依法科学管理能力

1. 学校每年是否制订学校发展规划？请提供一份近两年的材料。

2. 目前学校制定的管理制度有哪些？（比如教研制度、课堂常规管理制度等）

3. 学校每年是否召开有关学生、家长及教职工共同参加的会议？

第二部分：观察及材料收集提纲

一、观察

1. 图书室（阅览室）的观察。
2. 班级文化环境及物理环境观察。
3. 社团互动。

二、材料收集

1. 教案收集（1-2年级，每个年级5份；3-6年级每个年级，每个学科4份）。

2. 学生作业收集复印（1-2年级，每个年级10份；3-6年级每个年级，每个学科5份）。

3. 制度文本收集：重点收集基于教师专业发展提升以及学生学业成绩提升的有关文本材料，以及学校发展规划等。

4. 社团活动材料。

5. 有关《义务教育学校管理标准》《义务教育质量评价指标》的学习材料。

附录 3

教师课堂教学观察表

观察维度	教师姓名及分值				
第一部分：课前——课堂教学计划和课前准备（20）					
1.1 课堂教学计划清晰、实用，并理解教学计划					
1.教师为教学计划进行了资料查阅（比如有效集体备课、同伴研讨、对教材、课标、教参以及视频等进行研读观摩并进行二次内化）等充分准备（5）					
2.计划易于理解并付诸使用（3）					
3.教师能够解释教学计划（3）					
4.教学目标设置清晰合理，能够实现（3）					
5.教学计划对学生可能出现的问题有所预测（3）					
6.课堂教学计划显示出教师对教学方法的良好理解（3）					
第二部分：课中——教师的"教"和学生的"学"（65）					
2.1 一堂课的实施情况（15）					
7.教师合理使用课堂教学计划（3）					
8.一堂课节奏合理，呈现出清晰的教学阶段（3）					
9.教学活动运用有效（3）					
10.教师利用多样化的教学媒介，如黑板、直观教具、多媒体等（2）					

续表

观察维度	教师姓名及分值				
11.教师授课过程中没有出现知识性错误（4）					
2.2 对教学活动的管理和对学生参与的监控（25）					
12.教师对学习任务交代清晰明确，易于理解（3）				2	
13.教师对教学秩序有效管理（3）					
14.教师对学生的积极回应（4）					
16.教师与学生保持眼神交流（3）					
17.教师用多样化活动安排教学（5）					
18.教师用到多样化的提问和启发技巧（4）					
19.教师采用多样方式与学生交流（肢体、语言、眼神等）（3）					
2.3 学生的学习和参与程度（25）					
20.所有学生都参与教学过程中，并保持学生的学习兴趣（6）					
21.不同学生都能够完成教师布置的任务（5）					
22.教师说话时间和学生说话时间的平衡分配（3）					
23.教师鼓励和表扬学生（3）					
24.教师考虑到学生的感受（3）					
25.学生有充分的"活动"时间（5）					
第三部分：课后——作业布置与反馈（15）					
26.作业设计及布置照顾到不同成绩和类型的学生（5）					2

续表

观察维度	教师姓名及分值				
27.对学生作业能够及时给予反馈（5）					2
28.教师对学生掌握情况能够及时给予支持（基于作业和学业水平测试）（5）	2				2
总分					

附录 4

省教育厅关于提高易地扶贫搬迁安置点学校管理水平和教育教学质量的指导意见（文件发布稿）

黔教发〔2021〕11 号

各市（州）教育局：

为认真贯彻落实《中共贵州省委贵州省人民政府关于加强和完善易地扶贫搬迁后续工作的意见》（黔党发〔2019〕8 号）、《国家发展改革委等 20 部门关于切实做好易地扶贫搬迁后续扶持工作巩固拓展脱贫攻坚成果的指导意见》（发改振兴〔2021〕524 号），全面推进全省易地扶贫搬迁安置点配套学校、幼儿园（以下简称安置点学校）高质量发展，提高管理水平和教育教学质量，现提出如下指导意见。

一、工作目标

落实《义务教育学校管理标准》《幼儿园教育指导纲要》《3-6 岁儿童学习和发展指南》，优先把安置点学校纳入公办强校计划，不断健全学校立德树人机制，全面改进和加强学校管理工作，促进学校规范办学、科学管理，不断提升治理能力和治理水平，整体提高教育教学质量和办学水平，逐步形成"标准引领、管理规范、内涵发展、富有特色"的良好发展态势。

二、重点任务

（一）依标办学提高规范水平。坚持把《义务教育学校管理标准》《幼儿园教育指导纲要》《3-6 岁儿童学习和发展指南》作为学校工作的重要依据和学校治理的基本依据，县级教育行政部门要指导学校逐校对标研判，建立健全各项管理制度，完善工作机制。市、县教育行政部门要统筹集中对学校校长和教师开展专题培训，使广大校长和教师充分了解基本要求，掌握精神实质，提升安置点学校校长和教师按照标准规范管理教育教学的能力。

（二）依规管理提高教学质量。深化教育教学改革，推进教学方式变革，提高课堂效率。完善集体备课和校本教研及校长教师推门听课制度。抓好中小学生作业、睡眠、手机、读物、体质管理，促进学生健康成长、全面发展。落实上课、作业设计与反馈、辅导、学业评价等教学环节基本规范。合理安排幼儿园一日活动，为幼儿营造适宜的游戏和学习环境，坚决落实以游戏为基本活动。完善学生综合素质评价机制，突出探究学习、学科与生活、劳动教育等综合实践活动的记录，有序推进高中招生录取与学生综合素质评价挂钩。

（三）强化培训提高教师素质。健全安置点学校教师培训发展机制，加大对新任教师三年期规范化培训力度。把符合条件的安置点学校校长优先纳入名校长（园长）培养计划，加大培育培训的力度，引领校长拓宽视野，提升校长办学理念和依法治校能力。市、县教育行政部门要根据实际情况，定期组织安置点学校教师开展教育教学理念、技能大比武活动，搭建教师展示平台，促进安置点学校教师教学技能提升。

（四）专业支持提高教研能力。建立省、市、县三级教研员教学指导责任校（园）和包保制度，重点围绕提升课堂教学能力、教育教学管理能力、教育研究能力和心理健康教育能力等提供专业服务指导。将幼儿园纳入教研指导责任区指导范畴，强化幼儿园日常指导及教研工作。安置点学校要健全学科教研活动机制，搭建教研平台，强化学科教学研究，助力教师专业发展。

（五）组团帮扶提高办学能力。通过集团化办学、学区化办学等方式，统筹区域内教育资源，推动省内优质学校与安置点学校建立"一对一"帮扶结对，组建教育教学质量共同体。巩固提升东西部教育扶贫协作成果，积极扩大帮扶面，实现易地扶贫搬迁配建学校与东部帮扶城市优质学校结对。争取东部学校选派优秀校（园）长、管理人员、教师到安置点学校挂职锻炼，派出我省安置点学校校长、教师到东部学校集中培训、挂职锻炼，培养"种子学校""种子教师"。积极引进一批省外优秀退休校长、优秀教师到安置点学校担任校长或从事一线教学，把省外优质学校的先进管理经验和教育教学模式植入安置点学校。

（六）深入领办推进质量提升。坚持以提升领办学校教育教学质量为核心目标任务，持续推进市（州）本科高校领办易地扶贫安置点学校工作，通过人、财、物统交统管统办或派驻专业力量强化业务指导等方式，从课堂教学改革、教育教学管理、教师队伍建设、校园文化建设、校园安全管理等多个维度入手，进一步探索实践，逐步健全完善领办机制，拓展领办内涵和丰富领办方式，推动高等教育与基础教育深度融合发展，促进搬迁安置点学校教育教学水平与高校人才培养质量同步提升。各市、县教育行政部门要为领办工作有序推进提供协调和服务等重要保障，在资金分配、项目建设、教师培训等方面给予倾斜，支持相关高校围绕提升领办水平在政策上、机制上大胆创新突破，学习借鉴全国知名高校办基础教育阶段学校的成功经验，努力把市（州）高校领办扶贫搬迁安置点学校打造成贵州教育的又一张靓丽的名片。

三、保障措施

（一）加强组织领导。市、县教育行政部门要把提升安置点学校教育教学管理能力作为推进基础教育高质量发展的重要组成部分，统筹政策、资源支持，加强业务指导，提高安置点学校发展能力。选优配强党组织书记，充分发挥安置点校（园）党组织的政治核心作用和党员教师的先锋模范作用，将抓好中小学党建工作、中小学德育作为安置点学校党组织重要任务。市、县教育行政部门在分配省级示范性普通高中配额生指标时要向安置点学校倾斜，在优质课评选、教师评先选优以及学校表彰奖励等方面向安置点学校倾斜。

（二）加强经费保障。市、县教育行政部门要按时足额向安置点学校拨付生均公用经费等，保障学校正常运转。优化安置点学校经费使用管理，学校经费支出优先向教育教学研讨、教师队伍建设、教育教学改革等项目倾斜。逐步提高对安置点学校内涵建设、特色发展等方面的经费投入。

（三）加强督导检查。市、县教育行政部门要完善对各级各类学校督导的标准和要求，对学校开展经常性督导，引导学校办出特色和水平，促进学生德智体美劳全面发展。开展提升安置点学校教育教学管理能力专项督导，把督促学校遵循教育规律，提高教育教学质量，加强教师队伍建设、学校领导干部队伍建设、学校校风建设和学校办学条件改善作为评估监测重点，把考核结果作为评价学校办学水平、实施绩效奖励的重要依据。

省教育厅
2021 年 4 月 25 日

参考文献

一、学术期刊类

[1] [韩]柳炳烈.小学安全教育的理论基础研究[J].韩国初等教育,2016(4).

[2] 白胜南,韩继伟,李灿辉.教师变量对学生数学成绩影响的研究[J].教师教育研究,2019(3).

[3] 北京八中教学常规[J].中小学管理,1994(1).

[4] 北京十二中.教学工作常规[J].中小学管理,1992(6).

[5] 本刊记者.教育部教师工作司负责人就《教育部财政部关于改革实施中小学幼儿园教师国家级培训计划的通知》答记者问[J].中小学教师培训,2016(1).

[6] 蔡连玉.教师专业自觉:一种素质教育资源[J].中国教育学刊,2011(4).

[7] 常保宁,高秀叶.英国学校发展的绩效与启示[J].比较教育研究,2012(3).

[8] 陈昊.艺术享受·艺术修养·艺术教育[J].上饶师范学院学报,2010(4).

[9] 陈华卫.美国综合学校健康教育体系内容特征与启示[J].中国学校卫生,2017(1).

[10] 陈建新.对备课重要性的再认识[J].科学大众(科学教育),2014(5).

[11] 陈静勉,张向民.回归实践取向的中小学教师科研能力培养[J].基础教育参考,2016(15).

[12] 陈留明.城镇化背景下农村中小学教师科研能力培养策略[J].中学政治教学参考,2017(7).

[13] 陈琴,陈如平.西部农村小学生安全自护能力的现状与对策——基于贵州、云南和四川三地的数据分析[J].教育科学研究,2021(6).

[14] 陈韫春.中小学劳动教育的现状与提升——基于大规模调查数据的分析[J].教育研究,2022(11).

[15] 陈志其."国培计划"实施过程中存在的现实困境及其实践策略——基于中西部12个省"国培计划"承担院校的经验[J].中小学教师培训,

2014（3）.

[16] 程晗.《义务教育学校管理标准（试行）》重点解读[J].人民教育，2014（22）.

[17] 程天宇，朱季康.教师专业发展的路径分析与支持策略[J].扬州大学学报(高教研究版)，2014（1）.

[18] 迟艳杰.教学的概念考察与重塑[J].教育研究，2017（10）.

[19] 褚宏启.我们需要什么样的现代学校制度[J]. 教育研究，2004（12）.

[20] 崔允漷.论课堂观察 LICC 范式：一种专业的听评课[J].教育研究，2012（5）.

[21] 丁安琪.指向语言教师专业发展的课堂观察——美国"语言教师效能反馈工具"述评[J].外语界，2014（6）.

[22] 董新良,桑晓鑫,李县慧.总体国家安全观视域下学校安全教育一体化：理念、目标与体系构建[J].中国教育学刊，2021（11）.

[23] 杜尚荣，朱艳，游春蓉.从脱贫攻坚到乡村振兴：新时代乡村教育发展的机遇与挑战[J].现代教育管理，2021（5）.

[24] 段作章.论教师专业化的内涵及其建设[J]. 大学教育科学，2003（4）.

[25] 冯晓敏.学校管理为什么这么难——基于 F 校教师人际互动样态的个案分析[J]. 中国教育学刊，2021（4）.

[26] 佛朝晖.入职培训：教师教育的重要阶段——英美两国比较研究[J]. 中小学教师培训，2004（9）.

[27] 高翔，薛海平. 家庭背景、家长参与和初中生影子教育参与——来自CEPS2015 数据的实证研究[J]. 教育学术月刊，2020（9）.

[28] 顾红亮. 杜威"教育即生活"观念的中国化诠释[J]. 教育研究，2019（4）.

[29] 顾泠沅，周超. 教师专业化的实践与反思——顾泠沅教授专访[J]. 苏州大学学报(教育科学版)，2017（2）.

[30] 顾明远. 终身学习与人的全面发展[J]. 北京师范大学学报(社会科学版)，2008（6）.

[31] 郭伟，泷瀬定文. 日本青少年体育振兴政策对我国青少年体质健康促进的启示[J]. 西安体育学院学报，2016（6）.

[32] 郭兆峰. 课改背景下学校教育科研功能之导正[J]. 中国教育学刊，

2010（1）.

[33] 哈里斯·库帕. 美国中小学家庭作业研究[J]. 上海教育科研，1995（6）.

[34] 韩冰清. 论中小学教师教育科研素质的培养[J]. 湖北大学学报，2006（1）.

[35] 韩绪芹. 让教育的意蕴充满校园——南澳洲课程资源开发对我国"书香校园"建设的启迪[J]. 当代教育科学，2009（12）.

[36] 郝德贤. "乡村教师支持计划"支持乡村教师发展的路径选择[J]. 教育探索，2017（3）.

[37] 郝志军. 中小学课堂教学评价的反思与建构[J]. 教育研究，2015（2）.

[38] 郝志军. 学科课程渗透劳动教育：理据与路径[J]. 中国教育学刊，2021（5）.

[39] 洪赛宇，姚继军，周世科. 小学阶段本地儿童与随迁儿童学业成绩影响因素的分析——基于 Shapley 值的分解[J]. 基础教育，2021（3）.

[40] 洪松舟. 中小学教师人力资本特征对学生学业成绩的影响:基于 20 年实证文献的分析[J]. 全球教育展望，2021（2）.

[41] 胡鞍钢. "十三五"规划的核心理念是促进人的全面发展[J]. 红旗文稿，2015（23）.

[42] 黄俊. 学校特色课程建设的内涵、问题及路径选择[J]. 教学与管理，2019（4）.

[43] 贾红霞，谭琳. 参与式教师培训存在的问题及对策研究[J]. 西北成人教育学报，2010（5）.

[44] 贾雪枫. 城乡一体视域中农村教师专业发展之困窘与解窘[J]. 教育与教学研究，2022（7）.

[45] 贾彦琪. 中韩生命安全与健康教育的实践探索与未来展望——第十六届中韩教科书研讨会会议综述[J]. 全球教育展望，2022（12）.

[46] 剑波. 校本研修:源于实践的专业发展之路[J]. 教学与管理，2011（32）.

[47] 金晓艳. 宁夏生态移民地区社区教育需求及路径分析[J]. 社会与公益，2020（6）.

[48] 靳玉乐，胡月. 义务教育新课程方案中劳动课程的几个问题[J]. 课程.教材.教法，2022（7）.

[49] 九三学社贵州省委员会在贵州省政协十二届三次会议上的提案. 关于

做好易地扶贫搬迁点义务教育资源保障的建议[J]. 贵州社会主义学院学报，2020（3）.

[50] 亢丽. 美国健康教育的特点及其启示[J]. 辽宁教育，2017（6）.

[51] 孔令帅，王楠楠. 多方协作：美国乡村教师培训的经验与启示[J]. 教师教育研究，2022（1）.

[52] 赖德胜，陈建伟. 人力资本与乡村振兴[J]. 中国高校社会科学，2018（6）.

[53] 雷月梅，李长萍. 支架理论在高校英语文学课程教学中的应用[J]. 教育理论与实践，2014（3）.

[54] 黎世法. 异步教学法研究与实践30年[J]. 课程.教材.教法，2013（9）.

[55] 李倡平. 论中小学教师应具备的教育科研素养与能力[J]. 当代教育论坛：宏观教育研究，2009（10）.

[56] 李更生. 基于胜任力及其模型建构的教师培训师学习与培训[J]. 教育发展研究，2014（18）.

[57] 李红恩. 特色课程建构的迷思、意蕴与理路[J]. 教学与管理，2017（7）.

[58] 李洪玉，阴国恩. 中小学生学业成就与非智力因素的相关研究[J]. 心理科学，1997（5）.

[59] 李华，程晋宽. 校长领导力是如何影响学生成绩的？——基于国外校长领导力实证研究五大理论模型的分析[J]. 外国教育研究，2020（4）.

[60] 李晖. 卢仲衡自学辅导教学模式述评[J]. 课程.教材.教法，2016（8）.

[61] 李继星. 基础教育阶段现代学校制度建设论纲[J]. 教育理论与实践，2005（2）.

[62] 李继星. 现代学校制度初论[J]. 教育研究，2003（12）.

[63] 李健，张波，等. 民族地区中小学图书馆（室）建设现状及改进策略研究[J]. 山东图书馆学，2022（1）.

[64] 李树培，魏非. 中小学校本研修的问题、缘由与路径[J]. 教师教育研究，2019（2）.

[65] 李晓莹. 提高高师学生艺术修养的思路与对策[J]. 黑龙江高教研究，2008（3）.

[66] 李煜晖，郑国民. 核心素养视域下的中小学课堂教育变革[J]. 教育研究，2018（2）.

[67] 李政涛. 把新时代教育评价改革深化到"评价能力"的提升那里去[J]. 中国教育学刊, 2020（12）.

[68] 廖哲勋. 我的教学本质观[J]. 课程. 教材. 教法, 2005（7）.

[69] 林刚. 中小学校园环境的教育寓意性设计探究[J]. 教育研究, 2013(3).

[70] 林清华, 何恩基. 什么是一堂好课——课堂教学评价标准研究述评[J]. 中小学管理, 2004（6）.

[71] 刘道溶, 刘根平. 校长负责制是现代学校管理制度建立的关节点[J]. 教育科学, 1997（1）.

[72] 刘华. 艺术修养在舞蹈教育中的作用[J]. 艺术教育, 2014（11）.

[73] 刘怀萍, 姜德华. 中小学骨干教师科研能力与专业发展现状调查及对策[J]. 天津市教科院学报, 2017（6）.

[74] 刘娟, 张伯邑. 中小学教师多媒体艺术修养[J]. 湖南师范大学教育科学学报, 2012（4）.

[75] 刘兰英, 戴舜琴. 如何提升校长的领导力——基于一位小学校长的个案研究[J]. 教育科学研究, 2008（Z1）.

[76] 刘强, 陈晓晨, 杜艳, 等. 中小学图书馆（室）建设与使用现状及改善策略——基于全国169所中小学校的调研[J]. 中国教育学刊, 2018（2）.

[77] 刘铁芳, 罗明. 作为教学方的对话：意蕴及其可能性[J]. 课程. 教材. 教法, 2020（3）.

[78] 刘要悟, 张莹, 缪大方. 特岗教师家庭背景和教育背景研究——来自湖南邵阳三县的调查[J]. 教师教育研究, 2017（2）.

[79] 鲁小莉, 梁贯成. "知识四维度":分析教师课堂教学知识的框架[J]. 全球教育展望, 2015（8）.

[80] 马国华. 中小学图书馆（室）事业的现状与思考—鸡西市中小学图书馆（室）调查报告[J]. 图书馆建设, 2005（4）.

[81] 马焕灵. 校长领导力促进教师专业发展的机理与策略[J]. 中国教育学刊, 2011（3）.

[82] 马金城, 杨筱. 浅析加强校园环境建设的重要性[J]. 高等教育研究, 1999（5）.

[83] 马立, 等. 教师继续教育新模式网络研修[J]. 教育研究, 2011（11）.

[84] 马云鹏, 孙艳君. 小学生数学学科素养评价研究[J]. 东北师范大学学报（哲学社会科学版）, 2007（2）.

[85] 潘昆峰, 李宛豫, 陈慧娟. 易地教育扶贫——破解"三区三州"深度贫困的非常之策[J]. 中国人民大学教育学刊, 2018（3）.

[86] 彭杰. 现象学教育学视频分析:教师课堂教学分析的别样视角[J]. 中小学管理, 2018（6）.

[87] 浦昆华, 褚远辉, 尹可丽. 我国基础教育控辍保学政策的发展历程、经验与意义[J]. 教育科学研究, 2022（4）.

[88] 綦春霞, 张新颜, 王瑞霖. 八年级学生数学学业水平的现状及其影响因素研究——以三地测试为例[J]. 教育学报, 2015（4）.

[89] 曲建武, 黄磊. 中国共产党劳动教育政策的演变及启示[J]. 教育科学, 2022（5）.

[90] 任国平, 钱丽欣, 程路, 宋佳欣. 从"对人的评价"到"为了人的评价"[J]. 人民教育, 2021（6）.

[91] 申继亮, 刘加霞. 论教师的教学反思[J]. 华东师范大学学报（教育科学版）, 2004（3）.

[92] 申继亮, 辛涛. 论教师素质的构成[J]. 中小学管理, 1999（11）.

[93] 申军红, 王永祥, 郝国强. 教师培训需求分析模型建构研究——以海淀区中小学新任班主任为例[J]. 教师教育研究, 2016（6）.

[94] 石欧. 普通高中特色课程开发研究[J]. 中国教育学刊, 2012（12）.

[95] 石晓园, 朱焱, 曾黎, 杜金勇, 代彪. 贵阳市中小学生健康状况及教育需求[J]. 中国学校卫生, 2020（11）.

[96] 石中英. 努力培养德智体美劳全面发展的社会主义建设者和接班人[J]. 中国高校社会科学, 2018（6）.

[97] 宋萑, 朱旭东. 论教师培训的需求评价要素：模型建构[J]. 教师教育研究, 2017（1）.

[98] 宋秋前, 齐晶莹. 生本化课堂教学有效性评价标准构建与实施方法[J]. 课程·教材·教法, 2011（7）.

[99] 孙绵涛. 校长领导力基本要素探析[J]. 教育研究与实验, 2012（6）.

[100] 孙荣耀. 影响教师教学水平提高因素的研究[J]. 安徽广播电视大学学报, 2001（2）.

[101] 谈苏欣,范国睿.日本生命安全教育的建构逻辑论析[J].比较教育学报,2022(2).

[102] 唐生德.对校园文化建设的认识与反思[J].中国教师,2019(8).

[103] 唐松林,徐厚道.教师素质的实然分析与应然探讨[J].高等师范教育研究,2000(6).

[104] 万文涛,柴蒙.大数据时代中小学课堂教学测评体系的反思与构建[J].教育科学研究,2019(8).

[105] 汪明杰.在地化教学:教育生态化转型的支点[J].世界教育信息,2018(12).

[106] 王爱民.让每个学校都成为好学校——新加坡学校特色课程建设述评[J].教学月刊小学版,2019(Z2).

[107] 王超超.教师培训质量评价指标体系框架的构建[J].教学与管理,2017(30).

[108] 王冬凌.科学与人文:区域教师培训项目设计的价值取向——兼论教师培训机构专业化的路径[J].大连教育学院学报,2010(4).

[109] 王吉康,李成炜.乡村教师视角下《乡村教师支持计划(2015—2020)》实施效果研究——基于甘肃省G县的调研[J].当代教育论坛,2019(5).

[110] 王嘉毅,封清云,张金.教育在扶贫脱贫中的作用及其机制[J].当代教育与文化,2017(1).

[111] 王君.中小学生审美修养教育及其有效途径[J].教育探索,1998(1).

[112] 王清.论高等师范院校学生教育科研素养的提高[J].教育探索,2004(7).

[113] 王晴,师保国,等.当前中小学生的心理健康状况及其与作业、睡眠状况的关系[J].人民教育,2021(23).

[114] 王帅.基于政府政策的英国特色学校发展及启示[J].外国教育研究,2011(11).

[115] 王炜.中小学劳动教育课程的缺失与构建[J].教学与管理,2021(30).

[116] 王晓芳,黄丽锷.中小学教师如何理解"教师科研":话语、身份与权力[J].教育学报,2015(2).

[117] 王晓芳,熊和妮.构建中小学教师科研的多层次支持系统[J].中国教

育学刊，2014（11）.

[118] 王晓芳. 什么样的"共同体"可以称作教师专业学习共同体——对教师专业学习共同体理论的审视与反思[J]. 教师教育研究，2014（4）.

[119] 王笑地，殷世东. 中小学劳动教育课程化及其评价研究[J]. 教育理论与实践，2021（23）.

[120] 王新荣，杜世雄. 中小学教师教育科研能力欠缺之原因分析[J]. 青海教育论坛，2004（4）.

[121] 王钰巧，方征. 从TALIS（2013）解密芬兰教师教育一体化的经验与启示[J]. 外国中小学教育，2016（5）.

[122] 王兆璟. 教育研究者的身份认同危机及学理建构[J]. 社会科学战线，2017（4）.

[123] 韦芳. 农村中小学教师教育科研的调查分析[J]. 教师教育，2014（2）.

[124] 韦国庆. 立教育：易地扶贫搬迁学校的特色办学之路[J]. 宁波教育学院学报，2020（6）.

[125] 魏易. 教师参与专业发展活动对学生学业成绩影响的实证研究——基于北京市高中学生的分析[J]. 教育与经济，2021（1）.

[126] 翁伟斌. 教师培训走向何方——对教师培训的审视[J]. 上海师范大学学报(哲学社会科学版)，2020（3）.

[127] 吴民祥. 探究式培训：一种高效能的中小学教师培训模式[J]. 教育发展研究，2004（5）.

[128] 夏小庆. 中小学教师对家庭作业功能认识的调查研究[J]. 上海教育科研，2014（6）.

[129] 肖菊，梁恒贵. 贵州易地扶贫搬迁安置点教育保障研究[J]. 贵州社会科学，2019（7）.

[130] 肖巧玲，谢琪琪，叶雪婷. 我国十年来中小学生体质健康与不良饮食习惯研究综述[J]. 中学生物教学，2021（25）.

[131] 肖晓玛，腾守尧. 杜威学校"艺术作业"及其教育启示[J]. 教育研究与实验，2022（5）.

[132] 辛均庚. 贵州高校"领办"易地扶贫搬迁安置点学校的实践探索[J]. 中国民族教育，2020（12）.

[133] 熊建辉. 构建我国教师专业标准的思考：国际比较的视角（下）[J].

世界教育信息，2008（11）．

[134] 徐洁，张燕，钱晓敏．论学校文化建设的三重逻辑[J]．中国教育学刊，2022（12）．

[135] 徐金海．义务教育学校管理标准：内容、特点与价值[J]．教育科学研究，2015（11）．

[136] 徐新民．中小学校长教学领导力的内涵及提升路径[J]．教育理论与实践，2018（5）．

[137] 徐勇，朱虹．我国学校健康管理现状与对策[J]．中国学校卫生，2016（2）．

[138] 徐长发．新时代劳动教育再发展的逻辑[J]．教育研究，2018（11）．

[139] 许杰．现代学校制度建设的实践逻辑[J]．教育研究，2016（9）．

[140] 薛二勇，刘淼，栾少波．新形势下中小学学校文化建设的新路径[J]．中国教育学刊，2018（7）．

[141] 薛滩．中小学教师国家培训计划集中培训存在的问题及对策[J]．河北大学成人教育学院学报，2012（1）．

[142] 严红，陈亮，张宇，等．青少年体质健康促进政策调整：日本经验与中国借鉴[J]．教育教学论坛，2017（4）．

[143] 燕国材．我在智力和非智力因素领域的探索与追求[J]．中国教育科学（中英文），2019（3）．

[144] 杨隽．"君子知乐"与周代贵族的艺术修养[J]．中国高校社会科学，2018（1）．

[145] 杨晓，郭于渝．基于丹尼尔森教学框架体系的教师专业学习[J]．中小学教师培训，2018（1）．

[146] 杨伊，夏惠贤，王晶莹．我国学生作业设计研究70年：回顾与展望[J]．教育科学研究，2020（1）．

[147] 杨智，杨定玉，陈亦桥．城乡融合视域下易地扶贫搬迁易地社区教育发展探究[J]．现代远程教育研究，2021（1）．

[148] 姚利民．有效的家庭作业策略[J]．湖南师范大学教育科学学报，2003（2）．

[149] 叶爽美．农村中小学生利用学校图书馆的现状调查及对策研究[J]．图书馆论坛，2011（3）．

[150] 于海英,关天宇,刘陶唐.农村校长领导力是如何影响学生学业成绩的?——基于教师集体效能、学校文化的多重中介效应研究[J].当代教育论坛,2021(1).

[151] 于钦明,辛宝忠.中小学校应强化学生健康素养的培育[J].中国教育学刊,2021(12).

[152] 于维涛,杨乐英."中小学教师国家级培训计划"政策的延续与变革[J].中小学教师培训,2017(6).

[153] 元英,刘文利,黄志军.芬兰中小学新教师入职培训的背景、特点及启示[J].教学与管理,2019(4).

[154] 张传国,晋媛媛.教育收益率对中国收入差距的影响——基于分位数回归模型的分析[J].南京审计大学学报,2020(2).

[155] 张东娇.学校文化建设:"穿越概念丛林"之后我们去哪儿?[J].清华大学教育研究,2021(2).

[156] 张丰.作业仅仅是"练习"吗?[J].人民教育,2011(12).

[157] 张国胜.校本培训——教师继续教育模式的创新[J].教育探索,2001(11).

[158] 张家军.当前我国中小学生作业问题之思考[J].天津师范大学学报(基础教育版),2011(2).

[159] 张劼圻,吴海凤,李芙蓉,张衍.挪威学校图书馆的政策、实践与研究概述[J].图书馆杂志,2023(1).

[160] 张雷,曹洪华,李佳彬,邓长哲.家庭教育水平对生计资本的影响研究——基于187户易地搬迁户深度访谈[J].现代化农业,2020(10).

[161] 张嫚嫚,魏春梅.乡村教师培训存在的问题分析及对策思考[J].教师教育研究,2016(5).

[162] 张佩.影响新疆小学教育质量的因素及对策[J].新西部,2019(27).

[163] 张侨平,陈敏,金轩竹.理解深度学习促进深度教学[J].教育科学研究,2021(4).

[164] 张学纲.体育教学中如何促进学生全面发展[J].上海体育学院学报,1998(S1).

[165] 张亚星,梁文艳.北京市义务教育阶段教师教学能力城乡差异研究——兼论城乡义务教育一体化进程中农村教师专业发展的对策[J].

教育科学研究，2017（6）.

[166] 张咏梅，郝懿，李美娟. 教师因素、学生因素对学生学业成绩影响的实证研究——基于大规模测验数据的多层线性模型分析[J]. 教师教育研究，2012（4）.

[167] 张媛，张静. 艺术教育要有前瞻性[J]. 中国教育学刊，2017（4）.

[168] 张忠华，宦婧. 论教师专业发展由外塑到内修的路径转向[J]. 河北师范大学学报，2016（5）.

[169] 赵德成. 校长教学领导力:领导什么与怎么领导[J]. 中小学管理，2010（3）.

[170] 赵福君，王党飞，孟召坤. 西部中小学教师"学用研一体"培训模型的构建研究[J]. 教学与管理，2016（5）.

[171] 赵蒙成. 劳动教育为何重要——基于实践哲学的考察[J]. 湖南师范大学教育科学学报，2022（5）.

[172] 赵明仁. 论校长领导力[J]. 教育科学研究，2009（1）.

[173] 赵鑫，谢小蓉. 改革开放40年乡村教师培训研究的进展与走向[J]. 教育研究与实验，2019（1）.

[174] 中央教育科学研究所中小学学业成就调查研究课题组. 我国小学六年级学生学业成就调查报告[J]. 教育研究，2011（1）.

[175] 钟建林. 中小学教育科研选题价值提升路径研究[J]. 教育学术月刊，2019（4）.

[176] 钟启泉. 教师研修新格局与新挑战[J]. 教育发展研究，2013（12）.

[177] 周彬. 论课堂教学的学科回归及实践路径[J]. 上海教育科研，2022（12）.

[178] 周彬. 学校课程治理:内涵、路径与保障[J]. 全球教育展望，2021(2).

[179] 周超. 英国PSHE课程的特点及启示[J]. 教学与管理，2016（28）.

[180] 周海燕. 基础教育全覆盖搬迁群众"学"无忧[J]. 中国民族教育，2020（Z1）.

[181] 周海银. 学校课程建设的内涵、取向与路径分析[J]. 山东师范大学学报（人文社会科学版），2015（1）.

[182] 周如俊. 追寻教科研的"自然"常态[J]. 中小学管理，2011（3）.

[183] 周世科，顾慧，姚继军，从"苦学"到"巧学"：探析影响学生学业

成绩的关键因素——基于江苏省 262245 名学生学业质量监测数据的实证研究[J]. 中小学管理，2018（11）.

[184] 周序. "深度学习"与知识的深度认识[J]. 四川师范大学学报（社会科学版），2021（5）.

[185] 周序. 有效训练：教学认识的重要方式[J]. 教育科学，2021（4）.

[186] 朱旭东，李秀云. 论儿童全面发展概念的多学科内涵建构[J]. 华东师范大学学报（教育科学版），2022（2）.

[187] 朱旭东，周钧. 教师专业发展研究述评[J]. 中国教育学刊，2007（1）.

[188] 朱旭东. 论"国培计划"的价值重估——以构建区县教师教育新体系为目标[J]. 云南师范大学学报(哲学社会科学版)，2019（3）.

[189] 朱旭东. 论教师专业发展的理论模型建构[J]. 教育研究，2014（6）.

[190] 杨宝元. 校园文化建设研究综述——兼议对校园文化建设关键问题的认识[J]. 宁夏师范学院学报，2020（5）.

[191] 宗锦莲. 学校文化建设的可能与限度[J]. 教育研究与实验，2021（4）.

[192] 邹强. 国外家庭作业研究及其启示[J]. 教学与管理，2007（7）.

二、著作类

[1] 中共中央文献研究室. 习近平总书记重要讲话文章选编[M]. 北京：中央文献出版社. 党建读物出版社. 2016.

[2] [德] 黑格尔. 法理学进阶[M]. 范扬，章企泰，译. 商务印书馆，1961.

[3] [德] 黑格尔. 美学(第一卷)[M]. 朱光潜，译. 北京:商务印书馆，1997.

[4] [美] R.M.加涅，等. 教学设计原理[M]. 王小明，等，译. 上海：华东师范大学出版社，2007.

[5] [美] 阿瑟·艾夫兰. 西方艺术教育史[M]. 邢莉，常宁生译. 成都:四川人民出版社，2000.

[6] [美] 凯瑟琳·坎普·梅休. 杜威学校[M]. 王承诸，赵祥麟，赵瑞瑛，等，译. 北京:教育科学出版社，2007.

[7] [美] 拉夫尔·泰勒. 课程与教学的基本原则[M]. 柯森，译. 北京:人民教育出版社，1994.

[8] [苏联] 苏霍姆林斯基. 给教师的建议[M]. 杜殿坤, 译. 北京：教育科学出版社，1984.

[9] 艾菲尔·科恩. 家庭作业的迷思[M]. 项慧龄, 译. 北京：首都师范大学出版社，2010.

[10] 布鲁斯. 乔伊斯，玛莎. 韦尔，艾米莉. 卡尔霍恩. 教学模式[M]. 兰英，等，译. 北京：中国人民大学出版社，2014.

[11] 陈琦，刘儒德. 当代教育心理学[M]. 北京：北京师范大学出版社，2007.

[12] 陈向明. 质的研究方法与社会科学研究[M]. 北京：教育科学出版社，2000.

[13] 戴本博，张法琨. 外国教育史（下）[M]．北京：人民教育出版社，1990.

[14] 付子堂. 法理学进阶[M]. 北京：法律出版社，2016.

[15] 傅道春. 教师的成长与发展[M]. 北京：教育科学出版社，2003.

[16] 葛金国. 学校管理学[M]. 北京：中国科学技术出版社，1996.

[17] 顾明远. 教育大辞典[M]. 上海：上海教育出版社，1998.

[18] 何东昌. 中华人民共和国重要教育文献(1976—1990)[M]. 海口：海南出版社，1998.

[19] 何东昌. 中华人民共和国重要教育文献(1991—1997)[M]. 海口：海南出版社，1998..

[20] 何东昌. 中华人民共和国重要教育文献(1998—2002)[M]. 海口：海南出版社，2003.

[21] 华应龙. 个性化作业设计经验：数学卷[M]. 北京：教育科学出版社，2007.

[22] 教育部师范教育司. 教师专业化的理论与实践[M]. 北京：人民教育出版社，2003.

[23] 坎贝尔. 制度变迁与全球化[M]. 姚伟, 译. 上海：上海人民出版社，2010.

[24] 李强. 社会分层十讲[M]. 北京：社会科学文献出版社，2008..

[25] 马勇军. 教师教育科研素养及其培养[M]. 北京：教育科学出版社，2002.

[26] 梅新林，吴锋民. 中国教师队伍建设问题与建设[M]. 北京：中国社会

科学出版社，2011.

[27] 任升录等. 数学作业的设计与评价[M]. 上海：华东师范大学出版社，2009.

[28] 沈丽云. 日本图书馆概论[M]. 上海：上海科学技术文献出版社，2010.

[29] 谈振华. 课堂教学理论读本[M]. 北京：社会科学文献出版社，2000.

[30] 王少非. 新课程背景下的教师专业发展[M]. 上海：华东师范大学出版社，2005.

[31] 夏洛特·丹尼尔森. 提升专业实践能力：教学的框架 [M]. 杨晓琼，译. 北京：教育科学出版社，2008.

[32] 叶澜，白益民. 教师角色与教师发展新探[M]. 北京：教育科学出版社，2003.

[33] 中共中央文献研究室. 邓小平论教育[M]. 北京：人民教育出版社，2004.

[34] 中共中央文献研究室. 习近平关于社会主义经济建设论述摘编[M]. 北京：中央文献出版社，2017.

[35] 中共中央宣传部（国务院新闻办公室），中共中央文献研究室，中国外文局编. 习近平谈治国理政[M]. 北京：外文出版社，2014.

[36] 朱立元. 美学大辞典[M]. 上海：上海辞书出版社，2014.

[37] 朱宁波. 中小学教师专业发展的理论与实践[M]. 长春：吉林人民出版社，2002.

[38] 朱寿兴. 文艺心理发生论[M]. 长春：吉林大学出版社，2009.

[39] 朱旭东，裴淼. 教师学习模式研究——中国的经验[M]. 北京：北京师范大学出版社，2017.

[40] 佐藤学. 静悄悄的革命:课堂改变,学校就会改变[M] . 李季湄，译. 北京：教育科学出版社，2014.

三、学位论文类

[1] 曹玲玲. 江西省"国培计划"教师培训成效的现状调查研究[D]. 江西师范大学，2021.

[2] 陈帆. 小学特色课程建设现状及对策研究[D]. 华中师范大学，2019.

[3] 陈琼. 英国中学 PSHE 教育的课程标准和教材研究[D]. 华东师范大学，2014.

[4] 陈纾雨. 中学校长教学领导行为的实证研究[D]. 江西师范大学，2016.

[5] 陈文洋. 文化资本理论视角下家校合作的研究[D]. 湖北大学，2018.

[6] 党林秀. 基于学生全面发展的体育教学方式理论与实践研究[D]. 华东师范大学，2017.

[7] 冯烨. 社会工作视角下易地扶贫搬迁居民社会融入问题探究——以山西省 G 社区为例[D]. 西北大学，2019.

[8] 付圣思. 班级底层学生生存策略初探[D]. 首都师范大学，2014.

[9] 高岩. 中小学校长教学领导胜任力提升研究[D]. 西南大学，2015.

[10] 郭亚新. 21 世纪日本学校健康教育课程体系研究[D]. 首都师范大学，2013.

[11] 黄慎娥. 教科书内容的城市偏向分析：从文化资本理论的视角[D]. 华东师范大学，2017.

[12] 黄思记. 普通高中学业水平考试定位研究[D]. 河南大学，2011.

[13] 黄毅. 三峡库区易地迁校后学校存在的问题研究[D]. 西南师范大学，2005.

[14] 孔盈懿. 教师培训评价研究——以"国培计划"河南省中西部农村骨干教师培训项目为例[D]. 河南大学，2016.

[15] 黎聚才. 小学校长教学领导力提升策略研究[D]. 西南大学，2012.

[16] 李芳红. 人力资本理论视角下广西高校硕士毕业生职业适应性研究[D]. 广西大学，2015.

[17] 李青青. 小学数学应用题教学策略研究[D]. 上海师范大学，2018.

[18] 马丽娜. "国培计划"教师培训效果调查研究——以示范性综合改革项目为例[D]. 陕西师范大学，2018.

[19] 欧阳月红. 论高等教育入学平等权的保障[D]. 苏州大学，2019.

[20] 申海燕. 基于中小学教育科研的教师专业发展研究[D]. 河北师范大学，2010.

[21] 司思. 中学校长教学领导力提升研究[D]. 首都师范大学，2014.

[22] 王航. 日常歧视与身心健康——压力知觉的中介作用和RSA变化的调

节作用[D]. 华东师范大学，2020

[23] 王红. 乡村教育在地化研究[D]. 东北师范大学，2019

[24] 王立国. 基于教师专业发展的教师素质标准研究[D]. 西北师范大学，2007.

[25] 吴海龙. 社会分层理论视域下家长的家园合作需求研究[D]. 华中师范大学，2019.

[26] 吴亚利. 我国中小学在职教师专业发展的路径探讨——基于《教师教育课程标准(试行）》的分析[D]. 湖南科技大学，2015.

[27] 杨希芹. 新课程下高中语文作业存在的问题与应对策略[D]. 鲁东大学，2013.

[28] 张皓轩. 乡村小规模学校教学常规管理现状调查研究——以广西凭祥市 L 镇三所学校为例[D]．广西师范大学，2021

[29] 张红霞. 农村小学教师专业发展路径研究[D]. 西南大学，2017.

[30] 张宏权. 校长领导力现状与提升策略研究[D]. 四川师范大学，2015.

[31] 张源源. 英国特色学校的课程研究[D]. 温州大学，2013

[32] 赵红霞. 影响初中生学业成绩差异的机制研究[D]. 华东师范大学，2011.

[33] 赵启晨. 南水北调移民集中安置点小学教育状况调查研究[D]. 郑州大学，2016.

[34] 赵秋颖. A 县扶贫搬迁项目管理中的问题与对策研究[D]. 西南交通大学，2017.

[35] 赵芸. 农村留守儿童学业成绩的家庭影响因素问题研究[D]. 河北农业大学，2020.

[36] 周萍. 教师专业发展的有效路径研究[D]. 江苏大学，2017.

[37] 朱丹. 初中英语教师教学水平调查研究——以湖南省张家界市为例[D]. 西南大学，2015.

[38] 祝世杰. JD－R 模型下的农村中小学教师科研能力提升策略研究——以河南省 W 县为例[D]. 郑州大学，2019.

四、外文专著与期刊类

[1] Awan M. S., Malik N., SarwarH., etal. Impact of educationon poverty reduction[J]. International Journal of Academic Research, 2011, 3(1):659-664.

[2] Bolman. R. McMahon, A. Stoll, L. Thomas. S. & Wallace. M. Creating and sustaining professional learning communities [R]. London, UK: General Teaching Council for England, Department for Education and Skills. 2005.

[3] Eric M., Camburn, Jason T. Huff, Ellen B. Goldring, Henry May. Assessing the Validity of an AnnualSurvey for Measuring Principal Leadership[J]. The Elementary School Journal, 2010, 111(2): 314-335.

[4] Estola, E., H. Heikkinen, and L. Syrjälä. Narrative Methodologies for Peer Groups. In: International Teacher Education: Promising Pedagogies (Part A) Advances in Research on Teaching[J]. edited by C. Craig and L. Orland-Barak[J] .2014, 22: 159-176.

[5] Hemphill, J. K., Griffiths, D. E., & Frederiksen, N. Administrative performance and personality[M]. NewYork: Bureau of Publication, Teachers Collage, ColumbiaUniversity. 1962.

[6] Janjua P. Z., Kamal U. A.. The Role of Education and In-come in Poverty Alleviation: A Cross- Country Analysis[J]. Lahore Journal of Economics, 2011, 16(5):448-452.

[7] Jessica Aspfors M. Ed. ;Göran Fransson;Hannu L. T. Heikkinen. Mentoring as Dialogue, Collaborations and/or Assessment?[J]. In Transitions and Transformations in Learning and Education, 2012: 271-290.

[8] John A. C. Hattie, Visible Learning: A Synthesis of Over 800 Meta-Analyses Relating to Achievement [M]. London; New York: Routledge, 2009.

[9] Kemmis S, Heikkinen H L T, Fransson G, et al. Mentoring of new teachers as a contested practice:Supervision, support and collaborative self-development[J]. Teaching & Teacher Education, 2014, 43, (1): 154-164.

[10] Kendra Geeraerts, Päivi Tynjälä, Hannu L. T. Heikkinen, Ilona Markkanen,

参考文献

Matti Pennanen & David Gijbels. Peer-group mentoring as a tool for teacher development[J]. European Journal of Teacher Education, 2015, 38 (3): 358-377.

[11] LIU Z, WU Y, NIU W, et al. A school-based, multi-faceted health promotion programme to prevent obesity among children: protocol of a cluster-randomised controlled trial (the DECIDE-Children study)[J]. BMJ Open, 2019, 9(11): e27902.

[12] Mervi A. Asikainen, Erkki Pehkonen, Pekka E. Hirvonen. Finnish Mentor Mathematics Teachers' Views of the Teacher Knowledge Required For Teaching Mathematics[J], Higher Education Studies, 2013, 3(1): 79-91.

[13] Omoniyi M. B. I.. The role of education in poverty alleviation and Economic development: a theoretical perspective and coun-selling implications[J]. British Journal of Arts & Social Sciences, 2013, 15(11): 176-185.

[14] Päivi Tynjälä, Matti Pennanen, Ilona Markkanen, and Hannu L. T. Heikkinen. Finnish model of peer-group mentoring: review of research [J]. Annals of The New YORK Academy of Sciences, 2019: 1-16.

[15] Pasi Reinikainen. Amazing Pisa Results in Finnish Comprehensive Schools[J]. Miracle of Education, 2012: 3-18.

[16] Snoer M, Moens E. The impact of teacher research on teacher learning in academic training schools in the Netherlands[J]. Professional Development in Education, 2011, 37(5): 817-835.

[17] Tuangratananon T, Julchoo S, Wanwong Y, et al. School health formigrant children: a myth or a must?[J]. Risk Manag Healthc Policy, 2019(12): 123-132.

[18] Valli, L. Listening to other voices: A description of teacher reflection in the United States[J]. Peabody journal of education, 1997(1): 67-88.

[19] Wedgwood R. Education and poverty reduction in Tanzania[J]. International Journal of Educational Development, 2007, 27(4): 383-396.

[20] YU H, LI F, HU Y, et al. Improving the Metabolic and Mental Health of Children with Obesity: A School-Based Nutrition Education and

Physical Activity Intervention in Wuhan, China[J]. Nutrients, 2020, 12(1): 194.

五、电子文献、报纸资料、论文集类等

[1] Elaine Allensworth and Holly Hart. How do principals influence student achievement?[R]. Chicago: University of Chicago Consortium on School Research, 2018: 1.

[2] 国务院办公厅关于进一步加强控辍保学提高义务教育巩固水平的通知[EB/OL]. http://www.gov.cn/zhengce/content/2017-09/05/content_5222718.htm.

[3] 教育部关于加强新时代教育科学研究工作的意见[EB/OL]. http://www.moe.gov.cn/srcsite/A02/s7049/201911/t20191107_407332.html.

[4] 中共中央国务院关于全面加强新时代大中小学劳动教育的意见[N]. 人民日报, 2020-03-27.

[5] 贵州：像打脱贫攻坚战一样抓巩固拓展脱贫攻坚成果[EB/OL]. http://www.guizhou.gov.cn/xwdt/gzyw/202105/t20210520_68191924.html

[6] 黄胜, 吴诗航. 建立易地扶贫搬迁安置点基础教育保障机制[N]. 贵州日报, 2020-06-10.

[7] 教育部 文化部 国家新闻出版广电总局 关于加强新时期中小学图书馆建设与应用工作的意见[EB/OL]. http://www.moe.gov.cn/srcsite/A06/jcys_jyzb/201505/t20150520_189496.html.

[8] 教育部等七部门印发《关于加强和改进新时代师德师风建设的意见》的通知[EB/OL]. http://www.moe.gov.cn/srcsite/A10/s7002/201912/t20191213_411946.html.

[9] 教育部等十部门关于进一步加强控辍保学工作健全义务教育有保障长效机制的若干意见[EB/OL]. http://www.gov.cn/zhengce/zhengceku/2020-06/29/content_5522512.htm.

[10] 教育部关于印发《义务教育学校管理标准》的通知[EB/OL]. http://www.gov.cn/gongbao/content/2018/content_5283566.htm.

[11] 教育部关于印发《中小学图书馆（室）规程》的通知[EB/OL]. http：//www. moe. gov. cn/srcsite/A06/jcys_jyzb/201806/t20180607_338712. html.

[12] 省教育厅等九部门关于印发《贵州省中小学减负实施方案》的通知[EB/OL]. http：//jyt. guizhou. gov. cn/zwgk/gzhgfxwjsjk/gfxwjsjk/202012/t20201228_65781338. html.

[13] 习近平. 把培育和弘扬社会主义核心价值观作为凝魂聚气强基固本的基础工程[N]. 人民日报，2014-02-26.

[14] 习近平在全国教育大会上强调 坚持中国特色社会主义教育发展道路 培养德智体美劳全面发展的社会主义建设者和接班人[N]. 人民日报，2018-09-11.

[15] 中共中央、国务院印发《中国教育现代化2035》[EB/OL]. http：//www. moe. gov. cn/jyb_xwfb/s6052/moe_838/201902/t20190223_370857. html.

[16] 中共中央国务院关于全面深化新时代教师队伍建设改革的意见[N]. 人民日报，2018-02-01.

[17] 中共中央国务院关于实施乡村振兴战略的意见[EB/OL]. http：//www. gov. cn/gongbao/content/2018/content_5266232. htm.

[18] 中国的易地扶贫搬迁政策[EB/OL]. https：//www. ndrc. gov. cn/fzggw/jgsj/dqs/sjdt/201803/t20180330_1050716. html.